新时代高校思想政治教育工作研究

莫喻然◎著

线装书局

图书在版编目（CIP）数据

新时代高校思想政治教育工作研究 / 莫喻然著. —
北京：线装书局，2024.2
ISBN 978-7-5120-5998-6

I. ①新… II. ①莫… III. ①高等学校－思想政治教育－研究－中国 IV. ①G641

中国国家版本馆 CIP 数据核字(2024)第 054246 号

新时代高校思想政治教育工作研究
XINSHIDAI GAOXIAO SIXIANG ZHENGZHI JIAOYU GONGZUO YANJIU

作　　者：	莫喻然
责任编辑：	白　晨
出版发行：	线装书局
地　　址：	北京市丰台区方庄日月天地大厦 B 座 17 层（100078）
电　　话：	010-58077126（发行部）010-58076938（总编室）
网　　址：	www.zgxzsj.com
经　　销：	新华书店
印　　制：	三河市腾飞印务有限公司
开　　本：	787mm×1092mm　　1/16
印　　张：	13.75
字　　数：	300 千字
印　　次：	2025 年 1 月第 1 版第 1 次印刷
定　　价：	68.00 元

前　言

当今世界政治格局的巨大变化，经济全球化的迅速推进，信息技术的日益普及，社会主义市场经济的深入发展，既给高校思想政治教育带来了机遇，又使之面临前所未有的挑战。如何提高思想政治教育的实效性，是思想政治教育理论工作者和实践工作者所共同面临的现实问题。思想政治工作不能"只问耕耘，不问收获"。思想政治教育如果不能产生实效，则它的价值、功能、地位就都没有着落，它的继续发展也就成为一句空话。

高校大学生思想政治教育实践与思想政治理论教育是加强和改进大学生思想政治教育的两个重要环节，前者是主阵地，后者是主渠道，两者各有侧重，互相结合，共同构成了高校大学生思想政治教育的体系。大学生思想政治教育关系到我国人才培养的质量和方向，但传统大学生思想政治教育方法与现代社会发展差距不断扩大，使高校思想政治教育达不到应有的效果，因此方法的创新势在必行。针对这一情况，本书根据当代大学生的思想特点，以增强大学生思想政治教育实效性为核心目标，探究符合大学生思想心理发展特点与教育内容要求的操作性强、针对性强、实效性强的大学生思想政治教育新方法。在此基础上，本书一并对大学生思想政治教育方法的创新性问题做了介绍，为提高大学生的综合素质提供些许参考。

本书突出的特点是理论和实践相结合，从科学化的视角来研究思想政治教育工作的实效性和方法，对提升思想政治教育工作实效性这一命题从基础理论、现状和实现路径几个方面进行了较为清晰的论述，对思想政治教育工作实效性的提升进行了深入分析。

现在的大学生，"00 后"成为主力，他们朝气蓬勃、视野开阔、开放自信，更加期待高质量的教育，对于自身的发展成才有着更加迫切的需求，新时代的高校思想政治教育工作，如果不能满足新时代的具体要求，不能利用思想政治教育引导大学生成长成才，满足大学生的教育需求与发展需求，那么高校思想政治教育工作就是无效的，就是与新时代高校思想政治教育需求相违背的。因而，在新时代，明确新使命，解读高校思想政治教育的内涵与任务，分析新时代高校思想政治教育面临的新形势、新挑战、新任务与新选择，探讨新时代高校思想政治教育管理、网络管理，以及思想政治教育教育队伍建设和管理体制创新，对于促进新时代高校思想政治教育工作水平的提升与发展具有重要意义与价值。

在编写过程中,我们既对前辈学者的研究成果有所参考和借鉴,也注重将自身的研究成果充实于其中。尽管如此,囿于编者学识眼界,本书瑕疵之处难以避免,切望同行专家及读者提出批评意见。

本书可作为在高等学校从事学生工作特别是思想政治理论教育工作的相关教师参考使用,也可供相关科研管理人员参考,以及作为思想政治教育专业学生教学用书。

编委会

庄锦如　田玉鹏　秦雨桐
赵丽贞　赵　琪

内容简介

本书从高校思想政治教育入手，介绍了思想政治教育工作的基础理论知识，并阐述了思政教育工作的模式创新，包括其创新的目标、原则与理论依据、任务要求以及方法路径等。在此基础上，围绕思想政治理论课教学改革创新、核心价值观和传统文化、道德建设等内容，探讨高校思想政治教育中的教学、理论与实践等前沿热点问题。本书对思想政治教育基础理论和实践前沿的探索具有创新性，对于新时代贯彻和落实习近平总书记在全国高校思想政治工作会议上的重要讲话精神、进一步提高大学生思想政治教育的实效性具有现实意义和实践价值。

目 录

第一章 新时代高校思想政治教育概述 ……………………………（1）
 第一节 思政课教学改革的基本原则 ……………………………（1）
 第二节 思政课教学改革的基本要求 ……………………………（9）
 第三节 思政课教学改革的基本思路 ……………………………（15）
 第四节 高校思想政治理论工作育人一体化分析 ………………（19）

第二章 新时代高校思想政治教育新局面 ………………………（22）
 第一节 新时代高校思想政治教育面临的新形势 ………………（23）
 第二节 新时代高校思想政治教育面临的新挑战 ………………（25）
 第三节 新时代高校思想政治教育面临的新任务 ………………（27）
 第四节 新时代高校思想政治教育面临的新选择 ………………（28）

第三章 新时代高校思想政治教育管理工作 ……………………（34）
 第一节 新时代高校思想政治教育管理的内涵与特征 …………（34）
 第二节 新时代高校思想政治教育管理的模式和内容 …………（38）
 第三节 新时代高校思想政治教育管理的过程 …………………（44）

第四章 新时代高校思想政治育人工作体系建设 ………………（49）
 第一节 高校思政育人体系概述 …………………………………（49）
 第二节 高校思政育人工作的理论基础与政策依据 ……………（56）
 第三节 高校思政育人体系建设的时代特征与价值 ……………（61）

第五章 新时代高校思想政治教育教学优化 ……………………（69）
 第一节 高校思想政治教育的教学原则补充 ……………………（69）
 第二节 高校思想政治教育的教学内容创新 ……………………（74）
 第三节 高校思想政治教育的教学方法改进 ……………………（82）
 第四节 高校思想政治教育的教学模式转换 ……………………（87）

第六章 新时代高校思想政治教育与创新创业教育融合的探索 ……（100）
 第一节 思想政治教育与创新工作融合的基本问题 ……………（100）

第二节　地方高等院校开展中国近现代史纲要课程的创新探索……（102）
　　第三节　开设思想政治理论课选修课的创新探索………………（113）
　　第四节　思想政治教育融入工匠精神和创新人才培养工作的探索………（122）

第七章　新时代高校思想政治教育队伍建设创新………………………（126）
　　第一节　高校思想政治教育工作队伍的内涵……………………（126）
　　第二节　高校思想政治教育工作队伍建设的现状………………（130）
　　第三节　加强高校思想政治教育工作队伍建设创新的策略……（132）

第八章　新时代文化视角下高校思想政治教育工作创新研究…………（138）
　　第一节　校园文化与高校思想政治教育工作……………………（138）
　　第二节　和谐文化与高校思想政治教育工作……………………（146）
　　第三节　优秀传统文化与高校思想政治教育工作………………（153）

第九章　新媒体时代下高校思想政治教育创新探索……………………（157）
　　第一节　新媒体时代高校思想政治教育的特征与要求…………（157）
　　第二节　新媒体对高校思想政治教育的影响……………………（163）
　　第三节　新媒体对思想政治教育工作者的影响…………………（177）
　　第四节　自媒体时代下大学生思想政治教育创新探索…………（188）

参考文献…………………………………………………………………（206）

第一章 新时代高校思想政治教育概述

历史和现实都告诉我们,青年一代有理想、有担当,国家就有前途,民族就有希望……青年兴则国兴,青年强则国强。青年大学生担负着中华民族伟大复兴的重要历史重任,影响着中国特色社会主义事业建设的成败。高校承担着人才培养的重要职能,贯彻立德树人根本任务的光荣使命,要引导、培养青年大学生投身中国特色社会主义事业建设的伟业中去,就必须促使青年大学生认同中国、认同社会主义,思政课是高校落实上述职能和使命的主阵地和主渠道。

前文通过对思政课教学质量进行了实证调查评价,论述了其中存在的主要问题,并剖析了问题的原因。这还远远不够,发现问题不等于解决问题。为此,我们要从理论和实践各个层面进行相应的教学改革,否则,问题只能停留于问题层面。面向未来,本章将尝试从解决当前思政课教学问题的角度出发,以课程评价为视角,尝试性地提出思政课教学改革原则、思路、要求。

第一节 思政课教学改革的基本原则

推动高校思政课教学改革既是师生共同诉求,也是时势环境发展和教学质量建设的基本要求。教师主导、学生主体和教育环境影响是高等教育教学过程的三大基本要素,这三者之间也形成了一个三角循环的逻辑关系,它们之间相互作用、相互影响、相互制约,成为贯穿高等教育始终的教学三要素理论。高校开展思政课教学改革要紧密围绕教学三大基本要素,坚持立德树人根本任务,为培养德智体美劳全面发展的社会主义合格建设者和可靠接班人服务。

一、坚守政治立场

思政课是高校培养大学生形成正确政治观的主要途径,是培养大学生政治素质的主要平台。高校必须始终坚持思政课的政治属性，立足思政课的政治内涵，坚守思政课的政治导向，引导和巩固大学生坚定政治立场。

（一）坚持思政课的政治属性

政治性是思政课的第一属性，是思政课的本质所在。教师开展思政课教学，首要目的是传递马克思主义及其世界观、方法论，教育引导大学生学习马克思主义及其中国化的理论成果和实践经验，不断树立正确的世界观、人生观和价值观，学会运用马克思主义的唯物辩证法和方法论去理解和看待当前社会现象和问题。其次是引导大学生正确认知中国特色社会主义。中国特色社会主义是中国人民在中国共产党和几代领导人的领导下，不断努力、奋斗、实践所总结、提炼和发展出来的理论与实践成果，是马克思主义中国化的历史硕果，有必要将这些成果传授给当代大学生，使其更加清晰地认知今日中国来之不易，未来中国更加值得期待。最后思政课是大学生政治生活的重要内容，思政课要为大学生提供丰富的政治营养、生动的政治案例、深刻的政治理论，丰富其政治生活，助力其政治成长，为党培养新兴政治力量。

（二）立足思政课的政治内涵

思政课是开展大学生政治教育的主渠道。思政课具有丰富的政治内涵，需要充分挖掘、阐发，供大学生汲取、助大学生成长。社会主义核心价值观是当前和未来思政课的核心内涵，是中国社会价值观的主导价值体系，是中国社会广大人民群众共同认可的价值判断，是大学生未来融入社会、贡献自我的思想和行为的价值基础。高校思政课必须将社会主义核心价值观讲授清楚，引导大学生开展具体实践，提高大学生的认知水平，深刻领会其内涵，才能促使大学生真学、真懂、真信、真用。马克思主义是思政课的理论基础和根基所在，马克思主义是世界观、方法论，是引领大学生走向政治成熟的关键。大学生普遍经过高考的洗礼，对马克思主义的经典理论和主要观点谙熟于心，但对于马克思主义的实践运用尚待提高，需要思政课发挥人才培养的重要功能，引导到学生运用马克思主义投身社会实践。"形势与政策"是思政课的发展契机。"形势与政策"是思政课的重要组成，体现了马克思主义在当代中国的最新实践，帮助大学生认清世界局势、中国发展，教育、引导大学生全面认识、正确理解党和国家路线、方针、政策，具有非常强的时代性、实践性和综合性。"思想道德与法律修养"是思政课的社会接口。思政课归根结底要为政治生活和社会生活服务，"思修"课就是思政课与社会的接口，是为大学生提供社会生活基本道德标准、守则和法律意识、法治精神的教育阵地，通过"思修"课，大学生可以接受到更为深刻的道德训练和法治教育，从而更好地进入社会、融入社会生活。

(三) 坚守思政课的政治导向

思政课要培养可靠接班人，是未来接班人的练兵场。这块练兵场，必须政治过硬，必须坚守底线，必须姓马（马克思主义）、认社（社会主义）、信党（中国共产党）。思政课是党和国家开展政治教育的主渠道，是高校宣传党和国家重要政治决定的主要平台，是夯实党的执政基石的重要法宝，只有将思政课建设好，大学生才能更加认同社会主义，更好认知党和国家的基本路线、方针和政策，更加认可共产党的领导。思政课要为地方发展和稳定夯实基础。思政课是国家的，也是地方的，思政课除了国家政治属性，还应该有非常强的地本属性。地本资源应该成为思政课的重要课程资源融入课程之中，为大学生提供丰富的精神营养。区域发展和稳定需要地方大学生的认可和支持，大学生认可地方发展方向、参与地方事业发展、贡献个人智慧力量，必会推进地方经济社会更好、更快发展。思政课要引导大学生树立信仰。培养和巩固大学生的政治立场，是思政课存在的核心价值。通过马克思主义、社会主义、中国近现代史、"思修"等为主要内容的思政课的教育引导，大学生的政治意识、精神必将得到强化，政治立场将更加坚实。

二、培养大学生政治信仰

有政治立场是前提，立政治信仰是关键。引导和培养大学生坚定政治立场是帮助其树立政治信仰的前提，是支撑其政治信仰从新生、发展到稳固的关键。培养大学生的政治信仰是思政课的目标和未来。

（一）大学生有政治信仰条件

大学生走过少年时的懵懂，进入青年的觉醒时期，个人的世界观、人生观和价值观初步形成，信仰基础逐步形成，具体表现：一是大学生心理基本成熟。进入青年时期，标志着大学生身体发育进入稳定和成熟阶段，心理也随着身体的发育进入基本成熟时期。二是大学生政治价值观逐渐稳定。经过十多年的学校和社会教育，大学生开始拥有比较扎实的政治理论知识和基本的社会实践经验，能够比较深刻地理解政治价值及其意义，比较客观地看待政治生活中的不同状态和问题，能够相对客观和公正地认识和处理政治问题，这体现了大学生通过多年的政治生活实践开始形成比较成熟的政治价值观，能够运用政治价值观指导自己的政治生活和信仰建设。三是大学生政治信仰基础扎实。大学生从小接受爱党、爱国、爱社会主义的教育和熏陶，普遍都拥有少先队、共青团的政治经历，对共产主义信仰不陌生，对社会主义实践也有理解。这一方面说明大学生接受过相当长时期比较系统的马克思主义的教育熏陶，并在一定程度上接受和认可；另一方面大学生拥有在这条信仰道路上继续前行的条件，未来可以成为马克思主义的信仰者。

不少大学生通过几年的努力，经历积极分子、预备党员的历练最终成为一名中共党员，这都说明大学生在前期的政治学习中形成了扎实的政治信仰基础。

（二）培养大学生政治信仰

培养大学生的政治信仰是思政课的主要目标和关键使命。

1.为大学生提供政治信仰营养

思政课的核心是政治课，关键是要把政治理论、基本方法、核心价值观传授给大学生，并指导大学生运用这些理论、方法和观点开展实践。马克思主义、毛泽东思想、邓小平理论、"三个代表"重要思想、科学发展观、习近平新时代中国特色社会主义思想等是思政课的核心内涵，是大学生开展政治学习和培养政治信仰的核心养料，思政课要将这些养料深入浅出地传授给大学生，帮助他们理解、吃透、弄懂、会用。

2.引领大学生树立政治信仰

为大学生提供政治信仰养料，主要目的还是为了引导大学生树立共产主义信仰。要引导大学生树立政治信仰，就必须在课堂内外密切运用理论与实践经验，指导大学生开展政治思考，提高政治意识，增强政治修养，引导大学生深刻思考马克思主义的核心价值观与方法论，使其成为大学生的思想和行为指导，将马克思主义内化于心、外化于行，真真正正的以马克思主义为其根本信仰。

3.巩固大学生政治信仰

信仰来而固之，则根深也。有了政治信仰，必须通过行动加以巩固，才能使其成为终身信仰。期初需要引导大学生增强使用马克思主义的世界观和方法论来认知和理解世界的能力，之后需要更加深度的推动大学生开展广泛深入的社会实践，增强对现实世界的认知和领悟，还要加强实践与理论的互动发展，并最终成为奠定信仰的基石。有步骤、分阶段是大学生信仰发展的基本规律，高校要充分掌握和遵循这一基本规律，针对性地开展各类教育实践活动，帮助大学生巩固政治信仰。

三、发展政治力量

（一）中国发展进入新时代

这既是近代以来中国发展的最好时代，也是实现中华民族伟大复兴的关键时代。在这个时代中，广大青年既拥有广阔发展空间，也承载着伟大时代使命。大学生是青年的先进代表，要努力成为实现中华民族伟大复兴的生力军，肩负起国家和民族的希望，这是最大的人生际遇和考验。对于党和国家来说，培养优秀大学生加入中国共产党，成为党的生力军和新鲜血液，最终成长成为社会主义事业的合格建设者和可靠接班人，是高等教育的重要使命和关键所在。

（二）培养优秀大学生

"三个代表"重要思想认为中国共产党始终代表中国先进生产力的发展要求、中国先进文化的前进方向、中国最广大人民的根本利益，是党的立党之本、执政之基、力量之源。这说明三个问题：第一，共产党是先进的。先进的人才能加入中国共产党。大学生要成长成才，成为思想成熟、政治过硬、素质较高的优秀青年，才有可能成为党发展和吸收的对象。同时，大学生也要自动自发，努力成才，才有可能不断成长、更加优秀，成为党的未来力量，并为党永葆青春、永葆先进性奠定基础。第二，共产党是需要生力军和预备队的。任何一个政党都需要生力军和预备队，以为党的事业发展、生命持续奠定基础。党要发展生力军和预备队，就必须从优秀青年中寻找和培养潜在对象，大学生是优秀青年的集聚群体，从大学生中选拔、培养优秀青年作为党的生力军和预备队是关键。第三，大学生有成长发展需要。马克思主义认为人的全面发展是人的基本需要，大学生主观上追求全面发展，希望实现自己的人生价值。培养大学生成长成才是高校的主要职能之一，既满足学生个体成才需求，又满足社会人才需要，既能帮助大学生实现人生价值，又能使其具备实现社会价值的基本能力。

（三）发展优秀大学生党员

优秀大学生有自己的政治追求，在众多的政治选项中，共产党无疑是最能够代表中国人民利益和未来的，也是最能够帮助优秀大学生实现人生价值和社会价值的。第一，入党是优秀大学生的普遍追求。在高校，优秀大学生积极申请加入中国共产党是普遍追求。大学生希望在大学期间认真学习、努力表现，不断提升自我综合素养和政治素质，以拉近自身与党之间的距离，争取在大学期间实现入党梦想。优秀大学生在自我提升和相互竞争中，不断接近梦想，有的成为入党积极分子，有的成为预备党员，有的甚至成为正式党员，虽然比例渐次降低，但质量越来越高，牵引力越来越大，足以说明入党已经成为优秀大学生的普遍追求。第二，优秀大学生是未来希望。优秀大学生是各个政党都在争取和发展的对象，只有不断发展和吸收优秀大学生成为政党的新鲜血液，才能永葆政党的青春和事业的发展。共产党需要新鲜血液，需要优秀大学生作为新鲜血液入党。共产党可以借助普及化的思政课来传播马克思主义的基本原理、方法和观点，吸引优秀大学生关注和浸入其中，使其成为马克思主义的忠实信徒。通过思政课的教育引导，共产党就可以拥有更多追随者，可以吸收更优质的大学生，为将来事业发展奠定人才基础。第三，优秀大学生可以成为优秀共产党员。优秀大学生通过自身努力，可以从积极分子、预备党员进步成为正式中共党员，投身党和国家的伟大事业，实现人生价值的同时成长成为一名优秀的共产党人。这一过程既能成就自我，也能增强党的政治影响力，发展党的政治力量，推动党的进步和事业的发展。

四、巩固执政基础

执政是奋斗的结果，是历史的选择，也是光荣的使命。近代以来的中国，因为有了中国共产党才有了革命的胜利、国家的独立、民主的确立和经济社会的发展，人民才得以当家作主。因此，执政是革命起航时的目标，也是永续事业的基础。党要实现执政追求、永葆执政活力，就必须获得优秀大学生的支持、汲取优秀大学生的能量、发挥优秀大学生的作用，使其成为党的执政之基。

（一）争取大学生支持

1.大学生处于朝气蓬勃的年龄

精力充沛，思维灵活，反应迅速，爱好广泛，生理发展基本成熟，心理进入快速成长发展阶段，有非常强的可塑性，教育引导得好，会成为党的坚定信仰者，反之则可能会受到其他思想影响走上其他信仰之路。

2.大学生开始思想独立

不再是过去的单一顺从、听教，而是带有一定的理解和批判来对待课程教学的内容。这就需要思政课教师进行更加周密的备课、更加精深的讲解、更加个性的引导，以获得大学生的认可，使大学生接受思政课的教学内容，即党的思想政治教育。这样才有可能赢得大学生发自内心的支持。

（二）汲取大学生能量

1.大学生是青年生力军，具有强大的能量

争取大学生支持，汲取大学生能量，是我们党未来发展的关键。汲取大学生群体能量，人多力量大，群众的力量是无穷的。

2.大学生作为当今中国非常重要的一个群体

有鲜明的群体属性，年龄上陆续进入可以承担和履行政治权利的阶段，知识扎实已经具备着手解决基础性、源头性甚至战略性的问题，追求崇高成为推动社会进步发展的强大力量。党可以通过教育引导大学生，使其将内在能量发挥在支撑党和国家的建设事业之上，发挥在巩固党的执政基础之上，这样的能量才会有比较重大的意义和价值。

（三）发挥大学生作用

虽然大学生尚未走进社会，未承担社会劳动，但大学生已经成为预备队，开始开展社会实践，了解国情、社情和民情，并在这个过程中受教育、长才干、作贡献。

（1）可以发挥他们的经济作用，一方面他们是消费群体，可以为国家的内需消费贡献力量；另一方面他们是未来劳动力，受过高等教育的大学生将来走上工作岗位可以创造更多的社会价值。

（2）可以发挥他们的政治作用，大学生是社会群体中的活跃力量分子，可以通过思政课教学教育引导他们在履行政治权利、肩负政治义务的实践中服务党和国家的事业大局，做党和国家各类政策、方针的宣传者、实践者和开路先锋。

（3）可以发挥他们的社会作用，社会矛盾集聚，疏导不畅、沟通不对称是主要原因之一，大学生可以作为调解员、疏导员、宣传员走上街头巷尾，站在矛盾场上解决社会问题。

这些经济作用、政治作用和社会作用的发挥，都需要思政课助力，需要在课堂上开展针对性的教育引导，让他们掌握理论、学会方法、敢于前进，在不断的实践和发展中认可党、认可共产主义信仰，发挥大学生作用。

五、形式内容兼备原则

"00后"大学生成长于我国经济高速发展时期，物质生活条件较其父辈乃至"80后""90后"都有更大改善。有经济基础作为保障，其享受的教育资源、接受的教育形式、学到的文化知识都比以往有着较大的发展，学习目标和要求也在不断提升。这就要求高校在推进思政课教学改革时充分注意到"00后"的变化、特点与诉求。

（一）发展教学内容是关键

教学内容是影响思政课教学成效的关键，如果课程内容与学生需求密切相关，那么学生的关注度、投入度、满意度均会得到一定提升，反之学生则会忽视甚至会放弃课程。发展教学内容是学生需要，更是学校和政府需要，政府通过更新内容将自己的执政理念、价值判断和相关政策等传递给学生，学生也希望在课堂上听到更多关乎自己未来的内容。发展教学内容，要注重三个方面。

1.注重对学生的日常生活指导

这既是通过课程来呼应的人文关切，更是聚焦信仰育成的生活实践。关注学生的日常生活，如对学生的舍友关系、恋爱交友、旅游娱乐甚至沉迷网游等生活领域进行呼应、指导，使课程更加生活化、更有灵动感、更能接地气，更有人文气息才能获得学生更多认可、更加吸引学生关注和主动学习。

2.社会的时事热点响应

当前社会网络技术发达，信息无缝传递，一些突发事件会瞬间爆发，真假参半，反复无常，反响各异，大学生辨别意识相对较弱，思政课教师应及时补位挖掘分析相关事件的核心原因，引导学生有序思维，增强学生主观分析能力，帮助学生正确理解和看待相关问题。

3.政治内容的具体表达

思政课教师必须将教材体系向教学体系转化，用浅显易懂的案例来讲解生涩的政治理论，使理论内容简单化、易懂化，由浅入深、融会贯通。

（二）发展教学形式

1.针对"00后"学生性格特点变革教学

与"80后"独生子女、"90后"个性张扬有所不同，"00后"从小成长在"421"阵型的家庭之中，是中心的中心，习惯了所有人围着自己转，自我中心主义尤其突出，教学过程中要多留给他们表达和输出自我的空间，使他们感受到自己被尊重、有认可、受赏识。

2.针对"00后"成长背景设计教学

"00后"是网络原住民，网络生活时间占比大、网络活动形式丰富、网络活动频次较高，生活需求通过网络解决。因此，要发挥网络作用，适当通过网络来实施教学，分享教学资料、开展微信讨论，甚至多开发些MOOC满足学生多类别的需要。

3.针对课程内容来设计教学

教学活动中有多个要素，但教育对象和教学内容是核心，连接这两个核心的关键就是教学形式。一方面要根据教学对象的情况，如上述"00后"特点及成长经历；另一方面要根据实际的教学内容来设计教学形式，运用适当的教学形式可以将教学内容及其目标落到实处。

六、突出实践性原则

实践是检验真理的唯一标准。突出实践性，是高校检验大学生学习、促进大学生成长的重要教学原则。突出实践性，重点在于理论的实践性、实践的真实性。

（一）理论的实践性

1.理论要指导实践，用学习到的理论去分析、解读甚至运用于实践，学生在实践中感知理论、理解理论、发展理论

这一过程是理论与实践的互动过程，是理论的具体化、可视化、体验化的过程，学生在此过程中可以进一步感受理论的深度、厚度。

2.理论的生活化实践

理论不能挂在墙上，理论应该是可以用来生活化实践的，这个实践要有比较强的针对性和朴素性，易懂、易接受。

（二）实践的真实性

当前思政课的实践环节，依旧存在着理论占比高、实践质量低的问题，形式大于内容，真实性有待商榷。强调实践的真实性，要重视以下两个方面。

1. 要实事求是

实践教学要引导学生走向实践，实践环节多数会涉及校外考察的联络、实践环境的设计等，相对课堂理论教学，繁杂程度可见一斑。虽然难度大，但是必须坚持实事求是的基本原则，开展实践教学，否则就会变成形式主义或者作假，负面效果显著。

2. 要追求实效

实践在于设计，这是一种导向，但实践不应只是设计，更重要的是实效，如果实践停留在精心设计层面而忽视了实效，这个实践将失去意义，实效是实践的核心价值所在。

第二节 思政课教学改革的基本要求

高校推动思政课教学改革创新，要不断增强思政课的思想性、理论性和亲和力、针对性。研究认为，思政课是高校第一课，是立德树人的关键课程，开展思政课教学改革必须从以下五个方面着手：第一，必须遵循教育的基本规律和大学生思想政治教育的基本规律，必须按照学生成长发展的基本特点来开展教学实践；第二，必须以坚持学生为中心，满足学生成长发展需求才能获得学生认可、接受；第三，必须发展教学方法，教学方法使用好坏直接影响师生关系及教学质量；第四，必须体现时代发展需要，这既是国家对教育的期望，更是提高人才培养质量，建设教育强国的重要前提；第五，必须培养可靠人才，思政课的是落实立德树人根本任务的关键课程，必须以培养可靠人才为基本导向和终极目标。

一、遵循教育规律

教育规律包括外部关系规律和内部关系规律，教育的内外部关系规律是潘懋元先生提出并得到教育界广泛认可的一种观点。教育的外部关系规律是教育这个社会的子系统与其他社会的子系统之间的关系，教育内部的基本规律是指教育系统内部诸因素之间的关系，教育的外部规律制约教育的内部规律，教育的外部规律必须通过内部规律来实现。

（一）教育的外部关系规律

教育的外部关系规律是指教育与经济、政治、文化的关系，即教育必须与社会发展相适应。这表明教育会受到社会的经济、政治、文化、科技等外系统因素的制约，要为社会的经济、政治、文化、科技服务，其中与经济的关系是最基本的。高等教育受政治制约，主要体现在受政治体制的制约，我国是社会主义政治，高校就要遵循社会主义办学方向，坚持扎根中国大地办大学、办人民满意的大学，不能把大学办成为其他国家政治主体服务的大学。高等教育要为政治服务，在思想政治教育领域尤为显著，思政课是高校开展大学生思政教育、服务政治建设的主要渠道。高等教育受经济制约，经济发展为高等教育发展提供物质基础，中国高等教育高校数量、学生规模都得到迅速发展，这是以经济高速发展为基础的。此外，经济高速发展会促进产业发展，产业发展会带动就业，这需要高校培养更多的高素质劳动者，反之如果经济发展迟滞就会消解就业，造成失业，从而迫使高校缩减招生、降低办学规模。高等教育服务经济发展，主要是因为"她是一种未来生产力，在教育实施后的一定时期内，培养的劳动主体（高素质劳动者）投身劳动（包括科技创新和普通劳动）产生生产力、促进生产力发展"。高等教育受科技文化发展制约。主要体现在教育实施受到科技发展水平的直接影响，比如多媒体、智慧教室等教育科技的发展极大地推进了教学革新，提高了教学质量；各种文化理论和实践的发展，为教育理念的进步提供内涵和理论支撑，极大地推动了教育思想、理论的进步与发展。高等教育必须为科技文化服务，如高等教育的关键任务就是科学文化知识的传承和创新，各种人类科技文化成果在高等教育体系中代代相传，以传承、守正、批判、发展、创新等多种形式体现。

（二）教育的内部关系规律

教育内部的因素较多，关系复杂，因此表述教育内部关系的基本规律相对较难，但在社会主义教育体系内，可以表述为社会主义教育必须培养全面发展的人，即必须通过德育、智育、体育、美育、劳育等协同培养全面发展的社会主义事业的合格建设者和可靠接班人。德育是社会主义教育的基本特征。在中国的高等教育中，德育与思想政治教育核心内涵同质，使用时可以互换。思政课是高校开展大学生德育（即思想政治教育）的主渠道，思政课教学质量的好坏，直接影响大学生德育实效。智育是专业教育的关键，是培养学生掌握投身社会生产的知识、技能，是学生实现人生价值的关键。体育是学生全面发展的基础，是教会学生强身健体的技能、引导学生塑造健康的身心，为投身各项社会生产提供健康保障。美育是学生发展人生志趣的基本需要。学会发现美、感受美，能够拥有审美能力、欣赏能力，能够为大学生的成长发展提供更多养分，使学生的生命更加丰富多彩、更加有意义。劳育是培养学生劳动精神的重要途径，劳育既是劳动教育，培养劳动技能，也是职业道德教育，培养劳动精神。人的全面发展理论是马克思主义的基本观点，是社会主义教育的基本规律，高等教育必须遵循这条规律，开展思政课教育教学也必须以这条规律为基础，大学生需要德智体美劳全面发展以实现人生和社会价值，同时社会也需要全面发展的大学生，这样的大学生是高素质的劳动者，会极大地促进和发展社会生产力。

二、满足学生需求

思政课教学的主要目标是推动学生的全面发展，培养建设者和接班人。学生有成才需求，有就业需求，有实现人生和社会价值的需求，学生在不同阶段也会有不同的需求，可以是大的思想问题亟待解惑，也可能是小的生活矛盾需要疏导，所有与思想政治有关的需求，都应该得到重视。

（一）解答学生思想困惑

思政课作为主渠道，教育引导大学生坚定理想信念是基础，服务大学生成长成才是关键，还要解答学生的思想困惑。一方面，大学生是正在成长的思想者，处于人生发展的关键时期，容易受到各类思潮和文化价值观的影响，思政课教师必须及时响应，解答大学生心头疑惑、信仰矛盾，不管是在课堂内外都必须时刻关注学生动态、以学生为本、为学生引航，这样才能体现思政课的存在价值；另一方面，思政课是大学生的信仰锚地，核心的价值取向问题、思想问题、信仰问题都可以在思政课中寻找答案、建立基地，即思政课应该在这个信仰的建设过程中起到非常重要的锚定作用，为大学生的信仰发展提供坚实的价值基础。

（二）响应学生发展诉求

学生的发展诉求多样，有专业学习诉求，有政治进步诉求，也有职业发展诉求，有些是以专业核心竞争力为中心的，有些是以未来学习深造为目标的，有些是以入团、入党等政治进步为核心的。虽然诉求的核心要素会有所不同，但关键基础却是共同的，那就是信仰。信仰是人生基石，是解决一切矛盾、克服一切困难、追求一切进步的制胜法宝。有信仰指引，大学生可以更加坚定地确立价值判断、做出关键抉择，可以更加精准地厘清诉求关键、寻找解决路径，可以更加科学地明确追求方向、制定人生规划。思政课教学应该关注和帮助学生夯实信仰基石、构筑价值体系、做出方向选择、制定人生规划，并引导其走上正确的人生道路。

（三）关怀学生生活需要

当代大学生日常生活元素多种多样，生活需求也更加丰富。在生活实践中，学习是主体，占据大部分时间和精力，学习的好坏直接影响学业的成就、未来的职业发展。交友是必需，交友是基于人的社会属性与社交需要。大学生有友情和爱情的实际需要，愿意为其付出精力、收获感情。娱乐是调味剂，是业余文化生活的重要组成部分，K歌、电子游戏、看短视频等是大学生丰富业余生活的主要形式。在生活中经常会发生一些矛盾，比如恋爱问题、舍友矛盾、学习困难、沉迷游戏等，思政课教师可以与专业人员一起开展针对性的教育引导，关怀学生课堂内外的学习生活，帮助学生走向成才之路。

三、发展教学方法

思政课的教学方法种类上与其他课程没有太大差别，基本包括课堂教学、现场实践教学、自学指导、科研实践训练、学业成效检查与评定等，具体的方法有更多种，如发现教学法、问题教学法、翻转课堂法、对分课堂教学法、案例教学法等。多数教学方法都不是思政课所独有、独用、独创，但皆可为思政课教学所有、所用。因此，发展教学方法的关键在于如何运用不同的教学方法开展内容教学以使得教学质量最优化。

（一）传承优秀教学方法

现代高等教育发展历程中，创立和传承了许多不同种类的教学方法，这些教学方法有其存在的历史基础和现实需要，在过去创造过很多成就，为高等教育的人才培养贡献过许多力量。不过经过历史的浪潮拍打，许多教学方法已经被淘汰，还有一些是沿用至今并依旧有效的教学方法。比如课堂讲授法，其可以比较清晰地讲解知识点，为大学生构建比较完整的知识体系。同样，还有更多的教学方法应该加以传承、合理使用，使其重新焕发新的风采，教育引领更多大学生成长成才。当然在这一过程中，还会有一些不适合当前教育实际、不满足师生需要的教学方法会在历史的检验中被淘汰。

（二）创新发展教学方法

传承是一种接续，将优秀的、适用的保存下来继续使用，创新发展则是在传承的基础上，对传统教学方法加以改良创新，使其在新时代发挥新功效，同时还将运用新技术、新手段，呼应新理念、新需要，创造发展新方法，以便针对教学新问题提出解决新路径。创新发展教学方法的关键，一是满足学生新需要，随着时代的发展，高等教育及其对象也会发生重大变化，当前"00后"逐渐进入大学并将成为主力军，这就是高等教育对象发生重大变化，"00后"会对思政课等各类课程提出新需求，教学方法就必须做出应有的转变，否则就会被现实淘汰。二是体现新理念，新理念是育人理念的转变，比如从"大水漫灌"到"精准滴灌"，既是教育方法的转变，也是教育理念的发展。新理念还需要新技术、新手段作为支撑，比如推动新媒体教学在课堂上的运用，就是以新技术提升课堂吸引力。

（三）灵活使用教学方法

不管是传承优秀教学方法，还是创新发展教学方法，其目的都是为了提高思政课教学质量，培养德、智、体、美、劳全面发展的人才。教学方法使用得当才能达到预期教学效果，使用不当，好方法也会低效甚至无效。这就要求思政课教师在课程设计初期就应同步启动教学方法的选择和设计，即在不同教学阶段、针对不同教学内容和不同学习对象灵活恰当使用不同教学方法，才能真正做到"因事而化、因时而进、因势而新"。

四、体现时代发展

中国特色社会主义进入新时代，高等教育发展也进入新阶段，思政课的教育使命和任务也将面临新局面，学生的价值体现必将发生更大变化。

（一）思政课服务新时代政治发展

教师要强化思政课的政治属性，将全面建设小康社会、"两个一百年"目标、五大发展理念、中国特色社会主义理论体系、伟大复兴的中国梦思想等核心政治思想全面融入思政课教育教学体系，深刻阐发新时代的新内涵，阐发社会主义核心价值观，阐发不同课程要素支撑新时代发展，服务新时代走向更加光明的未来。

（二）思政课要服务新时代高等教育高质量发展

经过多年的扩招，高等学校的办学规模不断扩大，高等教育质量却在滑坡。国家及教育主管部门高度重视，正式启动了高等教育质量建设工程。思政课是质量建设工程中重要一环，是学生思想、价值培育的重要阵地，建设高质量的思政课程是适应新时代高等教育高质量发展的现实需要。

（三）思政课教学要为学生成长和价值实现服务

学生的未来，一定是在新时代成就人生价值和社会价值，价值实现形式与内容可能与当前相仿，也可能更具时代性。新时代大学生要求更加个性的呈现，要求更加解放的思想，要求更加宽阔的舞台，追求更加崇高的信仰。思政课需要帮助大学生探求自身的价值、引领大学生确立马克思主义信仰，并在新时代里不断发展。

五、培养可靠人才

可靠人才首先是政治可靠，其次才是智力、体力等方面的合格。没有政治可靠，其他领域再优秀也会产生不同层次的负面影响。因此，培育政治素质过硬的人才是思政课必须直面和承担的任务。

(一) 培育政治素质过硬的人才

政治素质过硬是人才培养最重要的目标，政治素质过硬是党和国家对人才培养的基本要求。思政课要加强对大学生的政治教育，一是要提高大学生政治认知水平。大学生拥有一定的政治认知能力和水平，基础理论知识也已经初步掌握，不足的是对一些政治内涵认知理解的深度和准度不够，需要思政课加强教学，精准引领。二是要提高大学生政治参与能力水平。大学生绝大多数都已经满18周岁，开始拥有政治权利、可以履行政治义务，思政课要及时跟上，教育帮助大学生深刻认知政治权利和义务，掌握履职路径和方法，提升履职能力和水平，这样才能为以后的政治生活做好铺垫。三是要引导大学生参与实践检验。教师可以通过思政课开展各类模拟练习，并在课程实践环节落实落地，帮助大学生检验所学，切实提高政治意识，培育政治素质过硬的人才。培养大学生政治素质要注意导向性与发展性相结合，科学性与实用性相结合，全面性和层次性相结合，注重"知、情、意、信、行"教育有机统一，师生双主体共同实施等方法和路径的结合。

(二) 培育善用马克思主义方法论的人才

马克思主义哲学方法论是人类文明史上最伟大的方法论。马克思主义方法论可以为大学生提供丰富的方法论逻辑、思维和方法。一是唯物论部分的方法论。有生活中经常提及的实事求是的方法论、调查研究方法论、矛盾分析方法论，也有全局性的方法论如全面、历史地看问题的方法论，系统方法论。二是认识论部分。包括辩证思维方法论、创造思维方法论、价值评判方法论等，其中辩证思维方法论常被提及和运用，而创造思维方法论、价值评判方法论则使用较少，需要在教学中加强。三是历史唯物主义部分。其中，包括社会分析方法论、人的分析方法论、群众路线方法论等。群众路线是中国共产党最常提及、使用和强调的方法论，这要求学生要经常深入社会、了解国情民情，在社会实践中熟练运用群众路线方法论，实现受教育、长才干、做贡献。此外，还必须呼唤一种"存在论的解释学"，或者"非理论方法的解释学"，即是"生活决定意识"的马克思主义方法论。在这种方法论中，"生活经验本身就是可理解的，就在解释着"这种方法非常强调生活性，这也是大学生学习马克思主义哲学方法论的基本需要。

(三) 培育具有科学价值判断能力的人才

科学价值判断的关键指向是为谁培养人的问题。科学价值判断能力主要指三个方面：一是是非判断能力。通常意义的是非对错是生活化的，思政课所需要面对和解决的是政治信仰和政治立场等领域的是非判断，要引领学生在上述问题建立是非观，提高是非判断能力。这里针对的是各类思潮、多元价值观以及时政热点领域可能出现的是非问题挑战，思政课应该因势利导、加以因应。二是质量判断能力。是非是单选题，而质量则是多项式。质量判断一方面在于学识及理解能力，对一个问题理解和思考程度；另一方面在于事物的实际情况，应该处于一个什么样的质量层次。只有两方面相互印证、统一，才是比较科学的质量判断。

第三节 思政课教学改革的基本思路

教学活动要结合时代的基本背景和国家人才培养的基本要求，遵循教育教学的基本规律，针对学校、师生的基本情况来设计、实施和评估课程教学改革。因此，课程教学改革有其基本范式和导向。研究认为，开展思政课教学改革，需要以系统思维为基础，深刻把握课程教学各个阶段特征，再结合相关的教育方法变革、教学质量评价来整体推进思政课教学改革。以系统思维为基础，就是将教学作为一个整体，从前、中、后和质量评价等四个阶段来分析教学改革的必要性和着力点，结合相关教学方法，就是要充分运用和发挥各种教学方法在不同阶段的作用，提高教育教学质量。

一、前段推进教学规划与设计

所谓前段，就是在课程教学实施之前，是课程规划、设计，师资团队组织、建设等课程教学的前期阶段。万事开头难。一方面，课程实施之前的规划与设计是决定课程成败的关键。课程设计需要关注整个课程的目标、体系、内容、对象及其需求、方法、评价、诊断、反馈等各个环节，需要将不同环节链接起来推演，是基于系统思维、在系统实施前的系统设计，这个规划设计要求对整个课程教学有方案、有预案、有预判；另一方面，课程教学的师资团队建设，是课程教学实施的基础。组建课程教学团队可以弥补个体的不足和局限，有利于整合和优化课程教学资源，培养提升教师创新素养，提高课程品质和效率。高校可以通过课程教学师资队伍建设、制度建设、教研能力建设等几个方面大力开展课程教学团队建设。

（一）加强课程教学规划与设计

1.注重方案系统的设计

即确立并锁定课程的目标，将课程内容、教学方法、组织实施、评价反馈等一系列环节集成一体，充分考虑需求供给均衡协同，形成系统化的教学方案，为后续教学的开展奠定基础。

2.制定应急预案

教学方案的实施会因教师、学生等主体对象的变化而变化，会因教室、设施、时间等变化而变化，会因政策、考核等变化而变化，进而使得原先的系统方案遭遇挑战，这就需要有相应的应急预案来解决，课程设计时要推演、思考周全，将可能发生的一些应急情况考虑在内，妥善处置。

3.整体把握，科学预判

有系统方案、应急预案，就是为了能够科学预判，这个预判一方面是预判课程教学能够形成的基本概况、成效；另一方面是对可能出现的计划外情况及其影响也能够有比较合理的预判。

（二）提高课程教学团队建设

1.加强课程教学师资队伍建设

好的教学团队，应该由学科带头人、教学骨干、研究队伍和基础教学团队等组成，在学科上强调交叉、年龄上强调以老带新、职称上强调梯队。前有带头人，后有接班人，这样的团队才有生气、有生机、有生命力。

2.建立健全师资建设制度

有好的师资才能产出好的课程，好的师资需要重点培养，其中培养体系和制度是关键。学校需要建立诸如培训制度、访学制度、会议制度、学历深造制度等，帮助和引导老师加强学习提升素养，通过制度支撑和要求教师学习。

3.推进师资教研一体化能力建设

教学、科研孰轻孰重一直有争议，但教学科研不可或缺是共识。推进教学、科研一体化的能力建设，有利于提高教师教学、科研联动水平，能够推动产出更好的教学质量和科研成果。

二、中段发展教学内容与方法

所谓中段，是指教学的实施过程，在课程规划设计之后、课程总结评价反馈之前的教学阶段。中段之所以重要，是因为它是提高学生认识的过程、促进学生发展的过程，是教学内容实施的主要过程，是师生互动的主要通道，是对教学规划与设计的落地落实，其关键在于教学方式和内容的拓展。教学方式是教学内容的输送形式，是师生互动的关键载体，好的教学方式会显著提升教学质量。教学内容是思政课的主要构成，也是实现思政课教学目标的关键。

（一）创新教学内容

内容为王，任何课程都必须有其核心内容和价值导向，这是课程存在的价值和意义所在。思政课具有扎实的内容基础，所有的教材都汇聚了资深专家的心血，由国家审定，权威性、准确性、客观性都非常强。当然，课本教材也存在着更新慢等问题。创新思政课内容，可以从三个方面着手。

1.整合优化

思政课是一个整体,各门课程之间具有很强的关联性,日常的教学中各门课均是独立实施,造成了一定的割裂,如果能将相关课程的内容进行整合优化,必将提升思政课的吸引力。这种整合可以马克思主义为基础,以社会主义核心价值观为统领,依据课程的功能和教学目的或者大学生的思想特点和接收方式来整合优化。

2.丰富内容

思政课具有显著的时代性特征,课程内容应该紧扣时代脉搏、呼应时代需求,引领大学生提高认知水平。不同历史阶段、不同省市区域、不同高等学校,都会有丰富的教育教学资源和时事案例可以深挖,转化为教学内容,这些教学内容具有显著的时代性、地方性、校本特色,例如,中国梦之于国家民族、上海四行仓库之于城市记忆、纺织科学之于东华大学都是非常好的案例,于学生贴切、紧密、易于接受,是教学内容丰富和发展的重要方向。

3.改造内容

相对于传承、发展,改造的难度最大。很多传统价值观、行为模式都具有相当的惯性,很难改变、改造。正是因为如此才必须要变革,不然新的理念、思想、方法就没法树立。因此,在实际教学过程中,要针对一些旧有的、不适应时代发展的、阻碍社会和教育进步的内容加以改造,使其成为与新时代和谐共存的新内涵。

(二)发展教学方法

通过多年来的积淀和创新,思政课教学法不断获得发展、丰富,课程教学质量有一定改变、提升。随着时代发展,学生需求逐步发生变化,教学方法需要与时俱进。可以从以下两个方面着手。

1.要传承优秀的传统教学方法

课程的本质是师生间的互动教学,师生的特点和需求虽然在不断发展变化,但其本质需要并没有太大改变,依旧需要沟通、依旧有求知欲、依旧呈现一些成长发展规律。传统的课程教学依旧有其生命力,教师讲、学生听、适当互动依然可以在课堂上发挥重要育人作用,教师依然可以将道理说明白,学生还是可以将思想听进去,师生关系还是可以呈现良好的互动。

2.要创新教学方法

创新是时代特征,也是现实需要。一方面,新时代引领教育理念发生重大变化,教师主体论发展成为学生主体论或者双主体论,学习知识发展成为学习方法、学会学习等,这需要将教学方法做适当调整;另一方面,新科技引领教学组织形式创新。既往有新媒体运用普遍进入课堂教学，当下有智慧教室正在革新教学方法，未来还会有更多的新技术被运用到思政课教学实践中去，指导并革新教学形式和方法。

三、后段力推教学实践与体验

所谓后段，是指在教学后程，课堂教学结束之后，学生开始进入实践阶段。实践教学强调实践性和体验性，要求学生将所学知识运用于实践、接受实践检验，还强调思政课与其他课程、课堂上下、校内外的结合，最终内化于心，外化于行，使教学内容真正被学生所掌握。深推思政课实践教学，需从内容、形式、目标、范围等几个方面入手。

（一）内容要活

课堂教学中，课本是主要内容，思政课教师的发挥空间不大。实践教学领域，思政课教师的灵活性就非常大，可以选择不同的主题开展教学实践。比如，请学生思考如何改进校园秩序及其管理模式、如何学习身边榜样、如何挖掘校内特色资源等，主题亲切、学习便捷、互动性强，可以很好地吸引大学生参与。

（二）形式要多

实践教学不再拘泥于课堂之上，环境、条件可以有更多的变化，这就为实践教学提供了更多的选择空间。微电影、志愿者活动、社会调研、辩论赛等都可以成为实践教学的理想形式，这些形式使得课程内容灵动起来，学生的参与感、体验感得以增强，获得感也会显著提升。

（三）主题要明

实践课最大的困难在于不好把控，容易跑偏。所以在设计实践教学课程时，必须设定明确的主题，要求学生在一定主题的框架下完成内容，做到"形散而神聚"，所有的体验、思考和收获都是在主题的范围内进行的。明确主题一方面可以让学生有所聚焦，学会完整地看待和处理问题；另一方面也可以方便教师指导，形成明确的教学结论。

（四）范围要广

实践教学的主题设置范围要适当广泛，针对不同的小组、不同的学生特点，设置不同的主题，同时各个小组的实践形式也可以多种多样、场地可以根据实际情况调整。比如，开展社会调研了解真实社会、考察革命遗迹弘扬革命精神、开展公益活动帮扶弱势群体等校外主题实践活动，培养大学生的服务意识、担当意识、创业意识和奉献意识，有效提高大学生的思想理论素养。

四、总结发挥课程评价功效

课程总结可以对整个课程的实施效果进行总评，这里面可以包括一些发展性评价内容、总结性评价内容。课程评价的指向是为了给选拔、诊断、改进和确定教育需要等，为了下一轮课程实施能够更好，更加符合现实、学生需要。

（一）发展性评价是调试剂

发展性评价的关键在于理念系统建设，重在梳理建设目标、价值、方法、问题等四个方面的思维体系，可以在课程教学的不同阶段开展评价，是过程的诊断，也可以是周期性的诊断，是及时修正课程教学的重要方式。发展性评价的目的是更好地、及时地改进，这有利于不断调试课程教学，以期达到预期教学目的。

（二）总结性评价是闭幕词

总结性评价是对整个课程教学的整体性评价，是在课程教学结束以后的全过程评价，具有整体性、系统性特征。一方面总结性评价可以整体性评价课程教学，把课程教学作为一个整体，联系教师、课程内容、课程实施、学习成效评价等各个部分开展整体评价，比较容易找出问题的关键节点并加以修订改正；另一方面总结性评价可以系统地评价课程教学，可以从系统论的观点，评价攸关课程质量的目标、内容、方法、路径等各个环节的问题，并为后期的改进提供依据。

总之，思政课教学改革意义特殊、责任重大，必须制定适宜的原则，参照一定的要求，设计改革思路。思政课教学改革是有现实需要的，是"来源于问题发现，回归于问题解决"的。笔者认为，既往思政课教学存在的现象级问题，以及现在和未来仍可能面对的教学对象、课堂教学与时代环境变化之困，都是未来开展思政课教学改革的重要动力。高校必须进一步坚持政治立场、培养大学生政治信仰、发展政治力量、巩固执政基础、兼顾形式内容、注重实践教学等原则，按照教育规律、满足学生要求、发展教学方法、体现时代发展、培养可靠人才的要求，按照前、中、后及总结四个阶段设计推进思政课教学改革，为赢得未来奠定坚实基础。

第四节　高校思想政治理论工作育人一体化分析

一、当前高校思政工作面临的问题及其原因

目前各个高校开展了多种形式的思想政治工作，有作为主渠道的思政教学，也有心理咨询师的心理辅导、党委领导下的各支部开展的各种活动等辅渠道工作。

虽然总结起来形式很多，但是我们发现，各个部门各有想法，各做各的，貌似形式多样，实际自行其是。思想不统一，意见不交流，最终没有形成合力，造成了高校思政工作育人质量不高，缺乏一体化思考的局面。

二、实施高校思政工作育人一体化的必要性

（一）高校思政工作育人一体化是完成《高校思想政治工作质量提升工程实施纲要》总体目标的需要

《高校思想政治工作质量提升工程实施纲要》指出高校思想政治工作提升工程的总体目标是坚持以习近平新时代中国特色社会主义思想为指导，紧紧围绕统筹推进"五位一体"总体布局和协调推进"四个全面"战略布局，坚持和加强党的全面领导，充分发挥中国特色社会主义教育的育人优势，以立德树人为根本，以理想信念教育为核心，以社会主义核心价值观为引领，以全面提高人才培养能力为关键，强化基础、突出重点、建立规范、落实责任，一体化构建内容完善、标准健全、运行科学、保障有力、成效显著的高校思想政治工作质量体系。

这里所指出的"一体化构建"就是对高校思政工作提出了要求，建立有战斗力的、成效显著的思政工作阵营，打赢高校思政工作这个战役，需统一部署，集体智慧，合作发力。

（二）高校思政工作育人一体化是提高思政工作质量和效率的需要

在从事思政工作的过程中，我们会发现存在浪费资源、工作效率低下的现象。就一个学生现状的调查来说，会出现这样的现象：心理老师做一次学生调查，思政老师做一次学生调查，重复调查，浪费精力，浪费资源。结果是思政工作者加重了工作量，造成工作重复，效率低下。高校思政工作育人一体化就是合理利用资源，提高思政工作效率的良好途径。在布局一体的情况下，思政工作者就不需要各自为战，而是协同作战，增加了战斗力，提高了工作效率，合理利用了资源。

（三）高校思政工作育人一体化是解决思政工作者"工作瓶颈"问题的保障

现在高校思政工作者面临着繁重的工作任务，日益复杂的外部环境对大学生心理的冲击，大学生自身理想信念的缺失，要求广大思政工作者加强思政工作的力度，开展有成效的工作。高强度的工作，繁重的工作压力，使思政工作者逐渐产生工作畏难情绪，工作进入"瓶颈期"。"众人拾柴火焰高"，高校思政工作育人一体化可以提供集体作战的智慧和勇气，为思政工作者进行有效工作提供良好的保障。

三、高校思政工作育人一体化具体实施措施

（一）学校领导从思想上高度重视

针对思政工作，现在很多高校都设立了名目繁多的机构。但是某些学校领导只是纸上谈兵，浅尝辄止。思想上的懈怠和轻视造成了思政工作不能深入推进、工作被动的局面。真正进行具体思政工作的同志在工作中捉襟见肘，处处陷入被动，很多小事反映汇报若干次却毫无回音，挫伤了大家工作的热情。在这种情况下工作，只能各行其是，工作效率和效果可想而知。我们所说的重视不是纸上或者所谓文件上的"重视"，而是真正躬下身子埋下头了解本校思政工作的现状，规划出本校思政工作的目标，解决亟须解决的思政问题。

（二）学校统一规划

在学校领导重视的前提下，制定每年学校思政工作的部署及计划，逐年推进，形成各部门协同发力的效果。高校思政工作就像打仗一样，有总指挥，有攻城的，各有分工，各自发挥自己的战斗优势，最后才能取得思政工作战役的胜利。

（三）资源共享

有了统一规划，就可以将大家思政工作的心得体会、思政工作的成果进行共享，避免了各自为战、费心费力、工作效率低下的情况。在成果共享的基础上，大家加强交流，在思想碰撞过程中会有更多灵感出现，有助于解决思政工作者的"工作瓶颈"问题。

大学生的思想政治工作是一个长期的渐进过程，我们要一步一个脚印，扎扎实实地推进这项重大工程的开展。相信在大思政工作的背景下，有各级部门的共同努力，集体协作，我们一定能在新时期内完成高校思想政治工作质量提升工程的目标和任务，达到我们预期的效果。

第二章 新时代高校思想政治教育新局面

习近平总书记多次指出,现阶段我国处于一个新的历史时期,站在了新的历史起点上。这个新的历史时期、新的历史起点,就是中国正全面深化改革,适应经济发展新常态,同世界深度互动、向世界深度开放,探索整体转型升级,实现创新发展的新时代。与此同时,当今世界也进入了一个经济全球化、政治多极化、文化多元化的全球化新时期。世界经济的持续低迷、发展模式的激烈竞争、民粹主义的日渐抬头、政治生态的不断恶化,让"大动荡""大破碎""大变革""大调整"成为全球变局的关键词。

在这样一个新的特殊时期,各个领域的矛盾冲突层出不穷。国际上,围绕社会经济发展模式和主流价值观的较量越发凸显,各种思想文化的交融与交锋更加频繁,意识形态领域斗争更加复杂严峻。在国内,社会的转型、国家对外开放力度的不断增大,以及互联网等传播渠道的迅速发展,使人们的求知途径、价值观念、生活方式等发生了显著变化,思想意识的独立性、多样性、差异性日益增强,尤其是对大学生的思想观念和行为取向产生了深刻的影响,致使部分大学生的社会主义理想和信念有所动摇,一些腐朽落后的文化在高校中有所滋长,这给我国大学生思想政治教育工作带来了严峻的挑战。

高校肩负着培养中国特色社会主义事业建设者和接班人的重大任务。2017年2月27日,中共中央、国务院印发了《关于加强和改进新形势下高校思想政治工作的意见》,意见强调指出:高校肩负着人才培养、科学研究、社会服务、文化传承创新、国际交流合作的重要使命。加强和改进高校思想政治工作,事关办什么样的大学、怎样办大学的根本问题,事关党对高校的领导,事关中国特色社会主义事业后继有人,是一项重大的政治任务和战略工程。

因此,立足新的历史时期,面临国内国际形势深刻变化带来的严峻挑战,我国高校的思政工作者需要认真做好"家庭作业",就如何加强和改进大学生思想政治教育提出切实可行的思路和方案。

第一节 新时代高校思想政治教育面临的新形势

当前,大学生思想政治教育所面临的形势与过去有着明显不同,主要表现在三个方面:第一,高校思想政治教育大环境出现了新变化。经济全球化出现新变化,社会文化呈现多元化特征,以及网络信息技术高速发展,在给我国经济社会发展带来新动能的同时,也给大学生思想政治教育带来一系列新情况、新问题。第二,高校思想政治教育工作承载着新使命。当前,高等教育肩负的使命是培养中国特色社会主义事业的合格建设者和可靠接班人。任务不同,必须有与之相适应的思想政治教育理论新体系。第三,"00后"成为高校生力军,教育对象呈现出新的成长特点。

一、高校思想政治教育大环境出现新变化

(一)经济全球化出现新变化

21世纪以来,经济全球化越加蓬勃发展,全球的贸易自由化、金融国际化、资本流动均上升到了一个新的高度。经济全球化加强了各国之间的经济联系,各个经济体之间的相互依存程度显著提高。然而,经济全球化的过程并不是一帆风顺,而是步履蹒跚、充满变数的。特别是2008年以来,金融危机、欧债危机相继爆发,导致了部分发达国家经济增长出现了缓慢乃至大衰退的情况,各种形式的贸易保护主义以及区域经济一体化成为新的重要国际经济现象,国际贸易秩序建设暂缓,一些经济贸易问题也出现了被政治化的倾向。与此同时,以金砖国家为代表的一批新兴经济体迅速崛起,并在国际政治经济格局中占据了重要的地位。

从国内来看,经过40多年的飞速发展,中国已经成为世界第二大经济体,综合国力位居世界前列,社会主义市场经济体系日趋成熟,人民生活水平持续提高,整个国家呈现出一派繁荣昌盛、生机勃勃的景象。随着经济发展和社会进步,人民群众的国家意识、民族意识、文化意识、法治意识、公平意识、民主意识、权利意识、质量意识等不断提高,对幸福感、获得感越来越注重,对社会和谐稳定、公平正义也提出了更高的要求。

(二)社会文化多元化

社会文化多元化是在多元文化的基础上产生的。多元文化指在一个民族、社会或国家中所存在的多种文化的总称。关于社会文化多元化,李庆本在《全球一体化与文化多元化》中指出:"它不仅仅是指全球范围内不同民族文化的共存共

荣，而且也意味着在某一单一民族国家中的传统文化对其他民族文化的宽容以及必要时的吸收。"由此可见，社会文化多元化强调的是在社会发展的过程中，一方面要求强调多种文化共存；另一方面指出在继承本民族优秀文化的基础上，还要兼收并蓄其他国家或民族的优秀文化。

随着经济全球化的不断发展，世界各国激烈争夺话语权，社会文化多元化已然成为不可逆转的趋势。我国幅员辽阔、民族众多，天然具备文化多元化的社会基础，再加上国家改革开放、各种文化思潮涌进、人民的思想得到进一步解放、不同思想文化的交融与交锋，社会文化多元化走向更加明显。社会文化多元化对塑造国民现代性、增加主体意识，以及全面提升"全人"素养有着积极而深刻的作用。但是，社会文化多元化也带来了一系列的问题，我们的民族文化传统和意识形态安全受到了挑战，一些人出现信仰危机和道德失范现象，一些人国家观念淡薄、价值选择困惑、享乐主义、拜金主义等腐朽消极文化沉渣泛起，全面提升文化自觉、文化自信和文化自强依然任重而道远。

（三）新媒体与大数据时代来临

随着信息技术的不断发展和移动通信、社交网络的广泛普及，以及数据信息的几何式爆炸增长、人工智能的持续深入发展，人类已然处于一个全新的信息时代——新媒体与大数据时代。这个全新时代不仅带来了信息技术领域的革命，也给当前社会各个领域带来了深刻的变革。

一方面，新媒体与大数据时代造就了万物皆"媒"的大环境。微信、微博、微视频、在线直播等新媒体平台的广泛应用，不仅催生了新的信息传播模式，使每个用户都成为信息的传播中心，还变革了人类与信息之间的关系，信息传播内容碎片化、海量化，信息传播方式多样化、交互化，信息传播即时化、虚拟化，信息传播效果智能化、社交化，成为新媒体环境下社会传播现实的真实写照。媒介的泛化，促使受众从以往信息的被动接受者和消费者，转变为主动运用媒介平台进行信息内容生产和信息传播的实践者。

另一方面，新媒体与大数据时代引发了思维方式的变革。大数据思维正日益成为我们看待生活、生产、工作的价值观和方法论，浩瀚的数据为人类提供了具有前瞻性和预估性的信息和情报。对数据进行整合分析，能够精准分析出各种行为之间的相互关系，从而预测用户的需求。这种隐性的思维逻辑借助移动互联技术，彻底颠覆了原有的沟通方式，不仅有效提高了沟通效率，而且大大降低了沟通成本，对人类生活、社会经济和政治发展产生了深刻的影响。

二、高校思想政治教育工作承载着新使命

坚持立德树人，是中国特色社会主义新时代高校思想政治教育工作的指导思想和根本任务。2016年12月，习近平总书记在全国高校思想政治工作会议上讲话时强调："高校思想政治工作关系高校培养什么样的人、如何培养人以及为谁培养人这个根本问题。要坚持把立德树人作为中心环节，把思想政治工作贯穿教育教学全过程，实现全程育人、全方位育人，努力开创我国高等教育事业发展新局面。"习近平总书记的讲话，彰显出国家对立德树人工作的高度重视，赋予了高校思想政治教育工作新的伟大使命。

我国高等教育的发展方向，要同我国发展的现实目标和未来方向紧密联系在一起，为人民服务，为中国共产党治国理政服务，为巩固和发展中国特色社会主义制度服务，为改革开放和社会主义现代化建设服务。这"四个服务"，为我国高等教育发展指明了道路。而大学生思想政治教育工作需肩负的历史使命，就是用党的使命、国家的使命、民族的使命教育学生、引导学生。

育人先育德，育德先育魂。立德树人，就是教育工作者一方面要向学生传授知识、培养能力；另一方面还要充分发挥思想政治工作的重要作用，牢牢把握高等教育的发展方向，切实加强意识形态工作，引导和教育学生坚定社会主义和共产主义理想信念，正确认识世界和中国发展大势，培养历史责任意识、责任使命担当、脚踏实地作风，促进"全人"发展、塑造健全人格，使大学生成为德、智、体、美、劳全面发展的社会主义事业建设者和接班人。

第二节 新时代高校思想政治教育面临的新挑战

当前，随着国内、国际形势深刻变化，不同思想文化交融与交锋，社会思潮多元、多样、多变，改革开放和社会主义市场经济的深入推进，互联网等新的传播渠道迅速发展，大学生的成长环境发生了剧烈变化，大学生思想政治教育工作既面临着机遇，也面临着一系列新情况与新挑战。

一、国内国际形势深刻变化带来的挑战

世界经济和政治格局变动和转型，国际环境复杂多变，这对加强和改进大学生思想政治教育提出了更高的要求。一方面，西方敌对势力依然千方百计对我国实施战略上的围堵、发展上的牵制、形象上的歪曲、思想上的渗透，把高校作为意识形态渗透的重点目标，并企图通过资助社会调查、提供境外实习等手段争夺青年一代；另一方面，世界各地恐怖事件数量呈上升趋势，境内外一些别有用心

的势力时刻企图煽动民意，试图引起恐慌、制造民族矛盾，在网络上传播负面、虚假信息，企图误导和利用大学生。

在国内，整体环境的变革也给大学生思想政治教育带来严峻挑战。当前，社会经济体制深刻变革，经济发展加速转型升级，既是我国发展的机遇期，又是矛盾的凸显期，热点、难点问题增多，这些都给大学生的健康成长带来不可忽视的负面影响。此外，随着我国教育事业的发展，高等教育正由"大众教育"阶段向质量提升阶段转变，社会需求的是高素质拔尖创新人才和高素质新型应用人才，原有思想政治教育模式已经不再适应人才培养的目标要求，在新的起点上继续提升思想政治教育水平，是大学生思想政治教育的历史新使命。

总之，和平与发展是时代主题，也是不可抗拒的历史潮流。对于大学生思想政治教育而言，要善于把握时代发展大势，唯有因势而谋、应势而动、顺势而为，才能充分运用时代环境带来的机遇，把握大学生思想政治教育工作主动权，跟上时代前进步伐，推动人才培养事业的顺利发展。

二、思想文化交融与交锋带来的挑战

思想文化是一个国家、一个民族的灵魂，是自尊、自信、自立的重要精神支撑。改革开放以来，我国在公有制为主体、多种所有制经济共同发展的基础上，形成了一元主导与多元文化并存的思想文化格局。在当今世界，国际竞争日趋激烈，国际形势复杂多变，加上国内经济社会深刻变革，在这样的大格局之下，思想文化的地位和作用越发突出，多种思想文化互相激荡，不同思想文化的交融与交锋日趋频繁。基于这样的时代背景，建设高校意识形态阵地的任务变得更加艰巨复杂，大学生思想政治教育工作也出现了新的挑战。

挑战之一是影响大学生思想政治教育效果。多元思想文化的交织、碰撞、兼容、发展，形成了多元的价值观念，在这样的思想文化交汇的背景下，大学生群体很容易受到影响和冲击，致使一部分学生出现选择困惑、良莠不分，甚至引起思想观念、理想信念、价值取向、心理健康、道德养成、行为选择等方面的混乱和错位。

挑战之二是影响思想政治教育工作。一方面是影响和冲击施教者。高校思想政治教育工作者是开展大学生思想政治教育工作的骨干力量，但是部分思想政治教育工作者由于自身重视程度不够、理论素养不高、知识储备不足，在思想文化交融与交锋背景下开展大学生思想政治教育工作显得异常被动、疲于应付，不能及时、科学地对大学生进行正确的教育和引导；另一方面是影响教育内容和教育方式。在经济高速发展、文化高度繁荣的背景下，理论研究和实践往往滞后于时代的发展，造成教育内容陈旧老套、声音单调、脱离实际，思想政治教育方法传统刻板，可以说，已经很难适应思想文化多样化和教育对象需求多样化的现状，对学生越来越缺少吸引力，越来越不为大学生所接受，有时甚至适得其反。

第三节 新时代高校思想政治教育面临的新任务

高校思想政治教育事关培养人的根本问题，事关开创中华民族伟大复兴事业新局面的重大问题，是承载历史新使命的教育。而大学生思想政治教育工作，就是充分发挥意识形态的引领作用，牢牢把握社会主义办学方向，培养社会主义合格建设者和可靠接班人，进而推进中华民族伟大复兴事业的发展。

一、发挥意识形态引领作用的现实需要

意识形态工作是党的一项极为重要的工作。加强意识形态建设，是统一认识、凝聚人心、团结群众、提振斗志的重要思想力量，是推进经济社会发展的强大思想支撑。高等院校是巩固马克思主义指导地位、发展社会主义意识形态的重要阵地，意识形态建设是高校思想政治工作的灵魂，贯穿于高校教学、科研、管理各项工作之中。

发挥意识形态引领作用，是指通过高校思想政治教育工作对大学生施加意识形态影响，使其形成中国特色社会主义现代化建设所需求的思想品德和价值观念体系，并以此指导和规范自己的行为。学校被认为在人们政治思想教育方面起着主要作用，其任务是维持社会制度，使后代的政治世界观同前辈的相一致。高校开展思想政治教育的最主要的目的，是推动学习研究马克思主义，充分展示社会主义意识形态的逻辑力量，深入大学生的理想、信念和思想方法之中，增强大学生的道路自信、理论自信、制度自信、文化自信，引导学生掌握和运用马克思主义的立场、观点、方法，正确认识世界和中国发展大势、时代责任和历史使命，培养远大抱负和脚踏实地的学习态度，使高校成为社会主义意识形态的坚固阵地。

二、坚持社会主义办学方向的必然要求

习近平总书记指出，我们的高校是党领导的高校，是中国特色社会主义高校。鲜明的社会主义属性，可以说是我们的高校与西方高校的最本质区别，也是我国高校的最大特色。"我国高等教育肩负着培养德、智、体、美、劳全面发展的社会主义事业建设者和接班人的重大任务，必须坚持正确政治方向"，习近平总书记在全国高校思想政治工作会议上发表重要讲话，突出强调了高校必须坚持正确的办学方向。对于当下的高校来说，培养什么样的人、如何培养人以及为谁培养人，始终是最根本的问题。加强高校思想政治工作，就是要解决这个根本问题，在事

关办学方向的问题上站稳立场，坚持社会主义办学方向，扎根中国大地办大学。

方向明则心头亮，方向正则劲头足。坚持社会主义办学方向，就是要坚持以马克思主义理论为指导，全面贯彻党的教育方针，把正确的政治方向、价值导向贯穿到立校办学、育人育才的全过程，确保我们的高校始终处于党的领导之下，始终沿着社会主义办学方向前进；就是要培育和弘扬社会主义核心价值观，引导学生掌握科学的世界观和方法论，教会学生认识自己、认识世界，尊重自己、尊重他人，改造自己、改造世界，自觉做社会主义核心价值观的践行者；就是要加强校风学风建设，重视教师队伍建设，把思想政治工作同鼓励师生端正学风、严谨治学统一起来，把教师师德养成和学生健全人格塑造统一起来，春风化雨、润物无声，给学生以人生启迪和精神力量。

第四节　新时代高校思想政治教育面临的新选择

一、努力提升高校辅导员思想政治教育工作能力的新思考

（一）提高辅导员的综合能力的工作新思路

辅导员队伍的合理建设和发展离不开相应的平台构建，为辅导员的综合能力提升创造合理的专业性综合学术研究平台是各高校都应重视起来的问题。只有高校重视辅导员专业性综合研究平台的建立，才能真正为辅导员综合能力的提升创造可能。这个平台应该包括辅导员培训、辅导员职业生涯规划、辅导员专业进修、辅导员交流学习、辅导员考核机制、辅导员科研立项、辅导员学术交流等内容。

各高校现行的辅导员主要是主管学生工作的党委副书记领导，学生工作主管部门、校团委主管部门以及各分院共同管理。基层的学生工作办公室下辖的辅导员同时受几个部门的管理和制约，很大程度上限制了辅导员主观能动性的发挥。这种多头管理制度的现状实际上与辅导员专业学术平台的建立是背道而驰的，会在辅导员选拔录用、辅导员绩效评优考核、辅导员学团活动交流开展等方面产生力量交汇与力量制约的情况，往往造成辅导员归属感下降，工作中容易感到矛盾和迷茫，故而不具备辅导员专业学术平台建立的条件。合理完善高校辅导员管理与考核机制、建立适合高校自身发展的辅导员管理制度是建设辅导员专业学术性平台的前提和基础。

高校辅导员工作是事无巨细、任务繁重的，如果高校主管部门没有为辅导员构建专业性综合研究平台，就很难将辅导员的工作实践转化为理论成果。庞大复杂的日常工作占据了辅导员过多的工作时间，这就需要高校管理部门合理完善管

理机制,提高辅导员工作效率,使他们能有更多的时间和精力用来提高自身学术创新和科技研发能力,全方面提升政治、知识、能力、道德、思想等方面的素质。

(二) 合理调整与优化辅导员队伍构成

合理完善辅导员队伍构成是每所高校都需钻研的重大课题之一。因为辅导员队伍的完善与否、辅导员综合素质是否过硬,直接关系到高校思想政治教育工作的整体质量,关系到高校校园安全稳定的整体大局,关系到学生综合素质的拓展与开发。

建立合理完善的高校辅导员队伍,可以从以下几个方面着手:首先,要加强辅导员队伍的合理化引进,完善招聘机制,合理规划各项辅导员招聘标准细则,确保高素质人才能补充到辅导员队伍中来。其次,加强辅导员校际定期学习和换岗交流,有利于高校间优秀经验的传播。固守本校的管理模式很难实现创新,只有加大各高校辅导员之间的交流学习,才能真正做到取彼之长、补己之短。再次,建立完善的辅导员考核机制以及辅导员进修深造机制,明确辅导员在高校的地位以及为辅导员提供更多的学习机会,多重措施共同保证辅导员队伍的稳定性。最后,结合各高校实际,建立适合自身管理需求的专职辅导员队伍和兼职辅导员队伍。

(三) 提高辅导员各项综合素质的新理念

外部环境和学生特质的不断变化,要求高校辅导员需具有超强的接受新鲜事物的能力,同时通过学习和培训提高自身的各方面硬件素质,以应对高校思想政治教育工作和学生日常管理工作中所产生的新问题和新变化。因此,笔者建议在高校建立辅导员终身学习机制和终身培训机制。

为新招聘的辅导员提供岗前培训是必须要做的工作,但是辅导员在通过岗前培训之后的很长一段时间里都没有接受过其他专业技能方面的学习进修或者岗位培训,说明高校领导对于辅导员素质以及深造进修机制不够重视。这就会导致辅导员工作能力随着时间的推移而下降,日渐产生对工作的不胜任感,进而在很大程度上影响辅导员的工作热情和积极性,最终造成辅导员的岗位变化,影响辅导员队伍的稳定性。在工作中,要建立长期的学习机制,例如资格认证、出外考察、社会实践等,通过多样化的活动提高辅导员在工作中的实际操作能力。

(四) 提高辅导员在思想政治教育工作中作用的新举措

在各高校思想政治教育工作中,辅导员的作用和地位是其他任何人都无法取代的,他们起到的作用至关重要、举足轻重、承上启下。他们的职业能力决定高校思想政治教育成果,决定大学生综合素质教育的成果,决定党的大众方针的基础落实,决定高校安全稳定的大局。总而言之,辅导员在高校思想政治教育工作中的地位和作用是决定性的，是无可取代的。

在大部分高校里，辅导员是高校教师体系中比较特殊的一个群体，他们既属于高校教师序列，可以参评助教、教师、副教授、教授的专业技术职称，又属于管理系列，可以按需求、资历、贡献等条件，晋级副科、正科、副处、正处等行政级别和担任相应的行政职务。由此可以看出，辅导员在高校教育管理中的作用以及高校对辅导员这一团体的重视。他们既是思想政治教育工作的重要组成部分，也是投身于高校管理工作的一线团队。

现阶段辅导员在高校的作用显而易见，因此，在明确辅导员作用的基础上，切实提高辅导员在高校的地位以及更好地发挥辅导员应有的作用更是当务之急。

提高辅导员的地位及作用可以从两个方面着手：第一，提高辅导员在思想政治教育教学中所起的作用，为建立专业型、专家型辅导员队伍打下坚实的专业基础。让辅导员更多地参与一线教学，尽量把高校的形势政策课、心理健康教育指导课、大学生就业指导课等思政领域课程交给辅导员来完成。第二，在完善辅导员的测评考核机制的同时，注意提高辅导员的相关福利待遇，为辅导员的专业培训、发展前景、职业生涯做好统一的规划，提高辅导员的地位。做好辅导员队伍的稳定工作，为建立一支高素质、专业化、职业化、专家化的辅导员队伍而努力。

（五）提高辅导员工作实效性必须解决的新课题

高校辅导员在当前的教育管理模式下往往要一人承担多项工作，在担任辅导员的同时往往还要兼任分团委书记、学生党支部书记、学生工作办公室主任、副主任、院系党办秘书、组织员等职务。这些工作大都与思想政治教育工作紧密相关，却在无形中分散了辅导员的工作精力，影响辅导员本职工作的实效性与专注度。很多辅导员每日忙于处理各类琐碎的事务性工作，不能及时发现和把握大学生思想政治教育过程中产生的新情况和新问题。

在新形势下，如何释放辅导员的工作压力，如何提高辅导员的工作效率，如何增强辅导员工作的针对性，已成为提高辅导员工作实效性必须解决的新课题，主要可以从以下几个方面入手。

1.转变辅导员角色定位，增强工作主动性和创造性

新时期的辅导员要从传统的管理模式中走出来，要从管理者转变为面向学生的服务者，与学生做朋友，真正走到学生的内心世界与现实生活中。增强学生对辅导员的信任度，引导学生养成愿意接触辅导员、乐于请教辅导员、有困难或问题第一时间找辅导员的良好习惯。

2.提高自身素质，加强知识积累，增强工作的实效性

高校辅导员要努力提高各方面的综合素质，尤其是加强职业生涯规划、心理

健康教育、大学生就业创业指导等课程的教学能力培养，为大学生做好学业规划、人生规划，做学生真正的人生导师。

3. 因材施教，做好特殊群体学生的教育工作

根据不同学生的性格特点进行针对性的教育引导，找准学生的特殊切入点，有针对地对其优秀的品质和特长进行培养，做到真正的因材施教。辅导员还要做好特殊群体学生的教育工作，要付出更多的爱心和责任心，对经济困难学生、特殊家庭学生、少数民族学生、班级后进学生、存在心理问题的学生，按照不同特点，在日常生活中针对性地教育引导。

二、辅导员提升学生思想政治教育实效性的工作思路

（一）合理利用高校思政教育资源的新设想

合理分配教育资源并现共享是各高校面临的重要课题，也是实现教育现代化的重要手段和必然之路。整合和合理再分配各高校有限的教育资源能较好地提高教学质量和教学效率，最大限度地应对"扩大招生"带来的诸多问题。因此，这项举措对促进高校的教学改革，提高科研水平与实现优秀教学资源的共享将起到不可估量的作用。

这里所提到的高校思想政治教育资源主要指高校的专职思想政治理论教师以及专职辅导员。合理利用高校思想政治教育资源的新构想的主要内容是：让各高校辅导员更多地参与教学实践，不再单一地把辅导员局限在管理者的身份框架内，逐渐完成专职辅导员向一线教育者的过渡充分解放，专职思政教师的工作压力，通过相应的进修与培训使辅导员具备一线教学能力，让辅导员担任高校形势政策课、心理健康教育指导课、大学生就业指导课等课程的教学和实践工作。

（二）结合新时期学生特点开展针对性教育

在现阶段，高校大学生受网络、通讯、影视等多种传媒的影响，形成了具有时代特点的思想特质，这种思想特质包括：

1. 多元性

大学生思想呈现出多元化的趋势，这种思想趋势是受家庭条件、学校教育条件、社会环境和个人经历等诸多因素影响的。

2. 个性化

学生的个人思想受社会大环境影响极大，学生的人生观、世界观以及价值观等都呈现出多样化和个性化的趋势。

3. 自主化

随着年龄的增长和独立思考能力的增强，大学生对待事物产生了丰富的主观

观点，而这种主观观点造就了独立自主品格的形成。

4. 易变性

大学生正处于思想意识逐渐成熟的阶段，容易受外界的干扰而使自身的思维、思想受到影响。大学生的人生观、价值观也处于可塑阶段，受到外界的影响极其容易使他们的思想意识、道德观念、价值体系呈现出易变性的趋势。

5. 趋利性

在"利益至上"的今天，很难要求大学生做到不受外界影响而成长为单纯的人。在市场经济建立和完善的过程中，有太多的利益刺激着大学生们，使他们在面临选择的时候，不同程度地倾向于功利。大学生思想的趋利性在各项评奖以及就业择业上体现得尤为明显。

结合新时期大学生的时代特点开展针对性教育是非常有必要的。高校思想政治教育工作者本着人才培养的需要，结合各高校学生的不同特点，制定行之有效的思想政治教育工作方法是提高人才培养质量的重要途径。首先，应加强市场经济条件下大学生创新意识、竞争意识的培养；其次，加强学生自我教育、自我管理、自我发展规划的意识教育；再次，根据学生自身特点，加强以特殊群体学生为重点的特殊教育；最后，创造良好育人环境，建立良好的思想政治教育运行机制。

（三）发挥网络媒介优势，正面引导学生

青年学生是网络舆论的受用主体，他们在网络上吸取各类信息，经过主观意识的再加工，从而形成对事物的独特认识。因此，发挥网络舆论的巨大作用，正面引导学生感知事物、认识事物，引导学生树立正确的人生观、世界观和价值观，是高校思想政治教育工作者在信息时代的基本职责。

发挥网络媒介的正面引导作用是一个系统工程，既要长期规划又要重点设计，这需要广大网友、媒体人、高校和全社会共同努力，营造一个健康、向上、积极的网络大环境。高校思想政治教育工作者可以通过网络树立正面典型，增强网络媒介的感染力和号召力；强化校园媒体优势，充分利用校园传播媒体辅助网络舆论教育，增强舆论引导的凝聚力和向心力；通过班会、主题教育活动等教育途径提高学生的认知能力与判断能力，引导大学生正确处理各类网络舆论问题。

高校辅导员要合理地利用网络资源，并且正确引导学生健康、合理地利用网络资源，是具有重要意义的。第一，合理利用网络资源就是要实现现实世界与虚拟世界之间、施加影响与检查督促之间、主动教育与被动学习之间的融合，以此来促进高校思想政治教育工作的顺利开展。第二，合理利用网络资源有利于开拓教育者的视野，拓展教师教学思路，研究网络环境下的新型教育方法。第三，合

理利用网络资源,而不是盲目排斥或者抵触网络为教育教学所带来的改变,所有教育工作者必须正视网络资源的价值。第四,网络资源覆盖了现今社会发展的各个领域,辅导员如果能够较好地利用网络资源,扩大外围知识覆盖面,就能在与学生的交流中更加得心应手,真正缩小与学生的代沟,更容易找到共同语言,便于师生情感交流。第五,合理利用网络资源,便于高校德育教师建立针对本校学生特点的网络教育平台,通过特殊的网络教育平台,可以活跃教育形式与内容,转变灌输式教育的方式方法,从而提高教育质量。

(四) 重视大学生素质教育、心理健康教育及就业创业能力的培养

大学生素质教育、心理健康教育和就业创业能力教育是思想政治教育的延伸,是关系到校园安全稳定和社会和谐进步的重要问题。

一直以来,大学生的素质教育和心理健康教育关系到高校安全稳定和学生成长成才,必须引起高校的重视。同时,知识经济也对高校人才的培养提出了更高的目标和要求,对传统的大学教育模式提出了新的挑战。高校培养的人才不能只在单方面具备良好的专业知识,也应该具有各方面的综合能力与素质,更应该有一个健康、阳光的心态,去面对竞争日趋激烈的现实环境。努力提高大学生的素质教育和心理健康教育水平,让他们成为出类拔萃的人才,已成为21世纪我国高等学校发展和改革所面临的一项紧迫而艰巨的任务。

伴随着高等教育的迅猛发展,大学生数量大幅增加,如何提高学生就业率就成为摆在高校管理者面前的一道非解不可的难题。大学生就业创业的压力越来越大,迫使高校在人才培养模式上不断改革。因此,高校管理者需认识到,加强大学生就业创业能力的培养是时代的必然要求,提高大学生就业创新能力是教育改革的重要任务,增强大学生的心理素质和抗压能力是高校人才培养的现实要求。

第三章 新时代高校思想政治教育管理工作

作为一门学科，高校思想政治教育是一个由诸多内容构成的有机统一体，其中，高校思想政治教育管理居于领导地位。高校思想政治教育管理要走上科学化的轨道，只有运用现代管理学原理，并遵循高校思想政治教育的基本规律，在科学地总结历史经验教训的基础上建立健全具有活力的科学管理制度，形成系统科学的管理内容、畅通高效的管理过程、充满活力的管理组织体系，才能调动一切可以调动的积极因素，形成高校思想政治教育的强大合力，从而保持高校思想政治教育组织良好的机能状态和高校思想政治教育者良好的精神状态，最终保证高校思想政治教育任务顺利地完成。

第一节 新时代高校思想政治教育管理的内涵与特征

高校思想政治教育管理是高校思想政治教育的一项重要活动。与一般的管理相比，高校思想政治教育管理有什么特征？主要采用哪些管理手段？这是我们首先要回答的问题。

一、高校思想政治教育管理的定义

从人类为对抗大自然的威胁、解决个体生存发展的诸多难题而自愿结成第一个群体开始，管理就作为协调人的活动出现了。此时，管理承担着协调人群，使每个个体积极工作、努力实现共同目标的使命。因此，管理既是人类各项活动中最重要的活动之一，又渗透在人类的各项活动之中。什么是管理？管理就是确切地知道你要别人去干什么，并使他用最好的方法去干。而在诺贝尔经济学奖获得者赫伯特·西蒙看来，管理者所做的一切工作归根结底是在面对现实与未来、面对环境与员工时不断作出各种决策，使组织的各个组成部分都可以不断运行下去，直到获得满意的结果，进而实现某一目标要求。因此，"管理即制定决策"。现今中外管理学者比较一致的看法是，"管理就是由一个或更多的人来协调他人的活动，以便收到个人单独活动所收不到的效果而进行的活动""管理是对组织的资源进行有效整合以达成组织既定目标与责任的动态创造性活动"。

正如法国学者亨利·法约尔所认为的那样，管理是所有的人类组织（不论是家庭、企业或政府）都有的一种活动。高校思想政治教育是人类社会非常普遍且相当重要的一种实践活动，也是人类管理活动的重要领域之一。要有效地实现高校思想政治教育目标，无论如何都离不开管理的作用。正因为如此，自高校开始思想政治教育学科体系建设，教育工作者对高校思想政治教育管理理论与方法的探索就从没有停止过；在高校思想政治教育实践领域，从不断增强有效性的角度探讨高校思想政治教育的管理问题，也已成为高校思想政治教育者的集体意识和高度自觉的行为。

然而，给高校思想政治教育管理下定义，并不是一件容易的事。按照秦在东在《高校思想政治教育管理论》一书中的评述，目前学界大致有两种理论：一种是按照管理学的定义规则来界定高校思想政治教育管理，认为"高校思想政治教育管理是指高校思想政治教育的领导机构与管理者，通过对高校思想政治教育进行科学决策、计划、组织、调控和评价，以实现高校思想政治教育目标和增强高校思想政治教育系统功效的过程"；另一种是按照领导学的定义规则来界定高校思想政治教育管理，认为"高校思想政治教育管理是指高校思想政治教育的管理机构，通过管理者对高校思想政治教育进行科学决策和正确指挥，以实现高校思想政治教育目标的领导行为科学"。在此基础上，秦在东认为："所谓高校思想政治教育管理，是指一定的社会政治组织或一定的政治利益集团，依据高校思想政治教育的目的和发展规律，通过借助科学管理的各种功能，有意识地调节高校思想政治教育系统内外的各种关系和资源，以便最大限度地实现高校思想政治教育效率的社会控制过程。"

高校思想政治教育管理，是人类管理活动的一种特殊形式，它具有管理活动的一般特征，又蕴含着高校思想政治教育的特殊要求。第一，高校思想政治教育管理是一种活动，是一种在特定组织中、特定时空环境下、特定条件（如资源）的基础上发生、发展的人类重要的管理活动。它是一个创造性的活动过程，其创造性突出表现在将人类管理活动的共同规律运用于高校思想政治教育这一特殊管理领域。第二，高校思想政治教育管理活动的发生具有明确的目的，即高校思想政治教育领导部门、主管机构及其管理人员所确定的高校思想政治教育的目的，全部高校思想政治教育管理活动围绕着教育目的来进行，并以有效实现教育目的为前提而确定具体的目标。第三，高校思想政治教育管理的主要对象是高校思想政治教育的资源。高校思想政治教育的人、财、物等社会资源总是有限的，高校思想政治教育管理就是对这些资源进行科学整合、优化配置，以有效实现高校思想政治教育目标。因此，整合资源、讲求效率，是高校思想政治教育管理的核心与实质。

根据上述讨论，我们认为，高校思想政治教育管理是指高校思想政治教育领导部门、主管机构及其管理人员，运用计划、组织、指挥、协调和控制等管理手段，对高校思想政治教育资源进行有效整合，以实现高校思想政治教育目的和任务的创造性活动的过程。

二、高校思想政治教育管理的特征

管理是对组织的资源进行有效整合以达成组织既定目标与责任的动态创造性活动，动态性、科学性、创造性、艺术性以及经济性是其基本的特性。高校思想政治教育管理，不同于社会其他领域的管理活动，它既具备上述人类管理活动的共同特性，又具有方向性、民主性、开放性等鲜明特征。

（一）方向性

高校思想政治教育管理，必须为实现高校思想政治教育目的、完成高校思想政治教育任务服务。无论在什么情况下，高校思想政治教育的意识形态使命是不会改变的，而加强管理是高校思想政治教育坚持主导性，确保用占统治地位的意识形态教育、影响人民群众的重要手段。坚持高校思想政治教育管理的方向性，是由高校思想政治教育的性质所决定的，保证了高校思想政治教育始终沿着正确方向发展。

高校思想政治教育管理的方向性特征，也是高校思想政治教育方向性原则在管理活动中的体现。以马克思主义为指导，以党和国家有关方针政策为依据，正确处理管理活动中的各种关系和问题，确保高校思想政治教育工作朝着预定的目标推进。全面而有效地提升人的思想道德素质，这是高校思想政治教育管理的根本任务，也从本质属性上体现了高校思想政治教育管理的方向性特征和要求。

高校思想政治教育管理的方向性，首先体现在高校思想政治教育决策和计划中。高校思想政治教育的决策和计划是高校思想政治教育目的的具体表达，直接体现高校思想政治教育的任务要求。只有保证高校思想政治教育决策和计划的方向性，才能保证高校思想政治教育管理活动的方向性。其次体现在管理者的思想观念和管理行为中。它要求管理者在高校思想政治教育目标和任务上形成充分的共识，在管理活动中能一致行动。如果管理者内部不能在高校思想政治教育目标和任务方面形成高度一致的认识，就难以真正理解和接受高校思想政治教育的重大决策，也就不能全力以赴地参与计划实施，高校思想政治教育工作的实际效果就会受到影响。最后体现在具体的管理运行机制中。它要求合理分配高校思想政治教育管理的权限，赋予不同层次的管理者在执行决策和计划时，有根据当下具体情况对高校思想政治教育管理工作和高校思想政治教育活动作适当调整的资格。这实际上也是高校思想政治教育管理动态性特征的体现和要求。管理者通过对实际工作过程中出现的问题进行灵活处理，对高校思想政治教育管理过程作合理调整，能较好地保证高校思想政治教育活动始终朝着预定的目标和方向发展。

（二）民主性

我国已经基本建立起了社会主义市场经济体制，正在加速建设社会主义民主法治国家。在这一进程中，人的主体性明显增强，对社会文明、政治民主的要求日益增长。高校思想政治教育管理是人对人的管理，即使是对物的管理，其最终成果也要落实到人的身上。因此，高校思想政治教育管理应该是以人为中心的管理，必须充分发挥管理者和被管理者的主观能动性、积极性和创造性，这就决定了高校思想政治教育管理是一种民主性的管理。

高校思想政治教育管理是管理者和被管理者全员共同参与、管理和自我管理相结合、充分发挥各自主体性的管理活动，体现了高校思想政治教育管理的民主性特征。第一，高校思想政治教育管理的民主性，是人的主体性发展的要求。人的主体性，实质上是人的主观能动性高度发展的表现，在认识和改造客观世界以及发掘人的潜力、保障活动的有效性等方面有着极其重要的作用。高校思想政治教育管理者只有尊重管理对象的主体地位，与之建立起民主平等关系，才能真正调动他们参与管理的积极性、自觉性，管理工作才会有效。因此，实行民主管理，是实现高校思想政治教育管理现代化的基本要求。第二，高校思想政治教育管理的民主性，是社会主义发展的内在要求。社会主义社会必须保障人民群众当家作主的权利，使他们能够在社会生活的各个领域发扬主人翁精神，实行民主监督制度。特别是在社会主义市场经济条件下，人的专业化分工越来越细，人的活动领域越来越广泛，管理过程越来越复杂，传统的专制型、家长式的管理方式已经不能适应这些新变化，迫切要求采取民主化的管理。为了使管理更为有效，为了培养人的民主精神，高校思想政治教育必须实行民主管理。

坚持高校思想政治教育管理的民主性，首先要求管理者发扬民主精神和民主作风，与被管理者平等相处，以平等的态度交流思想、交换意见，坚持用民主的方法来实现管理的计划、决策、组织等职能，逐步建立起高校思想政治教育的民主管理制度。其次要求被管理者充分发挥主体性，积极参与到高校思想政治教育管理活动中去，参与高校思想政治教育目标、计划的制订和决策等，做到全员管理。最后要求管理和自我管理相结合。管理和自我管理是高校思想政治教育管理过程中不可分割的两个方面，两者相辅相成。自我管理必须以管理为基础，管理又通过自我管理而发挥作用。因此，必须将两者紧密结合，满足高校思想政治教育管理民主性的内在要求。

第二节 新时代高校思想政治教育管理的模式和内容

一、高校思想政治教育管理的基本模式

管理是管理者为实现组织目标，对组织体系内部人、财、物等资源进行开发与整合的过程。根据管理者与被管理者的关系状况，可将管理分为权威式管理、民主式管理及放任式管理三种基本模式。在权威式管理模式中，所有决策均由上级管理部门或领导作出，下级领导则按照上级决策对本部门工作任务的分配、人员的组合安排、工作开展的步骤与方法、相关保障条件的配置等环节单独行使决定权。民主式管理模式则要求主要决策由组织成员集体讨论决定，各级领导者采取鼓励与协助的态度，通过讨论使其他人员对工作有所认识，并在一定范围内赋予下级部门和下属人员自由决定工作步骤和工作方法的权力。在放任式管理模式中，组织成员或群众有完全的决策权，各级管理部门和领导者放任自流。他们只负责给组织成员提供工作所需要的条件和咨询，而尽量不直接参与，也不主动干涉，组织目标的实现、工作的展开由组织成员各尽其责。我国高校思想政治教育管理经历了由传统向现代的转变过程，上述三种管理模式在高校思想政治教育管理实践中均出现过。总结不同管理模式的优势与缺陷，从我国基本国情和高校思想政治教育实际出发，我们认为，目前我国高校思想政治教育管理的基本模式以"党领导下的社会参与"管理模式为佳。

"党领导下的社会参与"管理模式，就是在中国共产党各级党组织的统一领导部署下，行政系统、生产业务部门、群团组织、社会力量在各自职责范围内行使高校思想政治教育管理职能，通过齐抓共管形成强大的高校思想政治教育合力的一种管理系统。这一管理模式，有利于整合社会各方面的力量，从不同层面强化高校思想政治教育管理，从而促进高校思想政治教育工作与经济建设等各项工作的有机结合，保证高校思想政治教育活动顺利进行。

实践证明，"党领导下的社会参与"的高校思想政治教育管理模式，是符合我国高校思想政治教育实际、与社会主义市场经济体制相适应的高校思想政治教育管理模式。第一，"党领导下的社会参与"的高校思想政治教育管理模式，体现了党的领导在高校思想政治教育管理中的核心地位。长期以来，我国各行各业的高

校思想政治教育都是在党委的领导下进行的。党的领导是加强高校思想政治教育的根本保证，这是一条被历史反复证明了的重要经验。第二，"党领导下的社会参与"的高校思想政治教育管理模式，强调充分发挥行政、生产和业务部门的作用，体现了高校思想政治教育工作与经济建设等工作紧密结合的原则与要求。生产业务活动，是人民群众的基本实践活动。人们的不少思想问题，也是由生产业务中的矛盾引起并在工作过程中发生的。在社会主义市场经济条件下，人们的许多思想问题，仅靠说服教育是不够的，需要借助经济的、行政的、法律的措施才能得到解决。因此，必须将高校思想政治教育渗透到经济工作、业务工作中去，结合经济工作、业务工作开展高校思想政治教育工作。这就要求生产和业务管理干部自觉担当起高校思想政治教育的责任，高校思想政治教育管理部门则应主动与他们协调一致，齐抓共管，努力做好高校思想政治教育工作。第三，"党领导下的社会参与"的高校思想政治教育管理模式，强调发挥群团组织、社会力量的作用，体现了"思想政治工作，各个部门都要负责任。共产党应该管，青年团应该管，政府主管部门应该管，学校的校长教师更应该管"的思想。在我国，工会、共青团、妇联、学生会等群众组织都负有一定的高校思想政治教育责任，担负着一定的高校思想政治教育任务，在长期的实践中形成了开展思想政治工作的传统，积累了丰富的经验。"党领导下的社会参与"管理模式有利于把这些群团组织的力量以及其他各种社会力量统一起来，加强领导，协调步伐，使高校思想政治教育更加有效地覆盖到社会的各个方面，在社会主义建设事业中发挥其应有的作用。

二、高校思想政治教育管理的主要内容

高校思想政治教育管理活动总是表现和落实在具体的管理内容上。高校思想政治教育管理的内容，是高校思想政治教育管理任务的体现和具体化。这些内容相互衔接、相互作用，构成一个有机整体。其主要内容包括目标管理、计划管理、规范管理和队伍管理等。

（一）高校思想政治教育的目标管理

高校思想政治教育目标是人们在进行高校思想政治教育活动前就确立的希望达到并争取达到的高校思想政治教育目的，是实施教育活动后应该达到的状态标准。高校思想政治教育目标是高校思想政治教育根本目的的具体化，贯穿高校思想政治教育的全过程，是高校思想政治教育的灵魂和核心。因此，高校思想政治教育的科学管理，首要的基本内容就是目标管理。

在我国，高校思想政治教育的根本目标，就是要提高学生的思想道德素质，提高学生认识世界和改造世界的能力，为建设社会主义、实现共产主义而奋斗。

这一目标，既规定了教育对象应达到的要求，也对高校思想政治教育提出了目标性要求。可见，高校思想政治教育的目标管理包括对教育目标的管理和对工作目标的管理两方面，而后者是目标管理的基本内容。

高校思想政治教育的目标管理，关键是确立明确而可行的目标。一个令人振奋、切实可行的奋斗目标可以起到明确方向、鼓舞斗志、激励人心的作用，有利于高校思想政治教育向社会要求的方向发展；如果目标含混不清又不切合实际，高校思想政治教育管理者、教育者及受教育者就都可能无所适从，高校思想政治教育就难以顺利进行和取得实效。确定高校思想政治教育目标，必须坚持一切从实际出发、实事求是的原则，既要认真贯彻上级的工作要求，又要从本行业、本单位群众的思想实际出发，注意解决人们的现实问题。制定目标起点要高，让人们必须经过努力才能达到，如果目标太易实现，对人们就缺乏激励作用；但高校思想政治教育目标起点又不能过高，不能脱离多数教育对象的思想实际，否则，人们会因为目标难以实现而放弃对目标的追求。高校思想政治教育目标也不能脱离高校思想政治教育工作系统的现实状况，如工作发展水平、工作队伍状况以及工作条件状况等，脱离这些实际状况所提出的目标要求，不仅难以实现，而且会影响高校思想政治教育者、管理者对目标和目标管理的认同，有可能导致目标的权威受损，其管理的功效就不会得到实现。

高校思想政治教育目标的实现是一个动态的过程，只有遵循目标的阶梯原则进行目标管理，才能提高目标管理的效率和效果。在高校思想政治教育管理过程中，一般在确定总目标后，应将目标的实现过程划分为若干层次，使它呈现阶梯形结构，然后由低到高，一步一步设计不同层次的目标。阶段性目标减缓了前进坡度，使高校思想政治教育管理易于取得成效，这不仅给人以成就感，给人以争取更大成果的效益，有利于实现总的奋斗目标，而且能使管理者在实现阶段性目标的过程中得到锻炼，增长才干，摸索、积累经验，从而为总目标的实现进一步创造条件。因此，在高校思想政治教育管理工作中，要注意把阶段性的具体目标和总目标有机结合起来，根据教育对象的思想特点，根据管理工作的实际状况，在不同的阶段、时期选择不同的教育重点和工作重点，确立相应的目标，动员大家共同奋斗，以形成螺旋式上升的教育过程、管理过程和阶梯式上升的目标实现过程。

（二）高校思想政治教育的计划管理

人们为了把目标变成现实，预先进行的行动安排就是计划，包括对事项的叙述、目标和指标的排列、所采取手段的选择和进度的规定等。计划是将目标具体化，并使目标实现的过程。高校思想政治教育目标确定后，要制订切实可行的计划，以克服工作中的不确定性因素，保证教育活动向目标规定的方向顺利进行。高校思想政治教育计划应该是具体的，计划的内容要具体，时间安排要具体，措施也要具体。符合具体性要求的计划，才容易为高校思想政治教育管理者和教育者所了解、所接受，才能使其明确各自的任务和责权，才具有可操作性，也才能使计划切实落到实处。

高校思想政治教育的计划管理，是通过编制高校思想政治教育工作方案，并有效实现其方案，以实现高校思想政治教育目标的过程。高校思想政治教育计划管理的主要内容可概括为以下几方面。

1.制订内容完整的计划

在管理学理论中，计划的内容常用五个"W"和一个"H"来表示：Why——为什么做，原因与目的；What——做什么，活动与内容；Who——谁去做，人员；Where——在什么地方做，地点；When——在什么时间做，时间；How——怎样做，手段和安排。同样，高校思想政治教育计划要全面、详尽，不仅要有对高校思想政治教育的目标、内容的阐述，还要明确实施的途径、方法及管理措施；不仅要明确计划实施的主体（机构与人员），还要做到长计划短安排，在时间进程上提出确切的要求，使计划便于执行和检查。

2.确定计划的层次性

高校思想政治教育及其管理是一项综合性的复杂工作，牵涉各个方面，因而必须现实地、分层次地探讨问题和解决问题。计划对不同层次的管理者应提出不同的要求，如领导决策者在科学决策高校思想政治教育目标时，要考虑在时间和资源可能的条件下，最大限度地为高校思想政治教育提供政策保障；职能部门则应侧重于制定各种操作规程、工作方法和时间安排；基层单位则应以职能部门的计划为指导，根据本单位的具体实际提出实施细则，保证高校思想政治教育计划落实到基层。

3.抓好计划的落实

第一，计划实施的责任人要按计划要求组织好人力、物力，保证必要的时间和条件，按计划开展工作。第二，高校思想政治教育的管理部门必须对实施情况进行检查，要根据不同情况，分阶段、分项目地进行抽查，做到执行一部分，检查一部分，随时执行、随时检查、随时分析。对检查过程中发现的问题要提出整改建议，帮助高校思想政治教育者解决实施中的具体困难。当发现计划需要调整时，应本着实事求是的科学态度，及时加以调整。对高校思想政治教育计划实施检查是保证计划得以实现的重要步骤，因此也是计划管理的重要一环。

（三）高校思想政治教育的规范管理

高校思想政治教育规范是高校思想政治教育者在教育活动过程中所应遵守的准则、规则的总和。高校思想政治教育规范管理，主要是制定和运用管理制度、行政法规、纪律等，以建立规章明确、机制协调、运行有序的高校思想政治教育管理体系，保证高校思想政治教育目标的实现和工作任务的完成。制定并运用高校思想政治教育规范，有助于统一高校思想政治教育者的思想和行为，调动其积极性，增强其责任感；有助于促进高校思想政治教育的制度化，克服管理中的随意性，促进高校思想政治教育及其管理的科学化。高校思想政治教育的规范管理主要包括如下内容。

1.岗位职责

岗位职责是对高校思想政治教育机构和专职人员所担负的高校思想政治教育责任（包括任务、职权范围及工作方式）的规定。确立明确的岗位职责，可使教育者做到任务明确、职责分明，避免工作中的互相推诿、扯皮现象的出现，保证高校思想政治教育各项工作落到实处，提高教育和管理效益。

2.教育制度

教育制度是指对日常思想教育内容及形式，如政治学习、党团组织生活、班组活动、爱国主义教育、形势政策教育、法制教育、文明创建活动、文化艺术活动等方面的规定。这些经常性的教育活动和形式，在工作实践中逐步形成制度，对高校思想政治教育规范化起到保障作用，也为高校思想政治教育的日常管理提供了基本依据。

3.管理制度

高校思想政治教育的管理制度，包括日常生活管理、行为管理、纪律管理等方面的制度与规定，也包括奖励和处罚制度。这些制度是高校思想政治教育管理重要而有效的手段，对高校思想政治教育管理的顺利进行以及帮助人们形成良好的思想品德习惯具有重要而独特的作用。通过评比、奖励先进个人和先进集体，可以倡导新风与正气，提高本单位、本地区精神文明建设的水平；而严肃处罚违反纪律和有关管理规定的行为，可以起到震慑、警示的作用。

根据高校思想政治教育实践的需要，从人们的思想实际出发，遵循人的思想活动发展规律和高校思想政治教育规律，制定必要的行政法规、工作制度和工作规程、岗位职责，是高校思想政治教育制度化、规范化的要求，是高校思想政治教育规范管理的基础性工作。但高校思想政治教育规范管理，不仅仅是制定上的规范，还包括严格地实施这些规范，即在管理过程中遵守科学的程序规范和方法规范，严格按规章制度办事，确保用公认的客观标准分析、判断和选择事物，从而使高校思想政治教育管理工作协调有序地顺利运行。认真执行高校思想政治教育的规范制度，依法办事、照章管理，以相应规范为依据，对高校思想政治教育者和责任部门在工作中的表现给予奖励和处罚，必定会提高高校思想政治教育的效率，保证高校思想政治教育目标的实现。

（四）高校思想政治教育的队伍管理

高校思想政治教育的正确方针和科学决策，必须依靠一支强有力的工作队伍来落实，因此，高校思想政治教育队伍的建设和管理，是高校思想政治教育管理的重要内容。

不同于一般的社会管理工作，我国的高校思想政治教育以马克思主义理论为指导，党性、政策性、综合性和实践性很强，对工作人员具有较高要求，因而其队伍管理也有特殊要求。首要的是按照政治强、业务精、作风正的要求，建设一支专兼职结合的高校思想政治教育队伍。在社会主义市场经济建设与和谐社会建设新的历史条件下，高校思想政治教育面临许多新情况和新课题，需要一大批训练有素的专职人员集中精力去探索、研究，以适应新形势的需要。他们是经过专门训练的，用马克思主义、毛泽东思想和中国特色社会主义理论体系武装起来的，具有较为广博的科学文化知识，懂得高校思想政治教育基本规律的专门人才。他们既是从事高校思想政治教育实践活动的骨干力量，又是能进行高校思想政治教育科学研究的理论工作者。除此之外，还要发动、组织更多的人一起来做高校思想政治教育工作，建设一支兼职高校思想政治教育队伍，从而形成以专职高校思想政治教育人员为骨干、人民群众广泛参与的高校思想政治教育的生动局面。

专职高校思想政治教育者是高校思想政治教育队伍的主体，是高校思想政治教育队伍建设和管理的重点。为了满足新的历史条件下高校思想政治教育的新要求，应在总结历史经验的基础上，按照职业化、专业化的发展思路建设和管理好这支队伍。首先，抓紧建立高校思想政治教育者职业资格认定制度。没有专门的职业规范和资格认定制度，就会把高校思想政治教育工作岗位混同于一般的管理岗位、干部岗位。按一般公务员的选拔标准选拔人才，按普通行政干部的管理制度与方式管理高校思想政治教育者，难以体现高校思想政治教育工作的特殊性，有可能导致高校思想政治教育队伍构成不合理、人员素质不符合要求，使高校思想政治教育缺乏有力的组织保障。因此，必须加强高校思想政治教育队伍的职业化建设，其基础的工作就是要建立健全高校思想政治教育者职业资格认定制度，即建立统一的从业资格标准、准入制度、职业规范和管理办法等。这样，就可以按照高校思想政治教育的特殊要求选拔、培养、管理从业人员，高校思想政治教育者就可以安心地将这项工作作为自己的终身职业。这既有利于高校思想政治教育者的职业发展，又有利于高校思想政治教育队伍的基本稳定和整体素质的提高，真正培养出一批高水平的高校思想政治教育理论工作者和实际工作专家。其次，把提高高校思想政治教育者的素质作为队伍建设和管理的重点，努力培养一大批专业化、专家型的高校思想政治教育者。应当承认，我国高校思想政治教育者的整体素质还有待提高，应采取切实措施提高其素质。加强高校思想政治教育学科建设，以高校思想政治教育学科建设和人才培养体系为依托，通过学历教育、职前培训、在职研修、实践锻炼和自我提高等多种形式，有计划地提高高校思想政治教育者的思想素质和业务能力，是高校思想政治教育管理的重要内容，也是当前高校思想政治教育管理的重要任务。最后，引入竞争机制，实行高校思想政治教育队伍的动态管理，促进高校思想政治教育者的合理流动。通过竞争上岗、目标考核、优留劣汰，保持一支相对稳定的专职骨干队伍和适当流动的兼职队伍，大胆提拔、任用和向其他党政管理岗位输送表现优秀的高校思想政治教育者，促进队伍整体素质和工作水平的提高。

第三节　新时代高校思想政治教育管理的过程

一、高校思想政治教育决策

管理的核心问题是决策。所谓决策，是指为了实现一定的目标，提出解决问题和实现目标的各种可行方案，依据评定准则，在多种备选方案中，选择一个方案进行分析、判断并付诸实施的管理过程。简单地说，决策就是针对问题和目标，分析问题和解决问题以实现目标的过程。从这个意义上讲，决策过程就是管理过程。高校思想政治教育管理过程，是一个动态的、开放的过程，即从目标要求和实际问题出发，在观察、分析形势和收集与实现目标、解决问题有关的一切信息的基础上，制定高校思想政治教育决策，运用计划、组织、领导、协调和控制等管理手段实施高校思想政治教育决策，有效解决高校思想政治教育管理过程中出现的种种问题，从而实现高校思想政治教育目标。因此，高校思想政治教育管理的过程，主要包括决策形成、决策执行和总结反馈。

一般认为，决策的特征是"在任何时候，都存在着大量（实际）可能的备选行动方案；一个人可能选取其中任何一个方案；通过某种过程，这些大量的备选方案，被缩减为实际采用的一个方案了"。大量的备选方案被"缩减"为一个实际采用的方案，正是决策的过程，体现出决策的本质特征。决策总是针对明确的目标的，这里的目标既可以是工作目标、管理目标，也可以是实际工作中面临的急需解决的问题，而实现这些目标、解决这些问题有多个可能的方案。决策就是对这些可能的方案进行分析、判断，并作出选择。决策是一个循环过程，贯穿于管理活动的始终，一次决策经过执行、反馈又进入下一轮的决策。正因如此，我们才有可能通过高校思想政治教育决策形成、决策执行和总结反馈来考察、认识高校思想政治教育的管理过程。

高校思想政治教育决策，关系到高校思想政治教育的方向，影响着高校思想政治教育的效益，制约着高校思想政治教育管理的全过程。高校思想政治教育决策承担着计划、部署、指挥的重任，一般由各级高校思想政治教育领导部门、管理机构或者单位党委、行政首长负责。在基层单位，党委担负着高校思想政治教育的领导责任，要根据党的路线、方针、政策和上级高校思想政治教育领导管理部门的要求，结合本单位高校思想政治教育的实际状况和群众的思想实际，经常性地提出高校思想政治教育的目标和任务。行政首长要根据这些任务要求，组织力量进行科学决策，制订具体的工作计划，并负责组织实施，完成高校思想政治教育的具体任务。

高校思想政治教育管理系统是一个多层次的工作系统，依据不同层次管理者的不同管理权限与管理责任，高校思想政治教育决策可分为三种不同类型的决策：战略性决策、管理性决策和工作性决策。高校思想政治教育的战略性决策是对涉及高校思想政治教育目标、任务、战略规划的重大事项进行的决策活动，具有全局性、长期性和战略性的特点，一般由高校思想政治教育的领导部门和高层管理机构、管理者承担。管理性决策是对某一地区、部门或大的单位投入高校思想政治教育工作中的人力、资金、物质等资源进行合理配置、布局和调整，对本地区、本部门高校思想政治教育目标与活动等进行确定、规划和部署，具有局部性、中期性和技术性的特征，一般由地区或部门，大单位的高校思想政治教育领导部门、工作机构负责。工作性决策一般由基层工作单位和工作人员进行，常常表现为根据上级主管部门决策制订出符合本单位实际的具体实施计划的过程，是涉及高校思想政治教育一般管理和处理日常教育工作、开展教育活动的具体决策活动，具有操作性、短期性和日常性的特点。

高校思想政治教育管理者为提高其决策水平，避免错误决策，必须按照决策的流程和科学化、合理化的要求进行有效决策。决策流程可分为八个步骤（见图3-1），其中从"确定问题和目标"到"确定方案"为决策的形成过程。决策的起点是确定目标，高校思想政治教育决策目标可能来自高校思想政治教育根本目的的规定、上级部门的任务要求，也可能来自高校思想政治教育工作中的实际问题。合理的目标是高校思想政治教育有效决策的前提，是决策活动的出发点，也是评价决策效果的依据。确定目标后，必须着手调查研究，广泛搜集信息，并加以整理和分析，为拟订方案打好基础、做好准备。确定决策标准，就是为分析和评价每一个方案寻找一套合适的标准和方法，实际上是对决策目标和要求的进一步明确化；在正式开始拟订可能方案前确定决策标准，有利于高校思想政治教育决策者提出高水平、高质量的可能方案以供分析、评价和选择。提出多种可能方案后，要以决策标准为依据，对所提出的可能方案仔细地加以分析和评价，并根据时间、条件等限制性因素对每个方案进行层层筛选、利弊权衡，最终确定一个最优方案。最终确定的决策方案，可以是从多个可能方案中选出的某一个方案，也可以是综合多个可能方案的优点后形成的一个最佳方案。在高校思想政治教育决策过程中，常常运用专家研讨、集体磋商、系统分析、试点等基本方法来进行方案筛选，作出决策。

为了保证决策方案形成的科学化，必须贯彻民主集中制的原则。一般问题的决策，可由主管领导在职能部门提出的方案中进行比较，并作出选择。重大问题的决策，则应将决策的依据、过程和可供选择方案的利弊向有关会议（如党委会或行政办公会）汇报，由集体作出最后决定。对于一些涉及全局性、战略性的重大决策，还可以组织和聘请相关专家参与调研和方案拟订，或者对已经提出的方案进行分析和评价，帮助高校思想政治教育领导管理部门进行有效决策。我国不少单位都设有高校思想政治教育工作领导小组等组织机构，在高校思想政治教育决策中，要充分发挥这些组织机构的作用。因为组成这些机构的人员来自各个岗位，掌握的信息较为全面，能够从不同的角度对方案进行利弊及可行性分析，有利于作出最优化的选择。这些人员和各自的工作部门担负着一定的高校思想政治教育责任，在参与决策的过程中，可以更加清楚地认识和理解决策方案，明确自己单位在整个决策执行过程中的地位、作用和任务，增强对所做决策的认同感，有利于决策的实施。

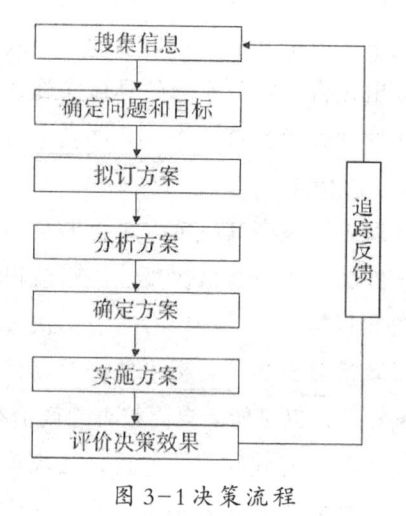

图 3-1 决策流程

二、高校思想政治教育决策的执行

决策的执行过程在高校思想政治教育管理中具有不可或缺的重要作用。只有执行得力，高校思想政治教育决策才能得到落实，高校思想政治教育及其管理工作才能顺利进行。决策方案在正式实施前，需要做好各种必需的准备工作，如进行必要的宣讲和动员活动，调配好决策执行必需的人力、资金和物质，协调好有关部门积极给予支持配合等。对于一些重大决策的执行，还应制定出对执行部门、人员的监督措施，确定责任部门和责任人。对决策执行的情况（尤其是在关键阶段、关键环节，对关键岗位、关键人员）要加强控制和监督，以保证工作系统内部执行决策方案的及时性、协调性和有效性。

为保证高校思想政治教育决策方案的有效执行，需要配置必要的高校思想政治教育人、财、物资源。"巧妇难为无米之炊"，没有必要的资源保障，决策执行缺乏条件，决策执行就会落空。对高校思想政治教育岗位的设置、人员的调配、资金的划拨、物资设备的配给等资源配置行动，当然可以在决策制定之后，根据决策执行的实际需要进行；但这种临时动议式的资源配置方式，人为的色彩太重，具有随意性，容易产生负面效果，应该尽量避免。要使高校思想政治教育资源得到合理配置，需要加强高校思想政治教育管理规范和制度建设，对高校思想政治教育资源的类型、配备、调动、划拨等预先作出制度性安排。在高校思想政治教育决策执行过程中，根据实际工作中出现的新情况、新问题，作为一种调控手段可对资源分配和安排进行必要的微调，但一般情况下应尽可能依章行事、科学配置，以确保决策方案的顺利实施。

为保证高校思想政治教育决策方案的有效执行，需要充分调动执行单位和个人的积极性、主动性和创造性。实践证明，全面推行目标管理和工作评估，建立以目标为导向、评估为手段的高校思想政治教育执行机制，能够较好地做到这一点，从而保证高校思想政治教育决策的顺利执行。

建立以目标为导向、评估为手段的高校思想政治教育决策执行机制，就是要运用目标管理的方法去激活高校思想政治教育工作体系，调动高校思想政治教育者和管理者的积极性，保证高校思想政治教育决策的实施。要通过确立明确的、实事求是的、定性与定量相结合的工作目标，将高校思想政治教育的各级部门和教育者的主要精力集中在统一的目标之下，使高校思想政治教育逐步实现规范化、制度化、定量化，较好地克服高校思想政治教育决策执行过程中的盲目性、随意性。

建立以目标为导向、评估为手段的高校思想政治教育决策执行机制。首先，要把总的高校思想政治教育目标和具体决策要求分解并落实到高校思想政治教育工作体系和管理体系内部各个工作机构和每个工作人员身上，在一定范围内建立一个相互制约、相互协调的高校思想政治教育责任制体系，使各部门和全体人员，特别是高校思想政治教育专职人员，能自觉根据各自承担的高校思想政治教育责任，从不同的角度，运用不同的方式执行高校思想政治教育决策，积极主动地开展高校思想政治教育活动，形成工作合力，从而实现总的高校思想政治教育目标，保证高校思想政治教育决策方案的圆满实施。其次，要建立健全高校思想政治教育的考核制度和考核标准，定期对各单位高校思想政治教育工作情况进行考核和评估，按有关管理规定进行奖励和惩处，达到奖优罚劣、有效调控的目的。如果将考核与评估结果和各单位及其工作人员的工作业绩、津贴报酬、职务升迁等挂钩，与聘任制、岗位责任制和工资分配方式等内部管理体制改革措施等结合，就能够对高校思想政治教育机构及其工作人员起到极大的激励作用，引导他们在决策执行过程中积极行动、主动配合、大胆创新，推进高校思想政治教育工作向前发展。最后，对高校思想政治教育工作的薄弱环节和重点项目，也可以运用这些措施手段进行调控，进而有效地保证决策的顺利执行以及高校思想政治教育目标的顺利实现。

第四章　新时代高校思想政治育人工作体系建设

本章内容为高校思政育人体系建设研究，主要介绍了高校思政育人体系的概念、内涵、内容及其发挥的作用；对高校思政育人工作的理论基础与政策依据进行了分析；并论述了高校思政育人体系建设的时代特征与价值。

第一节　高校思政育人体系概述

一、高校思政育人体系的概念及内涵

（一）高校思政育人体系的概念

2017年教育部发布了《高校思想政治工作质量提升工程实施纲要》，明确指出高校思想政治工作的基本任务，也就是充分发挥课程、科研、文化、管理、服务、实践、网络、心理、资助、组织十方面工作的育人功能，又称"十大"育人体系。本书研究界定的"思政育人"，是指学校利用思想政治教育渠道，通过包含课程育人、网络育人、心理育人等十大方面的综合型育人体系，对高校学生进行全员参与、全方位实施、全过程投入的综合性教育的实施过程。

（二）高校思政育人体系的内涵

厘清思想政治教育的内涵意蕴，是探究高校思政育人体系整体构建的基本前提。近年来，高校思政育人体系作为一种新的理论名词和研究趋势，在思想政治教育领域方兴未艾，也在高校思想政治工作中拥有越来越高的呼声。一方面，高校思政育人体系成为高校思想政治教育追求的目标之一，为高校思想政治工作改革、发展与创新提供了一个全新的视角；另一方面，高校思政育人体系意味着思

1.以正确的方法论为指导

高校思政育人体系建设以全员育人、全过程育人、全方位育人作为方法论。从方法论的视角来进行解读，高校思政育人体系建设也可被视为一种工作格局。所谓的高校思政育人体系工作格局，是所有对思想政治教育产生影响的因素，通过一定的活动或机制联系起来从而形成的一种合力体系的描述。简而言之，就是整合社会和高校中一切可能的力量来推进高校学生思想政治工作，使高校思想政治工作的机制、体制和运行形态转化为一体化的育人格局。高校思政育人体系工作格局强调一个"大"字，实质上也是对高校思想政治工作整体、系统、协同的实践概括，具体表现为人员之"广"、场域之"大"、过程之"久"。

首先，人员之"广"就是多主体参与。高校思政育人体系工作格局较之传统的高校思想政治工作明显的一大进步，就是思想政治工作者不再局限于高校思想政治理论课教师、辅导员和班主任，而是将全体高校教师、领导干部乃至后勤服务人员和学生干部都纳入高校学生思想政治教育中去。工作部门由思想政治工作部门等一线部门拓展到高校教学部门、行政部门、管理部门和后勤服务部门等。这就大大增加了高校思想政治教育的有生力量，提高了广大教职工和学生的主观能动性。高校思想政治工作是一个分工合理、联系紧密、有机协调的全员性工作体系，高校所有师生员工都可以而且必须作为教育者而存在。

其次，场域之"大"就是工作平台得到拓展。除思想政治理论课外，所有的课程都应该承担育人工作；除理论课程外，所有的实践活动都应该承载育人责任；除学校教育外，家庭和社会也必须肩负起育人大任。这就将高校思想政治工作的平台和范围大大扩展，使思想政治工作不拘泥于课堂、校园，而是放眼整个国家与社会。

最后，过程之"久"就是坚持全过程育人。高校要做好思想政治工作非一朝一夕之功，不仅涉及学校工作的各个方面，而且也贯穿于学生成长的整个过程。思想政治工作要想取得良好实效，就必须纵向到底，从新生入学到毕业各个阶段各有规划、各有侧重，甚至工作之后也能产生一定持久的影响。这就是"大思想政治教育"整体性和系统性的体现。

高校思政育人体系格局追求的是高校思想政治工作全面和动态的平衡，个体系统（高校教师与学生）良性互动，群体行动（单位与部门）协调一致，整体系统（各个影响因素）相得益彰。

2.以人为出发点和归宿

毋庸置疑，教育的根本目的是培养人和塑造人。无论是在东方教育中还是在西方教育中，教育一致被定义为发展人性。人性的发展在心理学中是知、情、意三者统一的发展，具有不可割裂性，这也注定了教育同样具有不可割裂性。我国倡导的教育是学生德、智、体、美、劳全面发展，这是一体的教育观，是教育过程中五个不同的方面，而不等同于五种教育。因此，教育始终都只是一种教育。高校思想政治教育通过对受教育者有目的、有意识地引导，从而达到提高他们思想道德素质的目的，这是教育的一个方面，决不能独立于教育活动之外。而传统的思想政治教育在实践中出现的"各自为政、互不相干"的现象与"一种教育观"的思想背道而驰。

人是教育的出发点和归宿。高校思政育人体系建设同样以人为出发点和归宿，也就是"以人为本"。这里的"以人为本"放在高校思想政治教育的语境中，就是以学生和高校教师为双重主线。传统的思想政治教育观一方面忽视了受教育者的主体性、差异性和能动性，一味强调高校教师和课堂的权威地位；另一方面忽视了广大教职工的主体性，将以人为本直接和以学生为本等同起来。

高校思想政治教育归根到底也是培养人的问题。高校思想政治工作的主体对象是高校学生，切实关注高校学生的所思所想，回应和满足学生现实困惑和精神需求，着力促进高校学生的全面发展是其应有之义。但与此同时，我们也应倡导以高校教师为本。这里的高校教师是从广义上而言的，不仅包括思想政治工作者，还包括高校的管理者和服务者。高校思想政治教育主要提高高校学生的思想水平、道德品质和政治素养，实现构建受教育者精神世界的功能，必然要求高校教师的精神世界要积极健康向上。高校思政育人体系建设不仅主张"以人为本"的哲学价值取向，而且力争达到全员、全过程、全方位育人的理想状态。

3.注重系统化的思维

从系统论的维度来观照高校思想政治工作，会发现它是一个多角度、全方位、系统化培育学生的育人工程。但这种结构复杂的育人工作在实际中往往难以达到最优效果。因此，"大思想政治教育"在这一层面上可以理解为是高校思想政治工作的一种应然状态，它并不是一个具体的模式或者方法，而是高校思想政治工作所要追求的理想状态。有理想就有现实，高校思想政治工作的现实困境也在呼吁着新的时代的到来。

高校思想政治工作在实际中往往存在着系统建设思维缺乏、功能定位模糊不清、评价体系不全等一系列的问题。具体而言，要么重专业课、轻思想政治理论课，要么给予思想政治理论课太多的功能和价值定位，或者是工作队伍方面结构不合理、能力不足……这些都使高校思想政治工作陷入了一定的困境中。为此，高校思政育人体系形成的重点就在于专业化、体系化、立体化、制度化和创新化。思想政治工作队伍要进一步专业化，即拥有强健的师资力量。为此要加强工作队伍的培训和指导，严格管理、提高标准、注重评价。课程建设要进一步体系化，真正实现全课程育人。这就要充分发挥多学科的优势，专业课智育与德育双修，让思政课和其他课程互相协调渗透，形成不可分割的整体。育人方式要进一步立体化，多方式、多渠道、多载体育人。让思想政治教育不仅入课，还要入社、入网；不仅"三育人""五育人""七育人"，更要"十育人"；不仅要学校育人，还要社会育人、家庭育人。领导机制、评价机制、监督机制、激励机制等各种机制进一步制度化。以制度规范行为，保证党对高校的正确、科学的领导，实时监督反馈各项育人工作各个环节的实施状况，强化责任担当，提高思想政治工作的实际质量。

随着时代的发展变革和社会大环境的逐渐改变，思想政治工作也要进一步创新，既因时而变又因时而新。创新是事物发展的不竭动力，高校思想政治工作要想立于不败之地，就要时时刻刻注重创新。以新时代的新思想来引领前进的方向，以新资源供给来增强前行的动力，以新技术来拓展育人方式，建立健全系统化育人长效机制。

二、高校思政育人体系的内容

（一）目标方面

思想政治育人目标是构建育人体系的最终目的和方向归宿。高校思想政治教育工作是我国教育体系的重要组成部分，其作为影响人、改造人的社会实践活动，理应遵循新时代教育方针，牢牢把握"四个服务"的原则，始终坚持立德树人的教育任务，以人为本，以高校学生的现实需要为出发点和落脚点，不仅要在学生的头脑中、思想上武装科学的理论知识体系，坚定正确的政治信念，更主要的是要以灵魂塑造引领学生的全面发展，培育德、智、体、美、劳全面发展的社会主义接班人和建设者。

（二）主体方面

高校思政育人主体是开展育人体系的人力基础和基本保障。学生在对思想政治教育信息的接受过程中，受各种社会关系的制约，学生一切的行为习惯、思想观念都可能成为影响思想政治教育工作成效的因子。思想政治教育工作不是单单依靠专职高校教师、党务工作者就可以实现的，高校所有的教职工（包括高校教师、管理人员、服务人员、辅导员等）都承担着育人、育才的重要使命。"环境是由人来改变的，而教育者本人一定是受教育的"。教育者的专业程度、师德水平、政治站位和道德修养都对高校学生起着很强的表率作用，是育人体系中的关键主体。此外，高校学生不仅是思想政治教育的作用对象，也是思想政治教育工作的直接参与者，是育人体系中的核心主体。一方面，思想政治教育工作要从学生入手，围绕学生实际开展；另一方面，同辈群体影响的力量不容忽视。因此，要改变以往单向度的教育模式，调动学生自身的内在积极性、创造性，实现自我管理、自我教育，引导学生在交互中自觉、主动地强化自身的学习意识和能力。

（三）统筹要素

高校思政育人体系"处处在育人"的客观环境、载体、方式有着必要前提。思想观念在方式和状态上具有非线性的特点，开展思想政治教育工作，要从其学科本质特点出发，打通课内和课外、现实与虚拟、校内和校外的脉络、显性实物和隐性文化的不同空间方位，融合理论教育和实践引导、线上和线下的多种载体方位，创新心理育人、管理育人、资助育人、组织育人等多重路径，统筹各个环节、各个机构的育人资源，确保各项影响因素发挥其积极正向的作用，营造无处不在的思想政治生活氛围和气息，形成由上而下、由内而外的立体化育人空间。

（四）开展过程

思政育人过程是体现高校思政育人体系蕴含规律性、持续性和针对性的必要条件。任何事物的发展都是量变和质变的统一，不管是教育本身还是学习发展均具有过程性，这是在不断与外界进行信息交换和互动中实现的，这就要求思想政治教育不仅要贯穿高校教育教学全过程，还要贴近学生成长、成才的全过程。育人体系一方面体现在高校思想政治教育工作要从学生入学到毕业的各个阶段，针对本科、研究生的不同年级和学习接收能力的差异，制定既符合思想政治教育的内在逻辑，也符合人的发展规律，有侧重点的、能解决学生的现实需求和期待的阶段性目标和内容；另一方面体现在高校思想政治教育工作要实现与中小学阶段、社会发展需要的有效对接，减少不必要的重复性教育输出，体现教育工作的渐进性，提高教育工作效率，形成长效的育人机制。

三、高校思政育人体系发挥的作用

构建思政育人体系是为应对当前高校思想政治教育新情况、新问题而进行的积极探索。构建思政育人体系，归根结底是要形成高校思想政治教育的合力，增强思想政治教育效果。而思想政治教育合力指的是在一定的时间和条件下，各种思想政治教育力量及思想政治教育系统内部各种要素之间的相互联系、彼此作用所产生的综合结果。在高校中，青年学生是受教育的主体，青少年阶段是人生的"拔节孕穗期"，最需要精心引导和栽培。把思政教育办得越来越好，我们就一定能培养好担当民族复兴大任的时代新人，培养好德、智、体、美、劳全面发展的社会主义建设者和接班人。

（一）育人做到润物无声

例如，在中华人民共和国成立70周年之时，很多高校开展了"告白祖国"的系列活动，生动地展示了"小我融入大我，小家融入大家，青春献给祖国"的主题社会实践的丰硕果实,展示了当代大学生的爱国情感、强国志向、报国行为。这一系列活动,体现了思想政治教育润物无声的良好效果。

思想政治教育,事关立德树人的根本任务,不能将其仅仅理解为开设一门或基本思想政治理论的知识课程。高校思想政治教育,事关为国家培养下一代有用的人才,要融入青少年的终身学习、全方位受教的过程中来看待,坚持用党的创新理论武装头脑,扎根于社会主义核心价值观教育的全过程,无论何时何地,为党育人的初心不能忘、为国育人的立场不能改。

从某种角度来讲,思政教育就是帮助学生认识人生应该在哪用力、如何用心、做什么样的人的一种教育工作。因而,必须坚持唯实以求,不能搞花架子;坚持唯效是图,不能走形式。要着力推动思政教育改革创新,不断增强针对性、时代感和吸引力,将思政铸魂融入素质教育全过程,才能保证学生在不同的成长阶段,思政教育"不缺席、不掉队"。

(二)真正做到塑造"完整的人"

当今社会的变化对当代大学生的思想产生了很大影响,大学生思想政治教育对于塑造大学生有着极为重要的作用。高校是培养高层次人才的基地,是进行马克思主义意识形态教育的重要阵地。要确保人才培养质量,确保中国特色社会主义事业后继有人,大学生思想政治教育必须加强三观教育、生命观教育、心理健康教育、职业道德教育、人文教育。

1.大学生"三观"教育

"三观"是指世界观、价值观和人生观,是制约人生行为和方向的三大精神因素,或者说是人生的三大精神动力。大学时期的青年正处于世界观、人生观和价值观塑造的关键时期,因此帮助他们树立崇高的理想信念,树立起正确的"三观"是高校思想政治教育要完成的重要内容。在高校培养大学生形成正确的"三观"教育的过程中,学校要以要求和鼓励大学生以正确的"三观"践行崇高的理想信念,引领大学生寻找自己人生的正确方向。同时,引导学生要在正确的"三观"引领下,提高自身综合素质,在大学期间不断获得成长、不断累积自身综合能力,将所学、所知应用到社会中,专注专业领域,"一门心思"在专业上取得突破。当今时代各种文化交流频繁,大学生很容易就受到腐朽思想的影响,高校应在大学生产生错误的思想观念之前或错误思想正在形成之时,帮助其用正确的"三观"武装头脑,并树立追求远大理想、不断奋斗的做事精神及爱国主义思想。

2.大学生生命观教育

我们要明确大学生的生命观教育的主要目的,就是为了让大学生明白生命的重要性和珍贵性,让大学生感悟并懂得珍惜生命,且能够让自己的生命发光发热。

高校在对大学生进行生命观教育时，可以基于生命的有限性进行敬畏教育、基于生命的超越性进行意义教育、基于生命的创造性进行能力教育，即了解人的生命载体和肉体的存在都是有期限的，每个人的生命既不可替代又不可逆转，凸显了生命的可贵性。让学生在不断超越中，点燃生命激情，激发生活活力，提升生命境界，实现生命价值。生命观教育必须立足于大学生个体的生活之中，因为生命是存在的、发展的。"体验是人的生命存在的方式，是人追求生命作用、实现生命价值、焕发生命活力、走向生命超越的方式。"大学生的生命观教育一定要重视培养大学生生命体验情景，让大学生切实体验到生命的各种境况并领悟生命的价值。

3.大学生心理健康教育

心理健康既是一门学科，也是一种实践活动，又是指一种心理状态，是探索和研究人的心理健康的形成、发展、变化和规律的一门学科，也是思想政治教育中很重要的一个环节。当前大学生心理健康状况总体向好，乐观向上的学生占主流。但少数学生受多种因素影响，仍存在一定程度的消极心理，比如浮躁、抱怨等。

相对往年，教育界探索、丰富了更多学生群体的心理健康教育路径，建议高校心理健康教育应顺应新形势，可通过娱乐、音乐的方式进行设计，发挥艺术净化心灵、陶冶情操、完善人格的作用。其他对大学生心理健康教育的有效途径包括：宣传心理健康知识、开设大学生心理健康教育科、开展心理咨询、进行自我教育与自我调节等。大学生心理健康教育的作用不再局限于培养大学生心理素质本身，在高校全方位开展思想政治教育的大环境下，心理健康教育承载的价值也日益丰厚。

4.大学生职业道德教育

职业道德教育是构建社会主义和谐社会的重要途径，也是高等教育科学发展的重要措施。随着社会经济发展对人才要求的提高，以及大学生"就业难"问题的日益突出，大学生的工作态度、职业道德、职业操守的教育问题，也随之成为突出问题。因此，高校在对大学生进行职业道德教育的时候，必须注重时代对变化带来的影响。正确的职业道德教育主要包括以下几方面：第一，以爱岗敬业、艰苦奋斗为基础的职业情感教育；第二，以诚实守信、办事公道为核心的职业道德规范教育；第三，以甘于奉献、服务社会为宗旨的职业精神教育；第四，以遵纪守法、廉洁自律为基本要求的职业纪律教育；第五，以社会主义核心价值观为时代特征的职业操守教育；第六，以加强合作、勇于创新为导向的职业理念教育。

5.大学生人文教育

《礼记·学记》中着重指出，"化民成俗，其必由学""建国军民，教学为先"，此即"观乎人文，以化成天下"的人文育人见解。大学生到大学主要干什么？干三件事：学会如何做人；学会培养正确的思维；学会掌握必要的高层次知识与能力。人文素质教育是教学生"学会做人"的教育，在思想政治教育之中至关重要，是促进大学生人性境界提升、理想人格塑造，以及个人与社会价值实现的教育，其实质是人格教育。作为素质教育的核心，人文教育在高校教育中有着不可替代的作用。大学生需要人文教育、需要精神营养、需要"亲切而温暖的"人文关怀。

（三）融入当代大学生远大理想之中

在庆祝中华人民共和国成立70周年大会的讲话中，习近平总书记指出，"没有任何力量能够阻挡中国人民和中华民族的前进步伐。"沧海横流，方显英雄本色，党的伟大事业都是在斗争中诞生、在斗争中发展、在斗争中壮大的。我们急需千百万担当民族复兴大任的时代新人。青年群体是我们祖国的未来，更是中华民族的希望，加强对青年群体的政治引领，重要的是要在经济技术发展的前提下，能够深刻地发挥思想政治教育的功能，引导广大青年把树立远大理想信念和脚踏实地做事情有机统一起来，激励其在各行各业发挥主力军作用。

在高校思想政治教育过程中，各思想政治教育工作者应时刻坚持正确的政治方向，筑牢当代青年人的思想根基，通过思想政治教育解决好信仰、信念问题。在新时代的青年成长过程中，难免会产生各种各样的生活或者思想上的困惑和迷茫，也可能有因为各类新鲜声音的传递导致的动摇和不坚定。此时，高校作为青年人教育的主力军，就需要站出来，通过行之有效的思想政治教育方式坚定他们的立场和方向，通过创新改革思政育人模式，将大学生塑造成为政治坚定、思想成熟、科学文化知识和专业知识过硬，德才兼备的合格人才。

习近平总书记在北京主持召开学校思想政治理论课教师座谈会时指出，思政课是落实立德树人根本任务的关键课程。对学校而言，学生在学校学习期间，通过思想政治理论课学习政治、了解政治，始终是高校思政工作的重点。思政育人要求我们应努力发挥和创新思政课育人优势，引导青年人听党话、跟党走，培塑担当精神，引导广大青年做奋斗者。

第二节 高校思政育人工作的理论基础与政策依据

高校思政育人体系中的"育人"就其广义而言，是对育人目标、育人主体、育人过程、育人手段及育人空间的整体统摄和宏观把握，要求高校不仅要让思想政治教育渗透、参与、影响立德树人的各个方面"育全人"，还要调动一切能够为思想政治教育工作发力的积极因素"全育人"。高校思想政治育人体系具体是指在党的领导下，在全体教职工与高校学生双主体的共同努力中，以立德树人为中心，将思想政治教育贯穿、渗透教育教学全过程和学生成长、成才全过程，利用课上课下、线上线下育人空间，体现高校思想政治育人工作在时间上的全过程性、空间上的全方位性和内容上的全覆盖性，充分发挥高校思想政治整体性功能的有机工程，是聚"点"成"面"，引"线"转"体"的全面表述，是价值性、协同性、系统性的内在统一。

一、理论基础

（一）传统文化德政、师法育人思想

中国传统文化是崇尚德育、德政的文化，数千年的中国传统文化中蕴含着丰富的思想政治教育资源。我国古代教育主要是以孔子为代表的儒家学派思想为指导的教育。儒家所主张的"德政"和"仁德育人"是中华民族绵延数千年的精神支柱。孔子提倡的"德治育人"是最早的"思政育人"的体现。《论语·为政》中孔子提出"道之以政，齐之以刑，民免而无耻。道之以德，齐之以礼，有耻且格"。刑罚虽能让人不敢为恶，但道德教化却可以使人耻于为恶，其功效更为久远。孔子认同三字经中的"性相近，习相远"，人刚生下来的时候本性是相近的，但后天的教育和习惯会让人变得不一样，而教育的教化作用正是通过对人的发展施加影响而实现的。这就是思想政治教育在人的身心发展中的巨大作用。

孔子素来将道德教育置于教育首位，他认为为师者最重要的职责就在于先"立德"。《论语·述而篇》中孔子说："德之不修，学之不讲，闻义不能徙，不善不能改，是吾忧也。"孔子认为如果不培养品德，不学习知识，知道了道义，却不按照道义去做，有了缺点不改正，这就是老师所忧虑的。同样的，为师者要先修德、立德，然后才能"育德"，德政育人是教育的根本。同样提倡以德治国的孟子说"以德行仁者王……以德服人者，中心悦而诚服也"，《孟子·公孙丑章句上》强调仁政和德政。这是我国思想政治教育的最初和最著名的两位代表，分别被称为"圣人"和"亚圣"。

"师法之化"由荀子在《荀子·性恶》中提出："然则从人之性，顺人之情，必出于争夺，合于犯分乱理，而归于暴。故必将有师法之化，礼义之道，然后出于辞让，合于文理，而归于治。"荀子认为，如果世人放纵或顺从自己欲望的本性，就会导致世间纷争或者产生暴乱，国家和社会将陷入混乱。因此，必须要对人们进行后天的教化和引导，而教化的基本方式就是通过教师的传授和法度的规范，这就是现代思政育人工作的来源之一。

朱熹说："尝谓学校之政，不患法制之不立，而患理义之不足悦其心。"以朱熹为代表的宋、明理学家们主张在学校教育中，要用思想理义来教育学生，应以

正面教育为主，以防禁惩罚为辅，通过积极的正面教育，让学生懂得道理，自觉严格要求自己。朱熹主张将道德教育放在所有教育工作的第一位，学校要培养的是"讲明义理，以修其身"的人才。晚清时期，重要的思想家教育家康有为的《大同书》提到"以德育为先""养体开智以外，有以德育为重"，明确了思想政治教育的首位性和重要性。

我国现代高校思政育人工作的发展，离不开几千年优秀的中华民族传统文化，传统文化就是现代高校思政育人工作的理论基础，给高校思政育人工作提供了重要的借鉴。

（二）马克思主义理论

1.马克思主义人的需要观

马克思曾经指出"人们之间从一开始就有一种物质的联系，这种联系是由需要和生产方式决定的"。马克思主义从生存的角度提出，需要是人类的本性，而需要的满足，就要依靠实践来完成。郑永廷认为"思想政治教育是一种具有目的性具有超越性的实践活动"，也就是说人的实践活动的目的是解决人的需要问题，而高校思政育人工作作为人类教育中具有特定目的性的实践活动，根源就来自人类寻求学习的本性和内在需要。所以说，高校思政育人工作实际上就是人的精神和物质需要的结果。高校思政育人工作是一种精神需要的本能作用于思想之后的实践活动，它的目的就是对大学生进行提高教育，促进大学生认识自我，促进大学生进行自我发展，促进大学生的精神领域、思想和物质生活都得到提升。

2.马克思主义的实践观

在《关于费尔巴哈的提纲》中，马克思明确指出"全部社会生活在本质上是实践的"，马克思主义强调实践活动在人的形成发展中具有重大意义。环境虽然对人的发展有决定性影响，但是环境本身也可以通过实践加以改变。教育受社会及人自身各种因素的制约，故而教育只有在实践中不断改革，人们才能在实践活动中接收环境和教育的影响。实践是人类有意识的自觉活动，思想政治教育是一种具有鲜明社会性的社会实践活动，高校思政育人工作是人的实践活动的体现，它是把不同时代、不同环境下的思想理论有意识的作用于不同的人群，通过实践活动，得出不同的教育结果，培育符合时代要求的人才。思想教育实践活动使人的思想得到不同的改变，从而使人的境界得到提升，这就是思想作用于人的实践结果。

3.马克思主义人的发展观

马克思主义人的发展观包括体力、智力、个性、思想道德和交往能力等方面，与需要观等观点有机构成马克思主义人学，是指人的全面而充分、自由而和谐的发展。马克思主义认为人的发展主要体现在自由发展、充分发展和全面发展三个方面。随着我党科学发展观的提出，以及党的十九大报告里把"必须坚持以人民为中心的发展思想，不断促进人的全面发展、全体人民共同富裕"定为新时代中国特色社会主义思想的"八个明确"之一后，马克思主义人的发展观作为思想政治教育的理论支撑，再次体现了它的重要性和必要性。因此，在高校思政育人工作中要想让大学生得到全面、自由、充分的发展，必须以马克思主义人的发展观为依托，学生不能只是个人发展，而要全体发展；不能只是单方面发展，而要全面发展；思想政治教育就是高校思政育人工作促进大学生全面、自由、充分发展的有效且必要的途径。

4.马克思主义以人为本观

马克思提出："人的本质并不是单个人所固有的抽象物，在其现实性上，它是一切社会关系的总和。"全国高校思想政治工作会议上习近平总书记指出，思想政治工作就是以学生为本，围绕学生服务。在高校思政育人工作中，教育是人与人之间的互相作用，人及其关系既是高校思政育人体系建构的对象主体，又是育人体系建构的实施主体。在高校思政育人工作中，工作主体是包含所有可以给大学生进行教育的老师，对象是所有接受思政教育的学生，无论出发点还是落脚点都是学生，一切环节都是围绕学生展开。

（三）党和国家领导人重要思想政治教育论述

我国高校思政育人工作体系有着对中华民族几千年悠久传统文化的传承，它是党的思想政治工作体系的重要组成部分，是以马克思主义为指导的中国特色的思政育人体系，是我党和国家领导人不断适应新形势、新状况、新变化，在继承的基础上总结经验教训，凝练出的马克思主义中国化理论成果，是马克思主义理论的中国化实践，有着党和国家领导人的重要论述作为思想政治教育基础。

1.毛泽东的思想政治教育理论

毛泽东的思想政治教育理论产生于中国革命时期，是中国革命实践的产物。美国学者罗斯·特里尔（RossTerrill）的《毛泽东传》，以及中国学者靳宏斌《毛泽东同志教育思想研究》中都认为，"人的因素第一"的思想始终贯串于毛泽东思想政治教育发展的全过程，并践行于毛泽东一生的革命言行之中。毛泽东说过"掌握思想教育，是团结全党进行伟大政治斗争的中心环节"，也就是说，毛泽东强调党的思想政治教育工作的重点，就是首先要抓住思想的主要内容，引领思想的发展方向。

2.习近平的思想政治教育理论

习近平的思想政治教育理论，有机构成了习近平新时代中国特色社会主义思想,指导并全面推进新时代高校思想政治教育。习近平总书记在全国高校思想政治工作会议中强调:"高校思想政治工作关系高校培养什么样的人、如何培养人以及为谁培养人这个根本问题。要坚持把立德树人作为中心环节,把思想政治工作贯穿教育教学全过程,实现全程育人、全方位育人,努力开创我国高等教育事业发展新局面。"他指出办好中国特色社会主义大学,要坚持立德树人,把培育和践行社会主义核心价值观融入教书育人全过程;强化思想引领,牢牢把握高校意识形态工作领导权。推动思想政治理论课改革创新,要不断增强思政课的思想性、理论性和亲和力、针对性。习近平的思想政治教育理论"立德树人""三全育人"教育思想,是习近平新时代中国特色社会主义思想的有机组成部分。

二、政策依据

随着社会的发展,公民思想逐步发生变化,大学生思想也呈现出各种各样的复杂性特点,这种状况要求各大高校必须提高思想政治教育工作质量。思政育人工作具有不可替代的作用,所以说思政育人工作成效是检验高校办学水平和办学质量的标尺之一,这是一项长期的、需要不懈努力的大工程。改革开放以来,我国发布了一系列政策、法律、法规,以及讲话、文件、通知等,给高校思政育人工作提供了强有力的政策依据,给予了重要的指导和规范作用,主要有以下几个方面。

(一)高校思政工作"十大"育人体系

2017年,教育部发布的《高校思想政治工作质量提升工程实施纲要》明确指出,高校思想政治工作应该坚持立德树人的基本任务,坚持思政育人工作的价值引领,坚持分类指导、因材施教,坚持党对高校思政育人工作领导的四个原则,充分发挥课程、科研、文化、管理、服务、实践、网络、心理、资助、组织十方面工作功能的"十大"育人体系,全面提高人才培养能力。

(二)全国教育大会讲话

2018年教师节,习近平总书记再次强调了思想政治工作在教育中的重要性。教育是国之大事,国之根本,高校思政育人工作是一项系统的教育工程。构建立体多元的思政育人激励体系、协同高校的思政育人工作格局,完善思政育人工作的长效机制,有利于思政育人工作的有效实施。思想政治工作关系着学校各项工作的开展,关系着高校为国家和社会培养建设者和接班人的关键。

(三)学校思想政治理论课教师座谈会讲话

2019年3月18日,习近平总书记出席学校思想政治理论课教师座谈会并指出,思政育人工作是一项系统而且复杂的工程,在高校开设思政理论课要以科学的理论为基础，培养"六个相统一"的人才，落实立德树人根本任务，全力为祖国培养优秀人才。高校应重视思政理论课教师工作，要重视高校思政课程的实践性，加强思政育人教师队伍与学生工作队伍的深度融合。

（四）新时代高校思想政治理论课教师队伍建设规定

2020年1月，教育部第一次部务会议通过《新时代高校思想政治理论课教师队伍建设规定》，教育部强调高校思政育人工作需要各方面力量共同支持和配合思政课教师开展工作，思政育人工作需要调动所有工作者参与的积极性和主动性，提升思政课教学效果和质量。高校要培养一批专职为主、专兼结合的思政教师，高校思想政治教育教师不仅仅要讲好思政课，还要在增强自己"四个意识"的基础上，做好"六个统一"，做好学生思想教育引导工作。

（五）关于加快构建高校思想政治工作体系的意见

2020年5月，高校思想政治工作领域出台了《关于加快构建高校思想政治工作体系的意见》，提出构建一个全面、多样、层进、互补的课程体系，建设一批提高高校学生素质的公共基础课；提出要提升校园新媒体网络平台的服务力，发挥网络思政育人载体作用，把心理健康教育课程纳入整体教学计划，每个学校必须配备不少于2名的专业心理健康教师，发挥育人主体作用，坚持育人、育心、育德相统一。

第三节 高校思政育人体系建设的时代特征与价值

不管什么时代，一个社会的发展进步都离不开价值引领的强大感召和激励，科技创新、全球化互动正在改变着我们的生活状态和交往方式，充分发挥社会主义核心价值观价值引领的作用，是当前应对多元思潮冲击的强心剂，是维护我国一元意识形态的稳定器。在社会主义核心价值观的共建共享下，我国越来越多的公民自觉地建立起强大的"中国信念"，培植起深厚的爱国主义情怀，推动着我国向着中华民族伟大复兴的"中国梦"不断奋进。一个群体内部具有强大的价值导向吸引力，可以强化主体的角色意识，明确责任边界，增强群体凝聚力和自信心。

从思想政治教育的学科特质来看，思想政治教育与其他社会自然科学不同，其实质是在观念、思想、精神层面对公民进行影响、改造的哲学社会科学，是知识内化与行为外化的双重同一。因此，高校在进行思想政治教育工作的每一个环节中，都要充分认识到价值引领的重要性。高校思想政治育人体系的创建，需要明确体系中主体需要遵循的共同的价值原则和导向，始终把价值作为贯串所有环节的内容，牢牢把控正确的教育教学方向，抓住学生与高校教师这两个主体，在

"共情"中强化思想政治教育主体对自身身份的认同感,打通各主体间的沟通通道,激活其主体育人力量"心往一处想"的同时,确保最终形成的思想政治育人体系合乎规范,向着正确的道路和方向迈进,从而保质保量地完成时代、社会、国家、党所要求的思想政治教育工作的目标,构建高校思想政治教育工作的同心圆。

一、高校思政育人体系建设的时代特征

时代的发展赋予了思想政治育人体系建设新的特征。理解思想政治育人体系建设的时代特征,不仅是思想认识的重要环节,也是创新思想政治育人体系建设实现路径的基本要求。

高校思想政治育人体系有着丰富的思想内涵,探究新时代高校思想政治教育育人体系,就需要结合"培养什么人、怎样培养人、为谁培养人"这一根本问题,从整体上把握高校思想政治育人体系的基本内容与核心要义。

社会主义道德作为先进的道德体系,是以马克思主义为指导的,其核心是为人民服务,集体主义是其基本原则,体现的是无产阶级和广大劳动人民的根本利益和长远利益,是共产主义道德在社会主义阶段的体现。高校思想政治教育育人体系中的核心内容,毫无疑问就是社会主义道德。社会主义道德是以爱祖国、爱人民、爱劳动、爱科学、爱社会主义为基本要求的,内容包含社会公德、职业道德、家庭美德和个人品德等方面。培育社会主义道德,对个人健康成长、社会良性运转和国家长远发展,对实现人的自由而全面的发展有着重要的现实意义。总之,以社会主义道德为高校思想政治教育育人体系建设之根本,是我国社会主义社会的本质要求,也是我国传统价值观念的当代体现,更是高校思想政治教育育人体系的内在规定。因此,必然要坚持树立社会主义道德这一根本要求。

党的十八大以来,党和国家各项事业均取得了历史性、根本性的变革和成就,比历史上任何时期都更加接近实现民族复兴的"中国梦"。习近平总书记在高校思想政治理论课教师座谈会中指出:"我们党立志于中华民族千秋伟业,必须培养一代又一代拥护中国共产党领导和我国社会主义制度、立志为中国特色社会主义事业奋斗终身的有用人才。"这一重要论述揭示了高校思想政治育人体系的精神实质,科学回答了"为谁培养人、怎样培养人"的问题。中国共产党立志于中华民族千秋伟业,有着历史必然性。近代以来,中华民族内忧外患,在民族存亡之际,中国共产党人自觉肩负起历史重托、人民重托,成为中国革命和中华民族复兴的中流砥柱,依靠人民实现了民族独立,走上了社会主义大道。这是历史和人民的选择,也是中国共产党的担当所在。

历史和现实有力地证明,只有中国共产党才能引领中华民族走向未来。而培

养一代又一代拥护中国共产党领导和我国社会主义制度、立志为中国特色社会主义事业奋斗的有用人才,这是中国共产党引领中华民族走向未来的重要保障。换言之,高校思想政治育人体系具有基础性的作用,只有借此为中国特色社会主义事业培养奋斗终生的有用人才,才能确保党和人民的事业后继有人,才能从根本上确保最广大人民根本利益的实现。二者是内在统一的关系。这是高校思想政治育人体系的本质。

把握高校思想政治育人体系的思想内涵,是时代与实践的要求。在我国诸多教育思想中,对德与才的表述不胜枚举,如"三不朽"就将立德置于首要地位,又如德才兼备、以德为先的思想等。总体来看,高校思想政治育人体系如何建设、建设的成效如何,其前提要求就是要立德,人无德不立,拥有良好的思想品德是成为有用人才的必然要求。而要培养有用人才,就必然要培养其优秀的思想品德,这是培养有用人才的必然要求。在新时代落实立德树人根本任务,要善于把握德与才二者辩证统一的关系,将"立德"与"树人"真正统一起来。

(一) 充分把握目标导向的要求

高校思政育人体系的导向性体现在目标明确方面。导向性,通俗讲即方向性,高校思政育人体系的目标具有明确的导向性,即具有鲜明的理想性和方向性,从而引导受教育者成长、成才。之所以讲其目标具有明确的导向性是因为:高校思政育人体系的核心和落脚点是育人。新时代如何育人、育什么样的人及为谁育人,对这个问题的回答必须旗帜鲜明,不能含糊。这是落实高校思政育人体系的逻辑前提。我国是中国共产党领导的社会主义国家,新时代是对我国发展阶段的科学定位,那么高校思政育人体系的目标毫无疑问培育的是堪当民族复兴重任的时代新人,培育的是合格的社会主义建设者和接班人。这是中国特色教育事业的本质要求,是思政育人体系的目标导向所在。这一目标导向不仅体现了新时代国家发展和民族复兴的内在要求,也深刻揭示了新时代个人成长、成才的必然路径。因此,必须要把握这一目标导向的要求。

(二) 立足于时代发展的变化

高校思政育人体系的内容具有鲜明的时代性。这里所讲的时代性,是指高校思政育人体系的思想内容立足于时代发展的变化,反映的是时代发展的要求,彰显的是时代发展的需要。就新时代"立德"的内容来讲,不仅要弘扬中华民族传统美德,着眼于立社会主义之社会公德、职业道德、家庭美德、个人品德,更要学习和运用马克思主义中国化理论成果,特别是要将学习和运用习近平新时代中国特色社会主义思想贯穿立德树人过程中。这是新时代立社会主义之德的必然要求。构建高校思政育人体系,就要自觉以习近平新时代中国特色社会主义思想为指导，将这一重大理论融入实践的方方面面。

新时代不仅要培养合格的社会主义建设者和接班人，培养致力于国家治理体系和治理能力现代化的有用人才，还要培育能讲好中国故事、传播好中国声音的、具有全球视野、未来视野的复合型人才。这是立足于新时代发展要求的体现，也是立足于我国发展时空坐标的体现，具有鲜明的时代性要求。就新时代高校思政育人体系的方法论要求而言，一是新时代立德树人更加注重、体现德育在高校教育中的重要地位和作用，更加突出德育在人的全面发展教育中的作用，将促进人的德行成长定义为教育的首要任务，同时也强调了个人品德修养的重要性；二是更加注重和突出劳动教育的地位，特别是注重劳动、劳动教育对于个人成长、成才的深远影响，强调"德智体美劳"的统一。

（三）实现全员、全过程育人

思想政治育人体系建设是一项系统工程，其实践过程具有系统性，主要体现在育人过程的系统性、复杂性和长期性上。21世纪的中国社会是数字化、网络化和智能化的社会，其网络通达便捷，各种思想激荡，对思想政治育人体系建设实践的要求也不断增加。新时代落实思想政治育人体系建设，就要统筹推进育人方式、办学模式、管理体制、保障机制改革，使各级各类教育更加符合教育规律、更加符合人才成长规律、更能促进人的全面发展，实现全员、全过程育人。

在新时代思想政治育人体系建设的实践过程中，把握系统性的要求，从实践过程中系统与要素、要素与要素，以及系统与环境的相互联系、相互作用来探究思想政治育人体系建设的思路所在，真正形成系统化的育人体系，方能构建起全员、全过程的育人模式，更好地满足思想政治育人体系建设实践过程中系统性的要求。

二、高校思政育人体系构建的时代价值

（一）促使人才培养体系完善

高校思政育人体系构建有利于完善高校人才培养体系。在知识经济的背景下，人才是社会发展的第一资源。我国在社会发展转型的关键时期，对人才的素质、水平、能力有着更高的要求。高校学生是民族、国家的希望，对高校学生的培养是教育主体的共同诉求。习近平总书记在全国教育大会上发表讲话，指出当代高校要"构建德、智、体、美、劳全面培养的教育体系，形成更高水平的人才培养体系"，同时还强调高校人才培养体系的创建过程中，要对学科体系、教学体系、教材体系、管理体系几个主要层面做出变革，提升高校育人工作的整体水平和质量，做到思想道德、文化知识及社会实践并重。思想政治教育工作在高校人才培

养体系中处于统领地位，高校全方位思想政治育人体系的构建，正是高站位地对高校思想整治工作进行统筹谋划的设计方案，是帮助高校人才培养体系补足短板，强化优势的必然选择，有利于新时代高校人才培养体系在适应社会的矛盾变化中不断进行完善、优化和升级，开创工作新局面、新态势。

（二）将人才培养素质有效提升

高校思政育人体系构建有利于提高高校人才培养素质。相关的文件指出，在高校思想政治工作的加强与改进工作中，要"培养又红又专、德才兼备、全面发展的中国特色社会主义合格建设者和可靠接班人"，为"两个一百年"及中华民族伟大复兴的实现提供人才支持；《高校思想政治工作质量提升工程实施纲要》中更加明确地指出，高校人才培养的总体目标是"着力培养德、智、体、美、劳全面发展的社会主义建设者和接班人，着力培养担当民族复兴大任的时代新人"。高校作为党的意识形态工作的前沿阵地，在多元文化渗透和冲击的大环境下，更加要将意识形态阵地建设工作落实到位，为高校学生的全面发展指明正确的方向。当前，国际国内的形势复杂多变，而高校学生求知欲强、好奇心旺，思想价值观念极易遭受不良思想的侵蚀，不利于健康"三观"的塑造，也会对其的全面发展造成一定的负面影响。在当代高校学生的全面发展及综合素质的培养过程中，只有先行对当代高校学生施加正向的思想政治教育影响，才能为高校学生的全面发展指明正确的方向和道路。此外，高校全方位思想政治育人体系着眼于新时代，从宏观视角将传统思想政治工作进行立体化升级，在不同层面满足高校学生成长、成才的需求，"全育人"且"育全人"，在理论与实践中、在生理上与心理上均切切实实提升其获得感、满足感。因此，高校全方位思想政治育人体系构建的时代意义还体现在可以为高校人才道德素质水平的提升，以及综合能力的增强提供强大助力。

（三）扩大高校影响力

高校思政育人体系构建，有利于提高高校影响力。建设世界一流大学和一流学科，即"双一流"大学，这是我党在教育领域所推行的一大重要战略，其中将打造具有中国特色和世界影响力的新型高校智库作为重点任务之一推进。长期以来，我国对教育工作都予以高度重视，高校建设工作也初步获取了一定的成果，拥有了世界范围内规模最大、增长速度最快的高等教育系统。但与此同时，世界经合组织所公布的调查数据显示，2018年中国25~64岁人口中受过高等教育的比例为17%，而发达国家的水平基本在40%~50%左右。由此可以看出，当前我国高校人才培养工作仍面临着巨大的挑战，与发达国家之间存在较大的差距，我国高校在世界范围内的影响力仍然较低。应当将立德树人视作高校全部工作成效的检验标准，并将其融入高校建设、高校管理的每一个环节之中，将立德作为教育工作的根本。这一表述充分强调了思想政治教育工作对于高校整体工作开展的重要性与必要性，也间接说明了高校全方位思想政治育人体系的全面构建，不仅对"双一流"大学建设任务的推进具有积极影响，更关键的是有利于走出一条面向世界、面向未来的中国特色社会主义高校发展之路，在提升我国高等教育的整体水平的同时，扩大国际影响力。

三、高校思政育人体系构建的现实意义

现实意义是理解和把握高校思政育人体系建设内涵和实践要求的重要方面。对高校思想育人体系建设现实意义的考察，可以很好地帮助教师，深化对新时代高校思政育人体系建设实践的认识，有利于准确把握新时代高校思想育人体系建设的重大意义。

（一）社会发展进步的切实要求

思想政治育人体系的落脚点在育人，社会发展进步的根源在于人的进步，这是思想政治育人体系与社会发展进步的理论基础。社会发展进步是指社会运动、变化和发展过程呈现的是一种前进的、上升的、由低级向高级演进的历史趋势。人类社会之所以呈现出不断发展的历史趋势，主要根源在于社会内部的基本矛盾运动。换言之，社会进步的根本动力来自生产力和生产关系、经济基础和上层建筑的矛盾运动。这是社会发展进步的根本原因。在这一过程中，人是最核心的要素。宏观地讲，思想政治育人体系实践对于促进社会发展进步的表现主要在促进生产力的发展、促进生产关系的变革，而在生产力的诸要素中，人是最活跃的、能动的要素，特别是用思想知识和科学技术武装起来的"劳动者"最为积极、最为革命。微观地讲，思想政治育人体系建设的实践可以很好地促进科学技术发展、社会交往发展及现代文明发展。这是思想政治育人体系建设实践促进社会发展的具现化体现，也是现实意义其在社会领域中最为直接的体现。当前，我国经济社会发展迅速，人们对建成自由、平等、公正、法治的美好社会更加向往、更加迫切。新时代高校就是要着力回应人民对于社会发展进步的现实需求，要将思想政治育人体系的现实意义与促进社会发展进步更好地统一起来。

（二）实现民族复兴的重要举措

习近平总书记在党的十九大上指出："培养造就大批德才兼备的高素质人才，是国家和民族长远发展大计。功以才成，业由才广。坚持党管人才原则，坚持尊重劳动、尊重知识、尊重人才、尊重创造，实施更加积极、更加开放、更加有效的人才政策，引导广大人才爱党报国、敬业奉献、服务人民。"实现民族复兴，需

要强大的智力支撑和人才支撑,而立德树人的重要意义就在于对人力资源、治理资源的涵养孕育,这是立德树人,是实现民族复兴重要举措的现实依据。通俗地讲,立德树人所立之德是社会主义道德,所树之人是社会主义合格建设者和接班人,这与民族复兴的价值理念与实践要求是相一致的。换言之,民族复兴的价值理念与实践要求统一于个人立德成才的实践,贯串社会主义现代化建设的进程中,其内在要求为培养民族复兴夙愿建设者和接班人;而新时代实现民族伟大复兴,同样对立德树人实践提出了新的、更高的要求,这是立德树人与民族复兴的辩证关系所在。勤力实现民族复兴,不仅为立德树人提供了明确的价值导向,也可以很好地帮助国家统一思想共识、凝聚社会力量。新时代实现中华民族伟大复兴,就需要进一步强化高校立德树人的重要作用,将我国人口优势更好地转化为人力资源优势,不断提升国民综合素质,为实现民族复兴积蓄力量,更好地服务于民族复兴的伟大实践。

(三) 我国高校的发展需求

思想政治教育是高校工作的重要主题,也是评价高校工作成效的根本尺度,是高校的发展需求。高校的发展需求,是指其得以立足存续的关键、根据。思想政治育人体系之所以是我国高校的发展需求,是因为高校肩负着为党育人、为国育才的重要责任,其地位与作用不容小视。一方面,思政工作是高校工作的根本要求,也决定了为党育人、为国育才的基本内容,即德育的全部实践。新时代,我国高校发展只有紧紧围绕思想政治育人体系这一根本任务,才能真正发挥自身的重要作用,进而也能实现高校自身的长远发展;另一方面,评价高校工作的成效,要把握思想政治育人体系这一根本任务。思想政治育人体系既是高校工作的鲜明主题,必然也是检验高校工作成效的标准,这是由我国高校的工作任务和工作目标所决定的。换言之,办好中国特色社会主义高校,思想政治育人体系的建设是最为根本的评价标准,是促进和带动高校其他工作发展的统率,也是真正培养一流人才、建成世界一流大学,以至高校能在经济社会发展中发挥积极作用的重要保证。

(四) 学生个人成才的重要保障

思想政治育人体系作为学校的重要任务,贯串于学校教育的方方面面,对个人成才起到了重要的保障作用。其表现为良好品德养成、知识技能习得、完善人格塑造、身心发展促进等多个方面。学校教育是个人成长、成才的重要手段,也是个人社会化的重要途径。学生阶段是人生发展的关键阶段,也是最具可塑性的阶段,"青少年阶段是人生的'拔节孕穗期',最需要精心引导和栽培。""教育的作用在于摆脱和弥合片面分工给个人所造成的片面性,为个人的全面发展创造条件，使全体社会成员的才能得到充分发展。"学校思想政治育人体系建设的实践，本质就是学生成长、成才的引导与栽培，包括良好品行的培养、知识技能的传授、健全人格的塑造、身心发展的促进等多个方面，其价值旨归在于促进个人的全面发展，这与个人成长、成才的内在诉求是一致的。可以说，学校教育在个人成才的实践中扮演了至关重要的角色，其作用不可或缺、不可替代。新时代高校思想政治育人体系的建设，就应善于把握其对个人成才的现实意义，客观地认识到学校教育的重要作用。

第五章　新时代高校思想政治教育教学优化

高校思想政治教育对大学生思想品德的培养有着重要的作用，是规范高校思想政治教育的建设、提高高校思想政治课程时效性的一条有效的途径。因此，高校要规范思想政治教育的教学探索，提高思想政治教育的时效性。本章分为高校思想政治教育的教学原则补充、高校思想政治教育的教学内容创新、高校思想政治教育的教学方法改进、高校思想政治教育的教学模式转换四个部分。主要包括高校思想政治教育教学知行统一、以人为本与全面发展等原则，提高高校思想政治教育影响力、强化高校思想政治教育导向力、提升高校思想政治教育服务力等教学内容探索，情境式、体验式和互动式教学方法等内容。

第一节　高校思想政治教育的教学原则补充

一、知行统一

思想政治教育教学绝对不是学习文件、学习材料，也不是从各个有关学科里选取相关内容拼凑起来的知识的集合，它应当有一个自己的学科体系。在这个方面，我国优秀传统文化中的教育思想有丰富的案例，可以作为研究的重要材料。我国要建设自己的思想政治教育教学基本体系，建设共产党人自己的理学，建设共产党人自己的心学。思想政治教育教学从某种程度上讲就是理学、心学，理学就是规律之学，心学就是修养之学，我国高校应围绕规律之学、修养之学，承担起立德树人的职责、使命。知行统一原则就是思想政治教育教学所要追求的最终目标。知行统一就是理论与实际相结合，思想政治教育教学的重点就是使学生的思想和行为在实践中实现统一，理论对实践有指导作用，实践是检验理论正确与否的唯一标准，马克思主义认识论明确要求我们要用理论联系实际的方法去认识客观事物，这既是对客观事物进行正确认识的原则，也是构建任何教学体系都需要遵循的原则。

行动是获得知识的动力，思想政治教育教学作为指导教学实践行动最基本的理论指南，首先必须是正确的科学的知识，如此才能指导教学行动的正确方向。思想政治教育教学与学生的思想行为密切相关。其可以培养学生的思想道德素质，使学生更好地认识社会主义主流价值观，形成社会所认同的思想政治观念，并用以指导实践，即教学就是转变或提升学生思想的过程，这一过程只有在学生认知上有了转变和提升后才能实现。只有让学生在对正确的思想观念进行了解、学习的基础上，还坚信这一观念的真理性，并用以实践，形成知行统一，才能说达到了教学的目的，知而不行，那"知"就失去其意义。对思想政治教育教学来说，这样的教学就是失败的教学。知是前提，行是目的，知行统一才能达到用正确的理论指导实践的目的。因此，遵循知行统一原则有助于思想政治教育教学实效性的提高与目标的达成。在研究思想政治教育教学时，遵循这一原则可以使研究过程中避免教学中的教条化、公式化的倾向。在思想政治教育教学中，要使学生对基本理论的形成、发展过程有基本的了解。因此，要通过对理论产生的背景进行阐述，从而引领学生感受理论的形成、发展过程。有了这样一个感同身受的接受过程，才能使学生在获得知识之后有一个与知相一致的行，思想政治教育教学的构建也必须遵循这一知行统一的原则。

二、以人为本与全面发展

（一）以人为本

首先，思想政治工作具有人民性。思想政治教育教学的方向是政，偏离了这个方向，其就不是思想政治教育教学了。这就是习近平给黄大年批示的三学之中的第一学。政者，众人之事也。高校应让学生学会为人民服务，为老百姓服务。其不管讲什么内容都不能偏离党和国家发展的方向。习近平多次提到，坚持正确的办学方向，要具体到每一门、每一个学科。在这个过程中，思想政治教育教学要把握好方向，所以每一个思想政治教育教学教师、思想政治教育工作者都要把好手里的方向盘，这既是思想政治教育教师的责任也是其使命。

其次，提高思想政治教育教学的质量和水平，要努力探索新的历史条件下思想政治课的内涵和精神要义。高校要深刻地认识到，思想政治教育教学就是做人的思想工作、政治工作、道德工作等。高校思想政治教育教学的对象是人，教师面对的人是历史的、社会的、具体的、活生生的。教师的目标是把学生这种历史的、社会的、具体的、活生生的人培养成社会主义建设事业添砖加瓦的新时代青年，这是由党的教育方针和思想政治教育的性质决定的。但由于教师对学生的认识是不全面的、不科学的，因此，提高思想政治教育教学的质量和水平要解决的问题就是科学地认识学生，认识其在现阶段的历史性特点。

最后，高校思想政治教育教学要防止人的异化。教师不能让学生在西方思想的影响下，在各种社会问题的碰撞中不断异化，走向自己的反面。教师必须认识到教学对象的异化就是教学本身的异化，也是思想政治教育教学教师的异化，这是思想政治教育教学理论和实践的研究者要深刻认识的。不解决这个问题，教学质量和水平就无法得到根本的提升，思想政治教育教学就发挥不了它应有的作用，就会成为一种摆设，一种空洞的说教。在此基础上，高校还要做好防止异己异化。思想政治教育教学本身是为立德树人这个根本任务服务的，是培养接班人而不是培养掘墓人，不能让学生成为异化的人。

注重思想政治问题，防止异己异化，即要求教师一定要深刻认识思想政治教育教学的对象，所有教育工作的各个环节都必须有自己的服务对象。习近平指出，高校思想政治理论教学要全程、全方位，每个学科、每个专业都要守好一段渠，种好责任田。防止异己异化的思路是思想政治教育教学要提升质量和水平。关于深刻认识思想政治教育教学对象的问题，当前很多教育工作者关注的点不在对象上，只是在关注思想政治教育教学的主体和工具的过程中才关注对象。教育工作者应该在关注这个关系时将其转变一下，在关心思想政治教育教学对象的过程中，加强主体、加强工具、加强手段。

（二）全面发展

教师应从教学的整体性、综合性出发，用运动发展和辩证联系的思维进行思想政治教育教学及其体系的研究，尽可能从多方面、多角度、多侧面、多方位对这一问题展开研究分析。范畴体系中的具体内容是变化发展的，并在一定条件下可相互转化，教师要用马克思主义对立统一的辩证思维方法去研究范畴与范畴之间、每一组具体范畴内部的辩证关系，不能把它们割裂开来进行研究，即从总体上研究和把握范畴的所有方面、所有联系和环节，促进范畴研究的全面发展，这是思维的本质所在。因为，这是具有逻辑性的一个系统，其包含的每一组具体范畴都不是独立存在的，都是彼此相连、互补的，且有一个隶属关系的存在，是从简单到复杂、从抽象到具体的，并在教学实践的具体过程中不断变化发展。这也说明了教学实践环节是一个联系、发展的过程，教师建构范畴体系要重点关注教学实践中种种现象之间的关系，如此才能从理论层面对教学发展的不同侧面展开全面的阐述，进而更好地指导教学。

三、问题导向性

教师要重视对思想理论领域问题的引导，努力排解矛盾的负效果，倡导积极健康的社会心理，坚持思想政治教育教学导向指引性的实践指向。思想政治教育教学实效问题、质量问题的出现是教学面临的重中之重的问题，教师需要根据现实情况，在以问题为导向的原则下展开相关论题的研究。

（一）坚持问题意识

教师在实际的教学工作中，要自主自觉地寻找有价值的论题论点，并运用科学的方法展开研究，尤其是对当前学科领域的前沿问题进行探索。前人认为已有答案的地方，可能恰恰是问题所在。教师要在思想政治教育教学研究中培养问题意识，并提升教学实效性，其大致可从以下两方面来讲。

一方面从实践层面来讲：一是教师要善于在日常教学工作中发现和总结，逐步概括出具体内容；二是教师在教学实践中要实现科研与教学的有机结合，在教学中完成科学研究；三是高校要以教学的社会实践为载体，通过实践活动挖掘教学的具体内涵。

另一方面从理论层面来讲：一是把握马克思主义关于范畴的经典理论与教学的结合点；二是明确当前马克思主义中国化的最新成果是培养问题意识的方向和宗旨；三是对当前的基础理论的不断反思和完善，形成思想政治教育教学问题意识的源泉。

（二）坚持开放意识

教师在对学科领域内的前沿问题进行研究时，要以开放的眼光看待问题，吸收其他学科知识的有益成果，完善自身，以平等的态度对待中西方文化，取其精华，去其糟粕，推动马克思主义理论及思想政治教育教学的建设和发展。其主要包括以下几点：一是增强从交叉学科的视角进行思想政治教育教学研究的自觉性；二是使思想政治教育教学面向世界，这是促进学科综合化的现实需求，即在对教学进行研究时要坚持全面性和联系性，以发展的眼光对待问题的研究，以动态的方式对范畴进行构建，与实践联系，用实践检验范畴的真理性，教学实践过程是运动变化发展的。教师在研究教学时，要重视对教学过程中研究对象与社会环境之间的相互联系、相互作用进行分析，其关系会在一定时期内保持稳定，但不会固定不变，由其形成的真理也具有相对性，而关于它的认识则具有无限性，即开放性。开放意识也是由思想政治教育教学的相对的利益性特征决定的。思想政治教育教学是一个系统，必然具有系统固有的开放性。

（三）坚持改革创新意识

教师对教学理论的研究要持一种创新思想，要敢于打破常规，不破不立，只有打破，才能产生新东西。在研究的过程中，勇于吸收新思想、新元素，用兼具独创性、新颖性和开拓性的思维方式为教学发展创造内生动力。思想政治教育教学是与实践密切相关的，作为其研究对象的大学生各具特色，教师要根据研究对象的需求，有目的、有意识地进行改革和创造性活动。教学体系的建构本身就是高校教学基本理论的改革和创新，改革创新意识是由教学的相对的利益性特征决定的，遵循改革创新意识，必须在现有中及时地更新新时代高校思想政治教育教学的基本内容，使之更加充满生机与活力。

四、从抽象到具体

从抽象上升到具体是任何理论体系在形成过程中都必须坚持的原则，如果某一理论不具备这一特征，那研究者就没有对研究对象进行辩证认识。思想政治教育教学是一个严密的、科学的理论形态，其发展是辩证的、运动的，且具有逻辑性，一般是从简单到复杂、从低级到高级、从局部到整体的螺旋上升的过程。对其进行从抽象到具体的研究，是要确定教学中各个现象内的所有方面、层次、关系的逻辑性，进而对其内在联系和本质特征进行解释，并将其有机融合的一个过程。

从抽象上升到具体，是对研究对象进行科学的、辩证的分析探索，也是进行思想政治教育教学研究和构建必须遵循的基本原则之一。思想政治教育教学的运行过程是从范畴起点、范畴中介到范畴终点的一个从抽象上升到具体的过程。这个过程的展开与思想政治教育教学发展的客观进程是基本相一致的。从确定起点范畴开始，到终点范畴这一个过程，每一具体的范畴内容都要经过转化、过渡、前进、上升。在范畴的运行过程中，其每一具体的范畴内容通过不断的显露，展现出与其他范畴之间的相互关系。范畴的整个逻辑运动过程都体现着从抽象上升到具体这一基本原则。

五、科学性与思想性结合

（一）科学性原则

思想政治教育教学的科学性指其具有真理性、规律性。思想政治教育教学是在向学生传授科学理论知识的同时，还具有一个特殊功能，即对学生的思想进行改造升华，培养学生的马克思主义价值观点、立场、方法，使其具有符合社会要求的思想道德素质，成为新时代全面发展的新青年，能够为中国特色社会主义建设事业添砖加瓦。也就是说，学生要在掌握科学的专业知识技能的基础上，还要树立坚定的马克思主义信仰，并在实践中熟练地运用这一科学的理论解决问题。思想政治教育教学的内容是马克思主义基本理论，是科学的世界观和方法论，其本身具有科学的特点，其构建必然也是科学的。思想政治教育教学是科学的内容与科学的方法的紧密结合。

（二）思想性原则

在进行思想政治教育教学的过程中，有时候思想政治教育教学会出现一种偏向，即用通识代替思想政治，思想政治教育教学的重点是思，思者，思考也，思想也。思就是要让学生享受到思想的大餐，就是党的基本理论，也就是思想政治教育研究的对象。因此，在思想概念中，思是重点，它的表现形式是具体的内容：一是规律，二是伦理，三是法律。它是用于塑造精神、塑造人格、塑造合格的人的。

思想政治教育教学不是单纯地只讲知识。教师首先要明确，一定要把党的理论的创新成果介绍给学生，灌输给学生。灌输这个词是有道理的，教师要改变那种用通识代替思想政治、用知识代替思想的做法。在向学生传递思想的同时要教会其思考，让其把握思维的规律，提高其思维能力，使其形成独特的思维风格。这是重要的教学方法，是教师进行思想政治教育教学的重点。

科学性与思想性的统一，可以使思想政治教育教学在保证教学方向正确性的基础上使学生对科学知识有高质量的领悟，从而达到教学对象与教学内容、目的的高度融合。科学性与思想性两者是相辅相成的，科学的方法和内容是思想正确传递的前提，而思想的形成是用科学方法传授科学内容这一教学过程的目的，缺少任何一方面，都会使教学效果大打折扣。

第二节　高校思想政治教育的教学内容创新

一、提高高校思想政治教育影响力

（一）理论课增强影响强度

高校是思想政治教育的重要阵地，也是意识形态工作开展的重要平台。习近平在全国思想政治工作会议上对思想政治教育给予了高度重视。高校思想政治教育理论课，主要以理论知识为载体，对大学生进行有明确教学目的和教学任务的活动，向大学生传播和灌输党的执政方式和执政理念，传播我国的主流意识形态，从而达到使大学生形成正确的思想意识的目的，使之在以后的人生中能够做出正确的价值判断和行为选择。高校思想政治教育的内容主要是对大学生进行纯理论知识的"说教"式灌输，这样的传统课堂枯燥乏味，且难以达到预期的教育效果。这就要求思想政治理论课教师要以生动形象的案例和幽默饱满的语言阐释单一枯燥的知识点，使学生对理论知识的理解能从"入耳"向"入脑""入心"转变，从而使思想政治教育达到事半功倍的教育效果。例如，在思想政治课上，教师应多将革命人物事例与高校思想政治知识点和教材内容结合起来。真实生动的事例，一方面能够使学生透过革命人物了解当时的时代背景和政治背景，更好地掌握思想政治知识；另一方面，革命人物在不同的历史情境下所体现出来的政治立场和行为价值选择，也是高校大学生理想信念教育的重要素材和内容。因此，用好思想政治课堂"主渠道"是促进大学生成长成才的关键，这不仅关乎着学生自身的发展，而且关乎着国家和社会未来的价值取向。新时代所出现的社会复杂化、信息海量化、价值观多元化极易对大学生的认知造成干扰，导致其做出错误的行为选择。因此，高校更应通过思想政治课堂"主渠道"帮助学生培养以科学理论为指导的认知能力和符合社会发展趋势的正确三观。

（二）打造思想政治课程

思想政治理论课是高校思想政治教育的"主渠道"，新时代的背景对"主渠道"作用的发挥提出了新的要求。高校是培养人才的重要场域，因而所有的课程都将围绕"立德树人"而展开。作为全新教育理念的"课程思政"指通过将思想政治知识渗透到更多的课程中，来达到学生思想政治水平全方位提升的目的，从而实现思想政治教育成效的最大化。

首先，高校在思想政治教育工作中务必要抛弃过去思想政治理论课的陈旧理念，不断挖掘各门课程中的思想政治教育元素，促进"课程思政"和"思政课程"的同向同行，推动建设线上与线下相结合、传统课堂与多媒体课堂相协调的"思政金课"，不断强化理论与实践相结合的教学阵地，使高校课程在不影响专业教育发展的基础上尽显思想政治底色。近年来，上海市在"课程思政"的改革中总结了一些宝贵经验。面对新生代教育对象日新月异的变化，上海提出"课程思政"改革无论是内容还是形式都要符合年轻一代的特质，如复旦大学的《治国理政》、华东政法大学的《法治中国》等课程的推出，不仅结合了学校专业特色，而且内容以当下热点话题、时代发展大势为主，授课方式也以"头脑风暴"式讨论和调研为主，这些都极大地引起了学生的共鸣；上海高校"大师剧"也受到了强烈追捧，如上海交通大学的《钱学森》、上海中医药大学的《裘沛然》等，用舞台剧的形式，将社会主义核心价值观教育和提升思想政治亲和力融入其中，这样一来舞台就成为思想政治的新课堂。上海"课程思政"创造性地将社会主义核心价值观的精髓融入形式多样的教学中，这对思想政治教育产生了潜移默化的影响。

其次，大学生对网络热点事件易产生较高的兴趣和关注度，思想政治教师应提高对热点事件的敏感度，在网络热点资源中捕捉能够与思想政治课内容相对应的素材，使之巧妙地与思想政治知识融合，这提高了学生的学习兴趣和教师的教学成效。

最后，在推动"课程思政"的建设过程中，思想政治课教师、专业课教师以及其他专业人员应当高效联合，找到思想政治课程与专业课程之间的契合点，完善"全员、全程、全方位"的育人体制机制，在不影响专业课程教学效果的前提下，将思想政治教育精神和内涵传达给学生，使高校学生能时刻用专业知识和科学理论知识武装头脑。

二、强化高校思想政治教育导向力

（一）推进思想政治教育科学理论中国化

高校是党领导的社会主义高校，应贯彻和落实党的教育方针和政策，坚持以马克思主义为指导。高校在引导大学生读马克思主义经典著作时，还要引导他们将理论与中国的实际结合起来，将中国优秀传统文化作为思想基底。高校思想政治教育的内容包含了传统文化教育，因此高校在推进科学理论中国化的过程中，在一定意义上也对大学生进行了传统文化教育。

（二）推进思想政治教育科学理论时代化

任何一种思想的出现都是特定时代的物质世界和精神世界的反射。推进思想政治教育科学理论时代化，即推进思想政治教育中马克思主义理论的时代化。马克思主义科学理论能够拥有强大生命力，历久而弥新，是因为其不断适应时代提出的新要求、融入时代新元素并回答时代提出的新问题。推进高校思想政治教育科学理论时代化是高校面临的新的历史课题，高校思想政治教育的实效性体现在时代化中。

首先，高校要重视理论内容的创新，紧跟时代发展的步伐，把握时代本质和时代发展趋势。高校对大学生而言是党和国家重要的"传声筒"，是向大学生传达最新理论、政策和会议精神的中间载体，因此更应及时并准确地将党和国家的重要思想内容和重大会议精神更新到思想政治教育的内容中，对于教材内容要做到及时更新并送到学生手中，对于重大会议精神的领悟，高校应及时开展专题讲座或召开主题活动，帮助学生和教师解读和领悟重大政策的精髓。

其次，高校的党团建设也应体现时代化的内容。高校党团是共产党人的摇篮，是高校党团建设的重中之重。其工作内容包括对积极分子的选拔、教育与考察，对预备党员的考察以及对党的路线、方针、政策的宣传和学习，因此作为思想政治第二课堂的党团，其工作内容也应体现时代化精神。

最后，时代化也体现在教育模式、方法和途径的与时俱进中。高校应不断优化和改进教育理念、内容、方法以及环境，用符合时代的新理论指导学生，用全新的科技媒体辅导学生，用最新的教学方法引导学生，使理论知识更贴合学生的生活实际。运用理论内容的与时俱进和宣传教育手段的与时俱进，可以极大地促进高校思想政治教育的时代化，从而体现教育实效性。

（三）推进思想政治教育科学理论大众化

运用教育宣传马克思主义是推进马克思主义大众化最基础的方法。马克思主义理论只有为社会主体所接受、所理解、所掌握，才能成为改造世界的巨大精神力量。作为指导中国具体实践的科学理论，其根本要求和内在要求就是马克思主义大众化。高校开设的马克思主义理论相关课程，意图通过有计划、有目的的教学活动，使高校大学生理解并接受马克思主义，同时将其内化为自身的一种信仰，指导和影响自身的思维和行为。

一方面，在高校思想政治教育中，教育者应将马克思主义理论枯燥乏味的语言用生动、形象、诚恳的方式将内涵传达给学生，同时借助鲜活的案例和感人的事迹，在真实的教育情境中，让学生感悟科学理论的先进性和真理性。

另一方面，高校可以通过校报、校园专栏以及微信、微博公众平台等刊登或发布大众化马克思主义相关内容，以深入浅出、生动活泼的语言文字，将通俗化的马克思主义理论用来分析当前的热点事件和时代大势。

高校思想政治教育大众化，更是国家未来稳定发展的基础。高校培养了无数科技文化精英，他们承载着国家未来发展的重任，将通过与社会的互动对社会各方面的发展产生影响。

三、提升高校思想政治教育服务力

（一）坚持"以学生为中心"的教育理念

高校在进行思想政治教育的工作中，应当参照习近平关于意识形态民生论述的观点，在高校思想政治教育中传承和弘扬"以人民为中心"的革命基因。在高校思想政治教育中其体现在"以学生为中心"的教育理念上。高校务必树立"以学生为中心"的教育理念，强化"以学生为中心"的服务意识。这里所说的以学生为中心，指以学生的发展为中心。高校在教育过程中应重视分析学生的发展需求和个人需求，要在满足学生发展需求的基础上，尽力满足其个人的需求。在课堂学习中，一方面，"以学生为中心"的教育理念强调学生要自主学习，要学会运用图书馆、网络以及新媒体等自主查找和搜集相关知识内容,增强独立学习的主动性和实效性;另一方面,"以学生为中心"也强调了协作学习环境的设计,其指在教学中使学生以小组课下自主学习,课上协商、讨论的方式,完善和深化对相关知识的学习。"以学生为中心"并不意味着学生至高无上,高校还应该坚持"立德树人",学生的发展需要高校教师的引导,因此高校在"以学生为中心"的思想政治教育中,无法忽视也不能忽视"尊师重道"的思想。在教育过程中,要坚持思想政治教育的层次性原则,根据不同学段学生的思想需求和知识储备,制订不同的教学计划,运用多样化的教学方法,促进教学活动贴近学生实际,提高学生学习的主动性。

(二)推进"双主体"教育模式改革

"双主体"教育模式指在教学过程中既要兼顾学生在学习中的主体地位,又要重视教师的课堂引导作用。"双主体"教育模式于传统教育模式而言在学生角色、教师角色、教学方法和内容以及教学媒体等方面都发生了相应变化。

首先,由于教师的思想政治知识理论水平远高于学生,对课堂的积极性和主动性相对较高,因此在传统教学模式中,教师居于课堂的主导地位。学生因思想政治理论枯燥乏味、对思想政治知识认同度低等原因,作为课堂学习主体的参与度相对较低。"双主体"教育模式的核心是强调学生的自主学习,使学生通过多样化的获取知识的途径形成对客观事物的认识,提高学习的主动性,教师作为另一主体,发挥着引导和指正的重要作用。

其次,该模式强调建立平等的师生关系。一方面,高校应通过"以学生为本"的教学理念逐步提高思想政治教育的亲和力和说服力,建立起学生与教师平等沟通的关系,使课堂教学过程中的施教者与受教育主体双方都能平等地参与到教学过程中;另一方面,高校应建立师生使用教学载体的平等关系。在"双主体"课堂教学中,作为教学载体的黑板、电子课件等不仅可以为教师教学提供教学帮助,而且还是学生主动学习的主要载体。在学习过程中,学生也拥有对教学载体的使用权利。

最后,完善教育反馈机制。良好的反馈能够促进教师更好地教学、学生更好地学习,教育者和受教育者应通过网络等科技平台对已学知识进行反馈,通过反馈教育者可以根据受教育者情况的变化灵活地调整教学内容和教学方式,而受教育者也可以在知识层面获得进一步提升。

四、增强高校思想政治教育渗透力

（一）倡导理论联系实际的马克思主义学风

中国共产党一贯坚持理论联系实际的马克思主义学风。学风建设自党成立以来就被视为重中之重。毛泽东指出，学风反映了全党对待马克思列宁主义的态度，也反映了全党的思想和工作问题，因此学风问题显得尤为重要。他强调了理论联系实际的学风对于我党发展的重要意义。马克思主义学风对于中国共产党而言是其保持纯洁性的必要前提。对于高校而言，学风的建设是提高高校人才质量的根本保证，良好的学风不仅规范着大学生的学习行为，而且还在潜移默化中影响着大学生三观的树立和日常的行为方式，影响和决定着高校人才培养的成效。思想政治教育的内容就是马克思主义基本原理以及马克思主义与中国实际相结合的成果，因此对于高校思想政治教育，高校应大力弘扬和推进马克思主义学风的建设。理论联系实际是马克思主义学风的灵魂，因此高校务必要重视将课本理论知识以学生能够接触和感受到的实际生活结合起来，同时可在校园内开展活动，在课外的实践中将理论知识体现出来，使高校思想政治教育充分融入学生的实际生活中。高校应培养学生理论联系实际的自觉性和习惯性，努力建立良好的社会主义现代化的学风，从而提升自身培养高质量人才的能力。

（二）发扬求真务实的马克思主义作风

求真务实的工作作风，在高校体现为党员干部的工作作风以及学生干部群体的日常工作作风。

一方面，高校领导干部思想作风是影响高校形象和高校人才培养质量的重要内在条件，是其政治素养、道德品质的具体表现。高校领导干部应自觉学习和不断深化对党的路线、方针、政策的学习和思考，在工作中坚持解放思想、实事求是、与时俱进、开拓创新的思想，将科学的思想内化为自身修养，外化为言行举止，将思想理论与学校工作的实践紧密结合。在高校工作中，要以全局为重，办事和对问题的思考应站在学校的全局高度上，以学校的改革和发展为重任，以师生利益为中心，履行好为高校师生、高校全体教职人员服务的基本职责，提高服务能力和师生满意度。

另一方面，随着高校校园文化的发展，我国高校的学生干部群体也日益庞大起来，且多数为党员干部，因而求真务实的工作作风也体现在学生干部的日常工作中。当前多数学生干部个性较强且多为独生子女，因而在学生工作中个人主义思想较为严重，有些学生干部甚至党员意识淡薄、理想信念模糊，严重影响着高校学生干部工作的作风。

因此，高校首先要严格对学生干部的选拔，以公平、公正、公开、择优的原则选择学生干部；其次通过定期例会或述职等方式，在了解其工作状态的同时向其传递为学生服务的精神；最后加强学院之间学生干部的交流学习，建立开放型学生领导队伍，形成校内各学院资源共享的良好态势。

五、提升高校思想政治教育环境优化力

（一）共享网络思想政治教育微资源

随着互联网技术的不断发展，网络已然成为意识形态斗争的重要场地。在这样的情势下，人们对于意识形态安全工作的思考已经无法将网络置之度外，必须将其高度重视。网络以其自身快捷化、便利化、多元化的优势吸引着大学生的关注，网络衍生产品如网站、论坛、App等成为大学生获取资讯和信息的主要途径。这类网络产品大部分通过简短的文字或视频剪辑的形式将复杂的社会性事件传达给大众，而大众无法通过其了解和掌握事件的全部信息，就很容易被编辑者的思想影响。高校大学生三观还未完全成熟，思想理论素养还有待提升，这样的网络资讯容易使大学生形成对信息的片面化、碎片化认知，对大学生的思想发展很不利。对此高校应重视并警惕校园环境的变化带来的影响，清晰地把握思想政治教育在网络环境下的机遇和挑战，从而在遇到相关情况时能采取有效应对措施。教育部门应整合挖掘高校网络信息资源，支持和推进国家思想政治教育门户网站的建立建设，站在国家教育的层面，向网络源源不断地输出具有专业性、丰富性、及时性的思想政治教育资源。各级高校在结合办学理念和校园文化的基础上，创办和发展本校思想政治教育网络平台，将思想政治教育内容以学生喜闻乐见的方式如微电影等传递给学生，实现网络思想政治教育的隐性功能。在传递社会新闻讯息时，高校思想政治教育工作者应具有较高的政治敏锐性，及时关注社会焦点信息，灵敏地发现校园舆论的导向，给予学生正确客观的政治性引导。

（二）加强校园网络环境的舆情预警

在网络环境下，思想政治教育不仅需要校内外资源的强力整合，而且也需要在制度上被监管和约束，这就需要政府、高校以及学生自身的共同努力。对于政府，应不断完善网络信息管理法律和网络管理制度，对高校大学生的网络言行给予制度化的管理和规范。

首先，要建立健全校园网络监管体制机制以及思想政治教育平台网络舆情预警机制，加强同国家网信部门及公安部门的联系，从而形成从网络技术到网络内容、从日常网络安全到打击非法网络信息的监管合力，为高校建立健康化网络环境提供坚实的制度化基础。

其次，加强校园网络信息管理者的政治舆情敏锐性，从而对高校网络平台的信息进行全方位监管，有效规避和解决网络病毒、网络低俗信息给大学生思想意识上带来的干扰和威胁，保障校园网络环境清净，营造相对安全稳定的教育隐性环境。

再次，在校园日常学习和实践活动中，教师应加强学生的网络安全教育。一方面授课教师在课堂知识内容的讲授中可以穿插大学生电信网络诈骗真实案例，以口述或视频的方式让学生感受网络环境的危险性，提高大学生电信网络安全意识；另一方面，辅导员在日常管理中应通过QQ、微信班级群的方式，发布关于电信网络安全教育的内容，也可以开展电信网络诈骗主题班会、专题讲座以及情景演绎等活动，提高学生对电信网络安全的警觉。

最后，大学生自身应不断提高和强化对网络信息的自我辨识力和对网络运用的自我管理能力，提高思想政治素养，从根源上避免网络环境弊端带来的负面影响。高校应高度关注容易引起校园舆情的敏感性事件，通过举办校园活动或主题班会，呼吁大学生理性地思考和判断，以做好校园网络舆情的防御工作，从而使校园微平台更好地为高校思想政治教育提供潜移默化的思想引导和便利的教学体验。

（三）推进社会、家庭和高校协同育人

高校思想政治教育的开展需要考虑环境嬗变的影响，既要考虑校园环境对学生整体素质的培养作用，又要考虑社会和家庭环境对学生思想意识的深刻影响。对于社会环境，政府对其的调控于高校思想政治教育而言意义重大。政府应不断整合社会各子系统，出台相关的法律法规和政策，从而保障高校思想政治教育的大环境。

高校开展思想政治教育工作也应该兼顾家庭环境的影响。对于家庭，家长的言行举止会对学生的思想行为产生深远而持久的影响，家庭成员的思想政治情况直接影响着学生的政治立场、思想意识和价值选择。因此，家庭成员一定要做到言传身教，用自身的实际行动对身边的人产生影响，在对孩子进行正面理论教育的同时，还要用实际行动为孩子做示范，为孩子树立榜样，从而达到家庭思想政治教育的最佳效果。改革开放四十多年以来，我国出现了大量的可以学习的人物和事迹，教师可以将其运用于思想政治教育的过程中，同时还应将这些内容以生活化的方式讲给学生，使之发挥榜样的教育影响力，帮助学生树立正确的三观，形成对社会主义的正确认知，更加坚定对马克思主义的信念。社会、学校和家庭不仅需要在教育内容上寻求共性，更需要构建强大的合力系统，推进全程、全员协同育人，尤其是学校和家庭之间，应形成具有连贯性的交流，实现课上课下、

校内校外的良好互动和反馈模式，从而探求思想政治教育的最佳成效。

第三节 高校思想政治教育的教学方法改进

一、"情境式"教学

所谓"情境式"教学，就是集知识的传授、行为的指导、能力的培养、觉悟的提升于一体的立体式教学方法。"情境式"教学既可以改善高校思想政治教育的教学效果，又可以加强师生之间的交流互动，还可以培养大学生的创新能力和精神。"情境式"教学的作用可以从两个方面来阐述，即教学方面和学生学习方面，具体如下。

（一）教学方面

在教学方面，"情境式"教学首先可以显著改善高校思想政治教育课程的教学效果。这是因为在"情境式"教学活动过程中，教师能够顺应时代的发展趋势，依据新的情况和问题对教学内容采取有针对性的措施，这就使得教学变得更加富有时效性。其次有利于加快高校思想政治教育课程的改革步伐。通过一些生动的教学情境，提升学生的学习积极性，开阔他们的视野，激发他们的学习兴趣，并促进师生之间的交流协作，进而推动高校思想政治教育课程的改革。最后还可以起到推进学校教学管理制度改革的作用。在进行"情境式"教学活动的过程中，可以适当对一些学校的教学管理制度进行试点改革，并在实践中不断总结和推广，进而形成一个规范的教学制度。

（二）学生学习方面

在学生学习方面，"情境式"教学首先可以帮助学生形成一定的实践能力和团队精神。教师可以通过一些教学情境的模拟实习，让学生通过沟通、协作来形成团队合作的精神，并帮助他们克服因实际动手操作能力不足而带来的不适，解决理论与实战脱节的问题。其次还能够帮助学生转变学习方式。通过教学场景的设置，让学生更好地将知识和社会紧密地联系起来，提升他们的学习兴趣，培养他们的科学探究能力。最后还能够提升高校思想政治理论课的教学实效性。通过生动、形象、直观的教学情境，加深学生对教学内容的理解和印象，提升他们分析问题、解决问题的能力。

"情境式"教学方法实现的途径有以下几个：一是通过丰富优美的语言来对情境进行描述；二是通过动漫、影视、PPT等来渲染情境；三是通过设置角色，采用表演的方式来创设情境；四是通过组织调查、考察、访问的方式来观察实地情境。

二、"体验式"教学

"体验式"教学指让学生从具体的体验中学会观察和反思，进而形成一个抽象的概念，最后再对形成的抽象概念进行检验。

（一）教学步骤

学生用具体的体验观察和反思抽象概念的形成，对抽象概念进行检验。"体验式"教学强调的是教学过程中的"师生共同参与"，而不是单方面学生的"学"和教师的"教"。

（二）教学意义

"体验式"教学在高校思想政治教育中的主要意义有三个方面，具体如下。

一是提升教学的深刻性和生动性，促使教学变得富有动态化、立体化、新颖化。随着社会经济的快速发展，采用传统思想政治教育方法的教学效果显著降低。主要表现为教学方法不能适应教学对象，对现实问题不能够进行科学的分析、说明、解释；教学形式比较单一，过分侧重理论教育，与实际联系比较少，教育者和受教育者之间缺乏必要的交流；教学内容比较贫乏、枯燥……这些导致高校的思想政治教育在一定程度上处于游离的状态。

二是将学习内容和要求整合起来，使之更有针对性和有效性。教师可以利用丰富的社会资源来拓展教学的空间，有效地组织教学活动。

三是对学生的人际关系的处理能力、团队交流合作的精神进行培养，提高教学的广泛性、凝聚性。一方面，吸引学生的眼球，拉近学生之间的距离；另一方面，"体验式"教学需要学生的互动通力合作，进而培养他们的团队意识。

（三）教学原则

"体验式"教学在高校思想政治教育活动中被运用的时候遵循的原则有以下三条：一是目的性要强，要有明确的目标指向性；二是要在认真研究、多方调研之后进行严密的设计；三是要具备极强的导向性，能够对教学活动参与者起到真正的教育作用。

由此可见，要想使高校思想政治教育获得一个不错的效果，高校的思想政治教育工作者就必须以"大学生"为中心，不断采用新的教学方法。这样才能够切实地提升大学生的思想政治素质。

三、"互动式"教学

要提升高校思想政治理论课"互动式"教学的实效性，就要不断深化方式方法的运用，只有立足高校思想政治课的特点，结合新媒体发展的特点，从现有方式和手段出发，不断深化新媒体环境下高校思想政治理论课"互动式"教学的应用，才能激发出互动对象的主体性，促进教与学的良性循环发展，从而达到教学相长的互动效果。

（一）设计贯穿教学始终的互动，以强化主体意识

高校思想政治理论课的教学过程可以分为三个阶段，即课前、课中和课后。在传统媒体环境中，师生在课前和课后的交流往往受到时间、空间等的限制，故而很难规模化地展开。但在新媒体环境中，借助科技的力量，师生之间时空的障碍在很大程度上可以被打破，思想政治课教师对互动的理解不应局限于课中阶段，贯穿教学始终的互动系统的建立是进一步激发思想政治课互动教学模式主体性的关键所在。

1.课前阶段

思想政治课教师应当利用新媒体充分调动学生学习的自主性，将学生的需求和智慧融入教学设计之中。

其一，应当将新媒体思想政治组群纳入思想政治课互动教学的要素之中，引导思想政治课教师在整体课程开始之前或开展的初期建立QQ群、微信群或其他新媒体思想政治组群。这一方面可以起到互动导向的作用，让学生意识到"课程马上要开始了"，感受到教师对课程和对学生的重视及尊重，从一开始就明确自己在课程中的主体地位；另一方面也可以起到搭建互动桥梁的作用，从而为接下来互动的开展创设环境、奠定基础。

其二，应当对互动教学设计中学生的参与做出明确的要求。一方面，思想政治课教师应当就学生的学习需求、方法偏好等提前做调查，广泛听取学生的建议，在坚持思想政治教学总目标、总方向的基础上，将不同专业背景学生的不同特点和不同需求纳入教学设计中，合理调整教学重难点和教学方法；另一方面，思想政治课教师应当利用媒介及时告知学生本课程的教学大纲，着重指出哪些地方做了整改，让学生感受到自己的意愿可以被接受，建议可以被采纳，同时对于一些学生感兴趣却没有调整的地方，教师应做出解释，告知学生之所以这么做的意义所在。在课前阶段展开互动，不仅能帮助教师更好地针对学生的特点展开教学，而且也能帮助学生认识课程的价值，从一开始就体会到"互动式"教学区别于传统教学方式的不同，在之后的教学中更好地发挥自主性。

2.课中阶段

思想政治课教师要继续深化互动教学内容，让学生有所思、有所议。课中阶段一直以来都是思想政治课教师进行"互动式"教学的重点，因此很多思想政治

课教师已经总结了许多宝贵的经验。但值得注意的是，无论是互动方式的选择还是互动方法的应用，都必须立足于互动内容来展开。互动内容设定得太浅显，不仅不利于深度互动的展开，反而会消解学生的互动热情，使之把原本用来辅助互动的新媒体设备变成开小差的工具，进而影响课堂的教学秩序；互动内容选择得太晦涩，就会超出大多数学生的认知范围，这又会引起学生的无力感和挫败感，同样影响互动教学的效果。

3.课后阶段

思想政治课教师应当做出表率，鼓励学生不断思考、持续学习。对于课后布置的作业，教师与学生要形成良好的作业反馈互动机制，一方面思想政治课教师要拿出更多的时间和耐心对学生的作业进行分析和点评，发挥作业互动反哺课前设计和课中教学的价值和作用；另一方面，思想政治课教师要以作业互动为纽带，改变部分学生只重形式而不重作用、只关注作业分数而不关心作业本身的状况，引导学生养成发现问题、思考问题、订正问题并举一反三的学习习惯。

课前、课中、课后本就是一个紧密运转的系统，教师只有将互动贯穿其始终，才能最大限度地唤醒互动主体的思辨意识，调动互动主体的自主性，使整个"互动式"教学模式环环相扣，从而更好地服务高校思想政治理论课，实现教学和育人的双重目标。

（二）师生全员参与，以巩固主体地位

对于高校思想政治理论课"互动式"教学来说，无论是教师还是学生，都应当是个体概念而不是群体概念，概括地说，即互动必须落实到每一个个体身上。因此，新媒体环境下的高校思想政治理论课"互动式"教学，不仅要关注师生互动，还要关注生生互动甚至师师互动，只有健全师生全员参与的互动方式，群体的主体性才能转化为个体的主体性，高校思想政治理论课"互动式"教学的价值才能最大限度地得到发挥。

1.继续拓展师生互动的广度和深度

师生互动是高校思想政治理论课教学互动的基本方式，也是最重要的方式。只有通过思想政治课教师与学生之间的有效互动，思想政治理论课的相关知识才能更好地由教师传授给学生，并被学生接纳。

师生互动有两种形式：一种是一对多互动，由于师资等的影响，高校思想政治课往往采用大班教学的模式，思想政治课教师大多时候只能以一对多的形式与学生展开互动，这样的互动辐射范围比较大，但实际上往往只能激起极少数学生的思考，整个班级中浑水摸鱼者不在少数；另一种是一对一互动，一些思想政治课教师有针对性地挑选学生回答问题或个别学生主动向思想政治课教师提出问题，

这促成了师生间的一对一互动，这样的互动一般来说比较深入，但辐射范围往往与深入程度成反比，教师很难做到和每个学生都达成一对一的互动，即使利用新媒体学习平台，教师可以让全班学生同时进行一对一的作答，但到教师点评或回应时又会出现分身乏术的状况。

两种方式各有利弊，思想政治课教师应当尝试取长补短，将两种方式有机结合。一方面，可以创新原先的一对多的互动形式，把学生分成多个小组，通过与小组的一对一互动，尽可能将一对多向一对一的方向转变，引导更多的学生参与互动；另一方面，教师在利用在线学习平台促成与全体学生一对一的互动时，可以在点评和回应时有准备、有针对性地选出典型的互动问答与全体学生分享，在保证一对一互动范围的同时尽可能地提升互动的深度。

2.深刻挖掘生生互动和师师互动的价值

就生生互动而言，学生和学生间无论是年龄还是身心特点等都有着许多相似之处，他们之间的互动更容易激发知识和情感的共鸣。并且，良性竞争意识和团队合作精神也有赖于生生互动的情境才能形成。因此，思想政治课教师要利用好生生互动的方式，对于具有一定难度的互动内容，要鼓励学生组成小组展开探究；对涉及PPT制作、视频剪辑等较为复杂的作业，要引导学生发挥所长，分工合作。

就师师互动来说，以往的"互动式"教学模式很少关注师师互动，但教师与教师之间的互动着实不能小觑。一方面，思想政治课教师之间的经验分享和问题探讨有助于思想政治课"互动式"教学模式不断优化和发展；另一方面，思想政治课教师与其他教师间的互动可以促使思想政治课多元立体起来，其与辅导员的交流则可以帮助自己更进一步了解学生生活的特点，更有针对性地展开互动教学。因此，思想政治课教师应当高度重视师师互动，全力发挥其在高校思想政治理论课"互动式"教学模式中的功效和作用。

（三）认知情感结合，以激发主体动能

高校思想政治理论课"互动式"教学，需要立足于知识、能力、情感、态度和价值观等多重维度，基于此，具体互动方法的选择至关重要。

一方面，互动方法要符合个体的认知要求，即要满足学生知识获取和能力提升的需求。思想政治课教师要不断推进问题式互动和案例式互动的研究和运用。在问题式互动开展的过程中，思想政治课教师一要保证问题设计的科学性，即问题必须从课程内容出发，体现课程的性质及目标；二要尽量立足学生的实际能力，范围不能过宽，内容不能太杂，要循序渐进地引导学生掌握课程的核心内容。案例式互动要求思想政治课教师首先要选择合适的案例，既要符合课程要求也要迎合学生兴趣，还要具有一定的代表性，如在讲《思想道德修养与法律基础》中的

《刑法》时，由于课程内容比较生硬也有一定的难度，所以思想政治课教师可以将舆论比较关注的"反杀案"引入教学中，让学生通过案例分析进一步理解课程内容；其次教师要合理利用新媒体呈现案例，在吸引学生注意力的同时适当给予其指导，防止学生得出相悖的答案；最后教师要做好归纳与总结，及时做出点评，帮助学生认识自己分析中的优势与不足，增强学生对课程的消化与理解。

另一方面，互动方法要符合情感需求，即要满足学生情感、态度和价值观塑造的需求。思想政治课教师要创新拓展主题式互动和实践式互动的研究和运用。主题式互动，指思想政治课教师在进行教学互动时，可以根据教学内容抛出一个主题，让学生围绕主题收集资料、发表看法，在这个过程中实现学生认知和情感的共鸣。主题式互动重在创设情境，思想政治课教师要鼓励学生利用新媒体设备，集文字、图片、音频、视频等于一体，将理论知识与主题情感融于一体。如在讲《中国近现代史纲要》时，教师可以设定具体的主题，让学生结合教材收集资料，以课堂展示的形式轮流来讲，并结合学生互评、教师点评等环节，让学生沉浸其中，感受仁人志士的爱国情怀和美好生活的来之不易。而实践式互动，则指思想政治课教师根据课程教学的具体要求，有组织、有计划、有目的地带领和引导学生适当地进行各种校内外的社会实践互动活动，让学生通过设身处地亲身体会，践行课本上所教授的知识，进一步塑造正确的态度和价值观。当前的"互动式"教学往往重第一课堂而轻第二课堂，因此社会和学校都要充分重视实践式互动，一是社会和高校要加强合作，为思想政治课实践式互动提供必要的制度安排、经费支持和后勤保障，为其开展开辟如博物馆、档案馆、烈士陵园、历史遗迹等专门的活动场所；二是思想政治课教师要利用好实践互动的平台，不能把实践搞成走马观花，要有意识地给学生布置相应的实践学习任务，引导学生带着问题参与实践，而在实践结束后，思想政治课教师也要关注学生的感悟与心得，及时对其进行总结。

第四节　高校思想政治教育的教学模式转换

一、高校思想政治教育生活化模式

思想政治教育只有贴近生活、指导生活，其价值和魅力才能得到进一步彰显。高校思想政治教育生活化是提高大学生思想教育效果的"关键一招"。高校教育者应以相关的理论为指导，转变教育思想，更新教育理念，将教育理念应用到日常生活中，把教学方式融入现实生活中，在整个教学过程中以学生为本，使学校管理方式贴近生活，使教育和管理与生活并驾齐驱，相向而行，最终使教育融入生活，获得高校思想政治教育的最终效果。

（一）教育理念要回归日常生活

教育者要更新教育理念，做到围绕学生的日常生活进行教学，选取与学生生活相关的教学内容，制定适合学生的教学目标。

1.凸显教学内容的生活性

教学内容包含教育者传递的理论知识和教育思想，如何更好地让学生理解理论知识并接受教育，选取贴近生活、融入学生生活经历的教育素材至关重要。

第一，选取具有生活性的教育素材。生活是具体的，不是抽象的，也不是悬挂在空中触不可及的。思想政治教育是做人的教育，教育者应当选取生活中真实的、客观的、可靠的教育素材，虚假的、不合时宜的素材只能产生适得其反的效果。因此，教育者在选择教育素材时应做到"因事而化"，即要与学生生活中发生的大事、小事相联系；"因时而进"，即要与生活"现时"相呼应，教育素材应与时俱进，反映时代发展特色；"因势而新"，即要根据新时代社会发展大势、现代生活发展趋势，选择富有时代内涵的教育素材。教育者在生活中要有一双发现教育素材的"慧眼"，要善于发现生活中不断发生的"大事"和"小事"，要在教育过程中精心挑选与教学内容或学生生活相关的热点事件、生活故事，找准切入点，注重与教学内容的契合性，以及对学生教育的针对性，将故事与理论融合起来进行教学。另外，"有铁的事实、好的道理，还要有耳目一新、引人入胜的表达"。教育者在教育过程中，要设置与生活相关的议题，创设与生活相关的情境，注意话语的趣味性、亲和力以及学生的接受程度，运用生活中众所周知、耳熟能详、贴近学生生活的话语对教学内容进行阐释，提高教学的艺术性、趣味性，使学生倍感亲切，从而深化其认知，使其将理论转化为行为。

第二，在教学中融入学生生活经历。使学生的思想和行为符合社会行为规范，更具有道德意义，是思想政治教育的基本诉求。对于新时代大学生来说，谁讲不重要，重要的是讲什么，所以教育者应多关注学生经历，在教学过程中"投其所好"，充分调动学生学习的积极性，引导学生把生活中遇到的人、事、困惑与喜悦在课堂中进行展示和分享，并结合其所讲内容，解学生之所忧、之所困，那么思想政治教育就可以直抵学生内心最深处了，不仅符合学生的"口味"，而且还可以取得良好教育效果，可谓一举两得。另外，学生多年的生活和学习经历，在头脑中形成了自己的知识结构，这些已有的认知对于学生学习新知识的影响不言而喻，如果新学习的知识和大脑中已有的知识相近，那么学生的学习速度就会加快，否则，就会减慢。所以教育者在教学过程中，一定要通过多种途径多方面地了解学生已有的认知、需求和生活经历，在教学过程中融入相应的生活元素，在教授新知识时尽可能多地考虑学生头脑中已有的认知，利用学生头脑中已有的认知同化新知识，以使学生更好地学会新知识并在生活中运用新知识。

2.凸显教学目标的适用性

教学目标制定得是否恰当对提高教学效果至关重要。教学目标的适用性就是在对学生进行教育的过程中，制定贴近学生、又具有一定理想性的目标。当然，这种理想并不是高不可攀的，而是经过努力可以实现的。为了更好地凸显教学目标的适用性，教育者在制定目标时要重视目标的差异性和现实性。

第一，制定差异性的教学目标。大学生来自祖国的五湖四海，学生的受教育水平和学习能力参差不齐，所以教育者在制定教学目标时要考虑各种因素，做到具体问题具体分析，分层次制定教学目标，而不是千篇一律，不能提出与学生现有水平相差较远的教学目标，在制定目标时既要有与学生生活相关的"小目标"，也要关注学生可能达到的高度，制定相对高一点的"大目标"。"小目标"可以融入学生生活，使学生在生活中就可知、可感、可行；"大目标"可以是学生"跳一跳"通过自身努力可以实现的，这能够增强学生的自信心。另外，制定差异性的目标还要关注不同的学生群体，对于高年级学生，由于他们思想比较成熟，所以在目标的制定上就可以层次高一些；对于低年级同学，由于他们生活阅历和经验不够丰富，所以可以制定层次低一些的目标。针对同一群体，由于学生的思想发展快慢不同，目标也应有所区分，如针对学生党员和学生干部这个群体，在目标制定上应有一定的区分。但是，无论针对哪一类学生群体，制定什么样的目标，目的只有一个，就是有针对性地改善学生思想，用"精准"的目标来对学生进行教育。

第二，制定现实性的教学目标。现实生活是每人每天都能切实感受到的，教育者在制定"思政课"教学目标时必须关注现实生活，制定具有现实性的教学目标，而不是制定脱离生活、脱离现实"高、大、空"的目标，教师培养的是生活中的人，目的是使学生在现实中更好地生活，而不是对学生提出过分的、不符合实际的要求，因为"人的存在并不总是表现为一半是野兽，一半是天使的二重分割"。教育者在制定教学目标时，应多关注"中间地带"的学生，制定符合大多数学生生活实际的目标。当然，关注"中间"并不是忽视"两端"，因为中间的人数多，是生活中的主力，他们的思想状况会影响整个群体的思想状况。所以，一定要以实践为依据，把对学生的思想政治教育作为出发点，而不是把学生当作某种"手段"，应制定"有血有肉"具有现实性的教学目标。

（二）教学方式要融入现实生活

思想政治教育普遍使用的教学方式是传统的理论灌输方式。其不注重学生在学习过程中的主体地位，教育者很多时候将有趣的、多样的教学方式"抛之脑后"，导致教育效果不佳。因此，教育者应摆脱经验主义的"窠臼"，注重教学方式的时代性，注重运用情境教学、心理咨询和社会实践等符合时代发展要求的教学方式。

1.注重运用情境教学和心理咨询的育人方式

新时代大学生的思想变化是多样的，传统的育人方式难以吸引学生的注意力。要调动学生的"胃口"，就必须采取富有吸引力和有针对性的育人方式来改善学生的思想，情境教学和心理咨询是高校创新思想政治教育教学方式且富有成效的重要方法。

第一，注重运用情境教学法。知识不能脱离情境而单独存在，情境教学就是教育者在教育过程中，采取情境再现的方式，将生活中发生的与教学内容相关的场景，通过多媒体或学生表演的形式再现出来。可以查找生活中发生的真实故事，结合教学内容一起讲授，这样不仅可以"寓教于乐"，而且可以增加对学生的吸引力。可以直接将学生生活中发生的、有教育意义的故事"搬"进课堂，这样对学生的教育是直接的，而且可以使学生感受到"如见其人"和"如闻其声"。但是无论采取什么样的形式，其目的就是让学生在感受真实生活世界的过程中，以一种独特的且自己非常熟悉的方式来反观生活，引发深入的思考，提高育人效果。

第二，注重运用心理咨询法。现如今，大学生的就业等各种压力纷至沓来，这对学生的影响可能不仅是思想上的，而且还有心理上的，所以引导学生转变思想仅靠对学生的思想进行教育或学生自身的调节可能是难以见效的，因为学生的有些问题看起来是思想问题，实则是心理问题。所以教师应双管齐下，可另辟蹊径采用心理咨询的方法对学生进行心理干预，帮助学生理性看待自己，辅助学生解决思想上的问题，促使其全面发展。

2.重视社会实践的育人方式

学生的发展是全面的发展，在课堂中对学生进行的教育，满足不了其在新时代全面发展的需要，而且也难以满足新时代对其提出的新要求。实践是理论之源，学生需要亲自体验一些知识和理论，才能获得真正意义上的理解，同时可以将其用以指导自身实践，这就要求教育者应注重社会实践的育人性。

第一，注重社会实践的育人性，改变传统课堂的"孤岛"式教学。"实践教育是人全面发展的决定性因素"，教师不仅要使学生在课堂中学习理论知识，而且还要使学生在实践中进行自我教育，毕竟生活是动态的，不是一成不变的。这种体验是学生亲身感受到的，不是通过表演、展览等伪装出来的，这就犹如人在水中学习游泳一样，其效果是真实的、有效的。另外，从纵向来看，社会是学生最终的归宿，从人生的发展阶段来说，学生的学校生活仅仅是其人生的一个阶段，然而人并不是只在学生时期需要教育,人生的不同阶段都需要教育,而且其内容因成长阶段的不同而不同,人的教育是一个终生的过程,那么这个教育的课堂就是社会这所学校。从横向来看,对学生的思想教育不能只在校园内进行,也要在校园之外开展,不能使学生成为在校园之内是道德的人,校园之外就是"无恶不作"的人。所以转变教育方式,引导学生进行社会实践是非常必要的。

第二,注重社会实践的育人性,改变传统的"知识性"教学。学生的发展是整体的、全面的发展,学生全面发展的前提是掌握一定的知识,除书本知识外,生活实践中体验感悟到的知识同样也是学生全面发展不可或缺的一部分,且通过实践获得的知识更具"实战性"。回想人类最初的思想道德教育,毫无疑问都是在生活、生产中开展的。学生思想的改变需要一个过程,不是45分钟就可以"瞬间"改变的,而且这个改变需要课上课下协同进行。现在高校对学生的思想政治教育以教材为基础,在课堂中进行,在科学世界中进行,但是这样的教育是不全面的,因为科学世界是以生活世界为根基的,是从事专门教育活动和知识传授的世界。所以,生活才是对学生进行思想政治教育最基本、最全面的世界。"纸上得来终觉浅,觉知此事要躬行",学生在课堂中、教材中学到的关于道德教育的知识,是普遍且具有共通性的,而社会生活中有大量的道德教育知识是不可言说,且对学生思想影响具有一定特殊性的。有些道德教育知识是"搬"不到教材中去的,是教育者说出来,但学生不一定能真正深刻领悟到的,需要学生亲身体验才能体会、感悟出来。因此,教育者必须创新教学方式,引导学生在生活中进行实践、体验、感悟,使学生游离在科学世界和生活世界中,做一个全面发展的人。

(三)教学过程要以学生为本

1.尊重学生的主体地位

教育者要想激发学生对学习的兴趣,就必须转变教学方式,使"灌输式"教学向"启发式"教学转变,并且在教学过程中融入情感因素,激发学生在现实生活中践行知识的自觉性。

第一,使"灌输式"教学向"启发式"教学转变。在传统的"灌输式"教学过程中,教师常把学生当作接受知识的"器皿",这样的教学是一种"你打我听"的教学方式。教学活动的主要实施者是教师,学生是接受知识的客体,师生之间不是平等对话关系,教师是知识的"搬运工",搬运的知识就是"圣经",这样的教学是脱离生活世界的教学方式。与之相反的"启发式"教学是符合时代发展要求的教学方式,"启发式"教学强调教师要引导学生学习,做学生学习的"助产士"和"促进者",要求师生双方平等对话,一同探索真理。教育者在教学过程中,一方面要发扬教学民主,转变以往师生之间"主体—客体"的关系,建立一种"主体—主体"的交互式师生关系,在教学过程中做学生学习的"引路人",师生双方相互配合,从而实现预定目标;另一方面学生的很多感悟是在生活中体会出来的,在师生相互交流过程中,教师要调动学生关注生活的积极性,使之将知识的学习与生活紧密相连,寻找知识和生活的契合处和交汇点,这样就可以增加学生对生活的热爱之情,同时也可以形成良好的课堂学习氛围。因此,教学方式的转变,不仅是师生双方平等主体地位的体现,也是转变教育思想、提高教育质量的必然选择。

第二,融入情感因素提高学生将知识运用到现实生活中的自觉性。情感一直贯穿教育过程的始终,教育者在教学过程中做到以学生为本,与学生平等对话,可以激发学生学习的积极性。但是如果在师生交往过程中,教师不融入任何情感色彩,仅是"我说你听",那么师生之间的交往便是"冷淡"的;如果没有情感的"掺杂",那么教育者的教就仅仅是教,学生的学也仅仅只是学。所以教育者在教学中要投入情感,要进行有"温度"的教育。对教育者来说,在教育过程中以情感为基础,有情感地对学生进行有"温度"的教育,可以使教学内容直抵学生内心深处,触动学生心灵,从而达到预期目标。因此,一方面对教育者来说,教师应"换位思考",在教学过程中站在学生的角度,体会学生真实的情感,用"爱"去关心学生,用"情"去感化学生,缩短师生之间的心灵距离,这样教育效果必然会显著提高;另一方面对学生而言,在学习过程中如果能体会到情感的存在,那么必然会自己端正学习态度,如此对于知识的学习就不只是停留在认知层面了,而是更进一步达到对知识认同并践行的程度。另外,情感的存在可以使课堂变得更加"温暖",可以更好地吸引学生关注课堂、热爱课堂,因势利导,使其进一步关注生活、热爱生活,这就会形成一个良性互动,把"让我做"转变成"我想做"。因此,教育者在教学过程中,需要在尊重学生主体地位的基础上,融入情感因素,以激发学生对知识的渴求和对生活的热爱。

2.重视对学生的引导和针对学生的需要开展教学

生活化的教育方式不仅要靠教育者教育理念的转变,教学方式的创新,还需要教育者与学生"齐头并进",这样才能使二者相互促进、相得益彰,最终取得良好教育效果。为此,教育者在教学过程中要注重对学生的引导,并以学生的需要为导向来开展教学工作。

第一,注重教育者在教学过程中的引导作用。教育者是学生成长道路上的"领路人",应弘扬"工匠精神",潜心研究教育教学,注重自身在学生的学习和思想上的引导作用,做好方向的引领。要千方百计地调动学生学习的自主性,而不是"压迫"学生学习。一方面,教育者要引导学生转变其对待生活教育的态度和思想,改变自身以往"出力"而不"讨好""喊破嗓子"式的教学,这样的教学做的只是"无用功",教育效果只能是"事倍功半"。另一方面,倡导生活化的教育不仅是要教师转变教育理念和教学方式,更主要的是让学生转变思想,如果学生在教师的引领下在日常生活中做个有心人,关注生活对自身的教育意义,那么教育者取得的教育效果定是"事半功倍"的。所以教育者在教学过程中应有意识地引导学生关注生活,把生活的教育作用潜移默化地融入教学过程中,引导学生去认同和践行生活教育。因此,教育者有针对性地引导是取得绝佳教育效果的关键。

第二,以学生的需要为导向开展教学工作。首先,教育者要调整与学生之间的"焦距",近距离接近学生、观察学生、关心学生,做到从学生中来,到学生中去,深入"一线",了解学生的困难和思想上的"结",以学生的需要为教学的起点,根据学生关注的"点"制定具有一定针对性的教学方案。其次,在关注学生现实需要的同时,也应关注现实需求与长远需求的有机结合。教育者可以根据自己的教学经验和学生的需求层次,在满足现有需要的基础上,引导学生追求更高层次的需要,使之树立远大理想,进行自我教育,这样在既尊重学生主体地位的基础上,又对学生进行了"接地气"的教育。最后,多种途径满足学生的合理需求,无论是满足精神的还是物质的需要,目的都是在尊重和满足学生需要的过程中对其进行多方面教育。

(四)学校管理方式要贴近现实生活

学校对师生的考评方式和考核标准对师生的导向作用是巨大的,直接影响师生工作和学习的"着力点",所以学校必须从师生的现实生活和实际需求出发,来完善对师生的考核评价机制,为师生提供有针对性的工作和学习导向。另外,与学生每天相伴的校园环境,发挥着对学生隐性教育的作用,因此学校必须重视校园环境的育人作用,发挥其隐性育人功能。

1.改进对师生的考核评价机制

学生是活生生的个体,对学生进行评价的机制的优劣会影响其学习的自觉性。所以高校对学生的考评应改变传统的、单一的以"分数论英雄"的考评方式,倡导多样化考评方式和标准;关于教育者,应调整和完善考核方案,形成多层次、多样化的考核体系,进而找到二者之间的平衡点。

第一,优化对学生的考评方式,倡导多样化考评标准。学生的品德优劣不是一张试卷可以测出来的,对学生的考核评价应采取多样化的方式,这样可以对学生有一个全面的、全方位的了解,同时也可以改善学生过分追求分数的态度。

首先,完善对学生的考评方式。目前,学校对学生的考核评价仍以考试为主,如果一时难以改变这种评价方式,高校可以转变思想,更新理念,改变考试内容,围绕学生的实际生活设置适当的题目,如多使用生活中可见的类似案例,使育人和考试相向而行，实现考试和育人两不误。其次，注重对学生的过程性考核，关注过程性动态考核方式，引导学生参加志愿者等社会公益活动，在此过程中观察其思想和行为的变化情况，观察考核学生的实践和合作能力等。最后，实现评价主体多元化，对学生的考评只参考考试和社会实践等是不合理的，难以做到对学生的全面考核，高校可以探索除考试和实践之外的其他考评方式，如同学同伴群体之间互评，因为他们每天朝夕相处，互相"知根知底"，对彼此在生活中的表现了如指掌。同时还可以在教育者的引导下进行自我评价，虽然这种评价可能会出现"虚假"情况，但是学生在经过"扪心自问"这个"痛苦"的过程之后，对自己的思想定会有所冲击。总之，无论采取哪种评价方式，一定要形成考评合力，并且要健全考评结果的反馈机制，总结考评经验，从而制定更加有效的考评方案，更好地发挥考核标准的导向作用。

第二，调整教师考核评价导向，多方面完善教师考核评价标准。教育要发展，教师是关键，考评标准对教师的工作方式和教学行为具有较强的导向作用，决定着教育者将主要精力用在哪些方面，所以高校应结合学校教与学的实际情况，制定"个性化"教师考评要求。首先，在进行教师培训时，应注重对其进行有方向性的引导，将生活教育理念作为培训的重要内容和主要方面，引导教师在教学方式和教学内容方面下功夫，在考评时注重对教师生活教育理念、教学方式和教学内容生活化方面进行考评。其次，完善学生对教师的评价标准。在学生对教师进行教学评价时，把教师在讲授教学内容时是否与生活相联系，是否引导学生关注社会热点事件和热点话题，是否关注学生的思想状况，是否选取"接地气"的教育素材，是否制定贴近学生实际的教学目标等作为考核内容，发挥学生评价的反馈作用。最后，改进教师听课标准。把教师在讲授新课过程中是否关注生活，是否把知识与生活相联系，是否做到"以生为本"作为教师互评的参照标准。总之，通过完善对教师的考评标准，做到具体问题具体分析，制定符合本校实际的教师考核评价体系，来促进教学质量的整体提升。

2.注重发挥学校环境的隐性育人作用

学校必须重视校园环境的育人作用，物质环境和文化环境同等重要。

第一，注重校园物质环境的育人性。校园物质环境是有形的，学生可以看得见摸得着。除了注重校园建筑等大型环境的育人性，还应关注校园小型环境的育人性，如在食堂、图书馆等地张贴相关育人标语，这些看似不起眼的标语，对学生思想的影响却是无声的。图书馆是学生学习的"主阵地"，教学楼是传授知识的主要场所，工作人员可以在图书馆和教学楼等主要场所摆设一些雕塑、名人画像等具有文化底蕴的物件，将没有生命的建筑赋予生命和灵性，这样可以使对学生的教育达到事半功倍的效果。另外，食堂、宿舍和图书馆等地的工作人员"时刻"

陪伴在学生的校园生活中，他们的言行或多或少地都会影响学生的思想，如果他们素质既高又能够尽心尽力做好本职工作，那么学生感受到的美好对其思想的影响可想而知。所以，学校对他们应做到定期培训，以提高他们的整体素质，进而发挥服务育人的作用。

第二，注重校园文化环境的育人性。校园文化环境是无形的，但是对学生思想的影响却是巨大的。它可以陶冶学生的情操，塑造学生的品格。另外，"活动是进行隐性教育的最好方式，是隐性思想政治教育的主要渠道"。在校园内开展积极向上、丰富多样、有艺术气息的文娱活动是对学生进行隐形教育的有效途径，学校必须充分利用校园活动的隐性育人作用，既要调动学生参与活动的积极性，又要结合活动对学生进行思想政治教育，从而实现全程育人、全方位育人。首先，学校可以利用重大节日的教育作用，如在抗日战争胜利纪念日、国庆节等这些非常具有纪念意义并可以"点燃"学生内心"火焰"的节日里举行各种各样的活动，以激发学生的爱国之情和报国之志。其次，学校可以利用大型会议开闭幕式、升国旗仪式等具有仪式感的活动对学生进行思想政治教育。最后，学校可以组织学生观看具有代表性的党和国家的一些重要会议，如党的十九大开幕会等，这对学生思想的影响是不言而喻的。通过对校园文化环境不同方面的关注，形成拼搏、向上、进取的校园文化氛围，这对改善和提升学生的思想境界是不可或缺的。

二、"融入式"实践教学模式

"融入式"高校思想政治工作坚持以人为本的理念，注重潜移默化地育人，鼓励实践教学，坚持因材施教的原则；利用各种信息媒体的融入以及各种思维水平训练的融入，在具体的实践教育工作中实现了显性和隐性教育的结合；同向联系与反向联系的结合，文化资源与教育资源的融合，提高了高校思想政治教学的实际效果，进一步推动了高校思想政治课程教育体制的革新。

（一）"融入式"实践教学的方法

"融入式"高校思想政治理论课教学在原有的思想政治教学形式的前提下，利用人文精神培养的融入、网络宣传媒体等的融入，构建了一种让高校学生喜爱的、生动有趣的思想政治教学模式。

1.融入人文情怀培育

高校学生的人文精神关系到学生情绪、生活态度和价值观等各个层面。对思想政治教育工作者而言，其不但要有科学精神，而且还要有良好的审美能力和思想政治素养，因为学生的思想政治素养直接关系到国家的未来。人一生的发展，需要优秀的内在，将人文情怀融入思想政治工作中，可以更好地实现这一目标。

因此，高校要注重人文情怀的融入，积极探索思想政治教育的新模式。

例如，天津大学2015级马克思主义学院硕士生班积极响应国家"全民阅读"的号召，丰富学生精神文化生活，营造高雅校园文化氛围，定期举办"含英咀华，书香思政"师生读书分享会，笃行了"进德、修学、储能"的育人理念，学生在潜移默化中受到文学的熏陶，综合素质得到提升；其把握学生思想动态和生活特点，立足学生实际，为学生提供良好的学习生活氛围，定期开展微视频大赛，在各种比赛与集体活动中进一步融入人文情怀。

另外，该学院注重专业内涵建设，注重人才培养，立足学科和专业建设，狠抓教风、学风、考风，开设诚信考场，首次开展无人监考，得到了教师、领导的一致认可。通过融入人文情怀，其取得了思想政治教育育人的良好效果。

2.融入网络宣传媒体

运用网络技术强国需要网络传媒把思想政治教育渗透其中。思想政治教学的新媒介必须同传统媒介融合。现在微文化发展的速度很快，高校学生的选择面也很大，高校如果仅把过去教学的内容和形式如法炮制，那么将很难产生效果，应当正确把握现代高校学生的思维和行为方式，从他们的现有生活中找到有效的方法。

所以，高校要接受大学生接收信息途径的新变化，全面运用网络丰富的传输方法和科学的传媒技术，适应时代的需要，加强思想政治教育，建设校内新颖时尚的视听媒介生产和播放平台。加强学生的主人公意识，调动他们参与学校思想政治宣传教育工作的积极性。面对网络对当今思想政治教育的影响和挑战，各高校应坚持教育与服务相结合，调动学生参与的积极性，推进网络宣传媒体的融入，充分运用毕博网站、QQ练习等方式进行形式多样、让人喜闻乐见的思想政治教育。

（二）"融入式"实践教学的经验总结

在高校思想政治教师的带领下，这种"融入式"的思想政治教学旨在加强课堂教育、具体的实践教育、信息教育的密切联系，体现思想政治教学的政治性、情感性、灵活性，全面提高高校学生的思想政治水平，让他们能够健康成长。

1.坚持以人为本的理念

高校作为社会主流思想意识形态存在发展的主阵地和先进思想传播的前哨，承担着革新和发展思想政治工作形式的重任。而"融入式"的思想政治课程教育体制改革的创新必须满足人的全面发展的要求，既需要立足高校实际，坚持全员、全程、全方位的运行机制，面向全体、基于专业、强化实践、贯彻始终，一切从大学生的实际出发，又需要强化对学生人文情怀与认知能力的培养，在育人的核心理念上坚持以人为本。厦门大学在思想政治理论课的实践教学中，坚持教师带队，组织学生参加一系列的实践教学活动，并取得了丰硕成果。从人可以全面发展的视角来看，本着对人无声影响的原则，切实地实现了尊重每一个人，关心每一个人的切身利益，激发人的潜能，激活人的创造力，并通过一系列摆事实、讲道理的启发性思维，满足学生个性发展的需要，使学生多方面的潜能都能得到充分发挥，从而促进个人的发展与整个社会的进步。

2.坚持因材施教的理念

如果要使高校学生的思想政治教育学工作获得实际效果，那么这一学科的教师就应该改变传统的方法，因人施教，提高学生的整体素养，创新思想政治教育思路，以提升"融入式"思想政治理论课的针对性。高校思想政治教育的对象是在校大学生，"融入式"高校思想政治理论课教学体系的创新需要面向全体大学生，其要求教师运用不同的思想政治教育方式，因时、因地、因人而异地正视矛盾的特殊性。

一方面，针对不同阶段的工作任务开展教育，分段培养。学生思想的多元化决定了思想政治教育不同阶段教育方式的多样性，学校可根据学生入学时间的不同，确定不同阶段的教育目的和计划。学期开始，可以帮助他们制定好发展规划，在课程教育体制方面应体现分阶段教育的思想，思想政治理论课的教学内容须与时俱进，教师应不断丰富学生的基本理论知识，促进学生学业水平的提高和学习能力的提升。一段时间后可以关注他们的心理问题，重视心理辅导，妥善处理好他们在校期间的各种心理问题，指导工作的重心应放在他们实际工作能力的养成方面，帮助学生把知识转化为能力，进一步提升学生的整体素养。后期应做好他们的就业培训工作，协助他们制定人生和职业发展的规划，进一步引导毕业生树立正确的就业观、择业观和创业观，正确掌握社会环境对人才的不同需要，积极创造全面培养人才的新局面。

另一方面，针对不同的对象进行分门别类的教育。在学校生活中，有关部门必须重视对困难家庭学生的照顾和帮助，特别是对那些单亲家庭的孩子要给予更多的关爱，对他们的心理问题给予疏解，帮助其树立正确的世界观、人生观、价值观，以更加积极健康的心态融入集体，使思想政治教育工作更富人情味，进一步提升学生的整体素养。

3.坚持理论与实践相结合的理念

传统的思想政治理论课长期以灌输的方式进行，而且一般都限于课内，这并不能消除学生的思想和心理障碍，所以思想政治教育工作的实效性问题还不能得到很好的解决。"融入式"思想政治工作培育目标与思想政治理论课的目标相一致，意在鼓励实践教学，打通第一课堂与第二课堂的关系，辨别内需与外需的关系，处理好理论与实践的关系。在重视理论教学的同时，还应发挥实践教学的重要作用，坚持把理论教学与实践教学结合起来，这是提高高校思想政治理论课实践教学实效性的有效途径。

开展红色案例专题教学，就是坚持理论教学与实践教学相结合。具体而言，即一方面通过课堂理论教学，对每个案例进行理论分析和讲授，使学生获得理论认识；另一方面通过实践教学活动的组织与体验，使学生进一步获得情感认知，更加深化对理论知识的理解，从而能够在实践中更好地运用所学的理论知识来观察、分析和解决问题，不断提高他们的实践能力和认识能力。

长期以来，中央财经大学思想政治课程教育工作者在工作实践中十分注重第一课堂与第二课堂的结合，主张将高校思想政治理论课主渠道与其他思想政治工作相融合。其中，第二课堂等相关内容可以借助第一课堂进行理论的梳理和总结，第一课堂讲授的内容可以通过第二课堂进行实践的锻炼与完善。思想政治理论课任课教师、党团工作者、辅导员等如何沟通联系是关键问题。在第二课堂的实践教学中，中央财经大学将第一课堂的教学内容灵活地运用到第二课堂中，开展了"两个论坛，一个讲座，三种活动"，增强了第二课堂的生动性和趣味性，使思想政治教育成为大学生喜闻乐见、愿意接受的主流意识形态教育。

此外，中央财经大学社会学系在坚持本科生导师制的基础上，尝试让思想政治理论课教师从"经师"向"人师"转变，让思想政治课产生一个新型的联系，探索实践教学新模式，并一直延续下去。开展了在思想政治理论课教师引导下的学生自主学习、师生平等交流的读书会活动，以社会科学和流行书目为载体，扩充了学生的理论知识。通过定期举办学术沙龙，重点培养了学生的阅读、思考、分析、解决问题和交流表达能力，锻炼了学生自主、平等、开放的学习能力。第二课堂的开展，进一步提升了实践教学的有效性，开创了思想政治课程实践教育的新高度。

（三）"融入式"实践教学模式的发展特色

"融入式"思想政治课程在实践教学中实现了显性与隐性结合、正向与反向联系，也是高校思想政治课程体制的革新和大胆的探索。

1.隐性教育与显性教育相融合

"融入式"高校思想政治教育工作使整个校园的物质环境、精神文化环境和学校组织的各种活动与思想政治教育本身的内容有机结合，实现了显性与隐性教育的结合。高校改革之后，学校的环境和人文精神构成了一个整体，这对于学生思想政治素养的提升起到了至关重要的作用。

并且，"融入式"高校思想政治教育十分重视高校文化方面与思想政治课程有关的隐性教育。假如高校的外界条件是高校精心准备的自然环境，属于隐性思想政治教育的组成部分，那么学校的组织和制度则是一种显性教育因素。"融入式"大学生思想政治工作的隐性教育就是营造一种浓郁的人文气氛，这种文化氛围能表现高校的个性和本质，也就是高校的校魂。所以，高校在"融入式"思想政治课程开发的过程中，应立足于人的文化和精神方面的总建构，并且同显性的思想政治工作有机地结合起来，通过各种活动实现培养教育学生的目标。

2.正向衔接与逆向衔接相融合

正向衔接，即按照时间的同一性，依照从以往到目前、从过去到现在的时间次序，完成高校思想政治教育改革和创新的目标。"融入式"高校思想政治教育应重视实践与教育的关系，不管是对基本概念还是理念的阐释，教师都必须向学生介绍以前和现在的研究成就，只有在学生了解以往思想政治教育成就的基础上，教师才能在以后思想政治教育方面有所创新。然而，逆向衔接也能出奇制胜，效果显著。所谓逆向衔接就是以目前思想政治教育中出现的各种现象和问题为出发点，回溯以往，深入探索当代思想政治教育工作的思想根源和历史文化的关系，进而实现现代与历史的高度统一。"融入式"的教育方法在具体运用的过程中，把正向的衔接和逆向的衔接进行了统一，目的是使高校学生在实践中可以感悟深厚的思想道德文化内容，这对高校思想政治课程教育体制的创新也是一种可贵的探索。

3.文化资源与教育资源相融合

为实现文化的教育价值，高校应将文化资源以各种生动活泼、学生喜闻乐见的形式引入思想政治理论课的教学实践中；在整合文化资源的基础上，遵循思想政治教育的特征和原则，根据时代变迁的要求赋予文化资源以时代意义，从而进一步实现文化资源与教育资源的融合；文化资源与教育资源相融合的过程，不是对文化的简单梳理和对教育的简单过渡，而是一种自然的转化过程。在教学实践过程中，教师应充分尊重学生主体对文化继承的自觉性和能动性，帮助和引导他们在文化学习过程中主动与教育资源融合，践行"知行合一"的理论，推陈出新。

第六章 新时代高校思想政治教育与创新创业教育融合的探索

思创融合模式主要是指将创新创业和思政教育融合在一起而形成的新的育人模式,是新时代思想政治教育工作的新事务,主要表现为思想政治教育与创新工作融合及思想政治教育与创业工作融合两种形式。

第一节 思想政治教育与创新工作融合的基本问题

要实现思想政治教育与创新工作融合,需要处理好一些辩证关系。

一、处理好守正出新的关系

一方面,要理解"守正"与"出新"的含义。李树杰对此进行了深入的阐述,"'守正'是中国传统文化的核心价值。司马迁在《史记·礼书》中讲:'循法守正者见侮于世,奢溢僭差者谓之显荣。'乃是针砭时弊,强调要恪守正道。'正'者,大道也。既包含道德操守,又包含客观规律,还包含正确理论。从哲学上讲,它是事物的本质和规律。一切被实践所证明了的正确东西,以及从无数次成功失败中得出的宝贵经验,都谓之为'正道'"。

"出新,则是创新、变化。哲学家说:世界上唯一不变的是变化。《吕氏春秋》中也说:'治国无法则乱,守法而弗变则悖,悖乱不可以持国。世易时移,变法宜矣。'有位著名企业家畅谈成功的秘诀也是一句话:'拥抱变化'。事物是发展变化的。守正不是守成,不是冥顽不化。古往今来,适者生存。在不断变革的社会背景下,必须审时度势,推陈出新,与时俱进。抱残守缺,刻舟求剑,不思变化,只会越来越被动,越来越落后。"

另一方面,要理解"守正"与"出新"的辩证统一关系。李树杰对此也有进一步的说明,"'守正'是根基。我们需要与时俱进,不断顺应时代变革,但前提是把握事物本质、遵循客观规律。'马克思主义是我们立党立国的根本指导思想。背离或放弃马克思主义，我们党就会失去灵魂、迷失方向。'习近平总书记在'七一'重要讲话中，就党和国家的发展，十分明晰地阐明了我们的坚守和根本。一些国家出现这样那样的问题，原因很多，但在守正与出新中迷茫，盲目求变而失去根基，是其重要原因"。

"'出新'是希望。当年列宁把马克思和恩格斯提出的社会主义革命只有在经济发达的西方几个国家同时发生才能取得胜利的'同时胜利论'，发展为社会主义革命在一定条件下可以在一个经济文化比较落后的国家首先取得胜利的'一国胜利论'，这就是对马克思主义的'出新'。这样的'出新'带来了十月革命，也带来中国新民主主义革命。改革开放以来，世界和中国都发生了重大变革。今天，时代变化和我国发展的广度和深度远远超出了马克思主义经典作家当时的想象。'面对新的时代特点和实践要求，马克思主义也面临着进一步中国化、时代化、大众化的问题。马克思主义并没有结束真理，而是开辟了通向真理的道路。'我们必须大步向前，结合新的实践不断作出新的理论创造，用发展着的理论指导发展着的实践，才能在变化的节律中不失方寸。"

二、在实际工作中处理好守正和出新的关系

要实现思想政治教育与创新工作融合，守正是基础。所谓守正就是坚持思想政治教育工作的基本规律。这就需要做好如下两项工作：第一，要认真学习习近平新时代中国特色社会主义思想；第二，要认真学习马克思主义经典著作。

当前在思想政治教育工作队伍中，尤其是一部分高校辅导员认为马克思经典著作太深奥、读不懂，平时只注重学习文件，害怕学习经典理论；甚至极个别高校辅导员经典著作读得很少，这就导致其理论功底较差，直接影响了守正的效果。

在实际工作中出新就是要认真领会"因材施教"的多样性，要努力做到"因地施教"（充分考虑学校所在地区的经济文化发展特点开展思想政治教育工作创新）"因校施教"（充分考虑学校的类型特点开展思想政治教育工作创新）"因科施教"（充分考虑具体学科的专业特点开展思想政治教育工作创新）"因课施教"（充分考虑不同类型课程的特点开展思想政治教育工作创新）"因师施教"（充分考虑教师专业优势特点开展思想政治教育工作创新）"因生施教"（充分考虑生源特点开展思想政治教育工作创新）。

同时，还要注意不要受传统观点中"创新与传统观点格格不入的思想"的影响。许多创新都是在打破旧有观点和观念的基础上实现的，没有旧有的事物作基础，任何新事物都无法产生，创新本身就是一个辩证否定的过程。批判地继承绝不等于全面打倒，与传统观点有差异更不等于与传统观点格格不入，这才是守正

出新的精髓。

三、处理好思想政治教育主体渠道与辅助体系的关系

要实现思想政治教育与创新工作融合，需要讲好思想政治理论课，做好日常思想政治教育工作，同时还要做好课程思政。

推而广之，就会发现课程思政与思政课程以及日常思想政治教育工作同等重要。一方面，思想政治教育工作者不要不愿意与专业课教师交流，不要自我封闭；另一方面，专业课教师也要主动研究思想政治教育工作的规律，实现课程思政。中国戏曲学院、中央美术学院、中国音乐学院、北京服装学院、北京舞蹈学院开展的课程思政就是典型的成功案例。几所学校发挥本校艺术大师众多的优势，开发"艺术名家领读经典"市级思政课，艺术领域名家以自己的学术理念对学生们循循善诱，专家以丰厚的学养、诙谐的语言讲述艺术的传承与创新，让同学们受益匪浅，对传承与创新有了更深层次的理解，实现了思想政治教育与创新工作的融合。该课程也吸引了很多校外教师和研究者前来旁听，取得了很大成功。

第二节 地方高等院校开展中国近现代史纲要课程的创新探索

思想政治教育与创新工作的融合涉及很多内容。在思想政治教育领域，加强党史、国史教育，通过学习历史，引导大学生树立正确的世界观、人生观、价值观，意义十分重大。

2013年，习近平总书记在中共中央政治局就中国特色社会主义理论和实践进行第七次集体学习时强调："历史是最好的教科书。学习党史、国史，是坚持和发展中国特色社会主义、把党和国家各项事业继续推向前进的必修课。这门功课不仅必修，而且必须修好。"这就要求青年大学生要继续加强对党史、国史的学习，在对历史的深入思考中做好现实工作，更好地走向未来，用奋斗的青春交出满意的时代答卷。在实现中华民族伟大复兴的道路上，学习历史意义十分重大。中共中央宣传部、教育部发布的《〈中共中央宣传部教育部关于进一步加强和改进高等学校思想政治理论课的意见〉实施方案》，将中国近现代史纲要定为本科生四门必修课之一，明确规定："开展中国近现代史的教育，帮助学生了解国史、国情，深刻领会历史和人民是怎样选择了马克思主义，选择了中国共产党，选择了社会主义道路。"

一、地方高等院校开展中国近现代史纲要课程教育创新的总体思路

在地方高等院校开展中国近现代史纲要课程教育的创新实践，需要做好三项

工作，即激发中国近现代史纲要课程教师开展教育创新实践的欲望、处理好中国近现代史纲要课程教育创新实践过程中所涉及的典型关系、建立中国近现代史纲要课程教育创新的保障体系。

（一）教师参与教育创新实践是实现中国近现代史纲要课程教育创新目标的基础

1.中国近现代史纲要课程教师开展教育创新实践的价值分析

在以往的中国近现代史纲要课程教学活动中，部分课程教师认为，中国近现代史纲要课程理论与教学方法的研究只是该课程教学专家、课程负责人或专门研究者的事，与自己毫不相干。这种情况导致部分教师主动认识问题、解决问题和对自己的教学行为反思的意识逐渐减弱、淡化，他们的工作也就成为一种单纯的执行教学计划的行为。然而，课程理论研究的成果表明，教师在开展中国近现代史纲要课程教育创新实践方面有着得天独厚的优势，他们不仅处于最佳研究位置，还拥有最佳的研究机会。所以，教师自己要敢于开展研究，制订研究计划，收集和研究反馈信息并调整行动、评价结果、应用研究成果等，这些正体现了教师的主体作用。当然，为了提高研究的质量，取得更好的教育创新实践成果，要有专业研究者、专家学者的指导，并与参与中国近现代史纲要课程的教师一起开展研究，这也是中国近现代史纲要课程教学活动实践中迫切需要解决的问题。因此，教师在开展研究活动时必须根植于中国近现代史纲要课程的教学活动，广泛收集信息、发现问题、研究问题、解决问题。

在具体的课程教学实践研究中，研究的过程具有系统性和开放性。系统性表现为研究活动的开展有一般的操作程序。教育创新实践是一个螺旋式的发展过程，是一个由计划、实施、观察和反思四个环节构成的循环往复的运作系统。因此，研究计划应有充分的灵活性和开放性，通过不断的观察和反思，重视中国近现代史纲要课程教学活动中出现的新问题，依据发展中的实际情况，研究者可以修改部分实施计划，也可以修改总体计划，甚至可以更改研究课题。

2.中国近现代史纲要课程教师教育创新实践能力的培养思路

中国近现代史纲要课程教学实践研究是教师研究教学工作、培育教学工作理念、改进并提高教学质量、实现教师专业发展的重要手段。因此，在开展中国近现代史纲要课程教育创新实践中，要注意培养教师的四种能力。

（1）培养教师对中国近现代史纲要课程教学问题的敏感性。教师要以积极、探究的心态留心观察身边正在发生的各种与中国近现代史纲要课程教学相关的现象，并在初步分析的基础上提出问题。在长期的教学活动实践中，有些现象司空见惯，教师很容易将所遇到的问题看作理所当然的，不加以质疑。因此，要培养教师对中国近现代史纲要课程教学问题的敏感性,并深入思考其意义。

(2)采用灵活的研究方法。如文献研究、调查研究、中国近现代史纲要课程教学观察、个案研究、经验总结、中国近现代史纲要课程教学测量等。教师应根据实际情况,选择适合解决问题的方法与途径,并在此基础上,拟订科学合理的研究计划,确保行动研究在一段时间内取得明显成效。

(3)收集详细资料。中国近现代史纲要课程教育创新实践就是一个总结、研究、积累资料并逐步提升的过程,其成功与否取决于收集的资料是否真实可信。这就要求教师要用心观察,努力记录,缜密思考,尽可能收集第一手资料,观察、深入访谈、进行文件分析等。

(4)增强合作与交流。中国近现代史纲要课程教师开展教育创新实践,需要本课程组教师的共同参与和合作,开展多层次研究,比如,可以参与各类研讨会、座谈会等,也可以与其他学校学者、专家真诚合作,共同研究,交流经验,这样才会使教育创新实践产生理想的效果,教师才能不断成长与提升创新能力。

(二)中国近现代史纲要课程教育创新需要处理好的几对关系

中国近现代史纲要课程教育创新实践是各高等院校做好党史、国史教育工作的重要手段,在这一过程中,需要关注和处理好如下几对关系。

1.正确处理好本科政治课与高中历史课的关系

在目前中学的历史课教学大纲中,中国近现代史是必修内容,其课程定位是中国通史的重要组成部分,教学内容涉及政治、经济、文化、教育、社会、军事、外交等诸多方面。因此,是一门历史课课程,课程教师也是历史教师。《中共中央宣传部教育部关于进一步加强和改进高等学校思想政治理论课的意见》,将"中国近现代史纲要"定位为四门本科生思想政治教育理论课之一。该课程的教学目的是通过对中国近现代基本史实的讲授,重点讲清"三个选择",即历史和中国人民怎样选择了马克思主义、中国共产党的领导、中国特色社会主义道路。上述问题是中国近现代史的基本问题,也是当代中国政治领域的重大问题。"三个选择"是中国近现代史纲要课程的教学重点。

从上述分析不难看出,作为本科政治课的中国近现代史纲要与高中历史课虽然都要讲授历史,但其属性是不同的。历史课要求学生掌握历史知识、重大历史事件及其意义。政治课的教学目的是帮助学生树立正确的世界观、价值观、人生观,坚定学生对马克思主义的信仰,对中国特色社会主义的信念,对改革开放和社会主义现代化建设的信心,对中国共产党的信赖。虽然两者属性不同,但是中国近现代史纲要课程教学要遵循马克思主义学科的教学规律,使用马克思主义处理好两者的关系,就需要教师做好两方面工作。一方面,教师要时刻强化政治意识，在教学和考试中严格按照政治课教学规律办事。在具备丰富的历史知识的基础上，掌握马克思主义的历史观，时刻坚持将两者紧密结合，并将两者有机统一起来；另一方面，教师要加强自身马克思主义理论修养，尤其是提升个人马克思主义哲学素养，善于把历史现象上升到哲学高度，用抽象的理论教学和政治理论语言讲授课程，真正实现教学目标。

2.正确处理好课程理论教学与课程实践教学的关系

思想政治理论课教师的理论讲授十分重要，但是必要的实践教学环节也同样重要。由于当前大多数教学班的教学规模（单个教学班的人数）都较大，因此在当下中国近现代史纲要课程教学中的实践教学活动场所主要是课堂。要做到理论教学与实践教学环节有机结合，需要做好以下工作。

首先，坚持用理论指导实践活动。正如前文所述，中国近现代史纲要课程是通过历史事实来实现讲清"三个选择"，因此仅仅靠教师的讲授难以达到最佳的教学效果，应组织学生参加教学实践活动，让学生把学到的理论应用到解决社会现实问题中去。这就要求教师在理论教学环节要努力把理论讲透，让理论成为实践活动的指南。学生在实践活动中要主动使用所学到的理论解决实际问题，使实践活动成为证明理论正确性的有效途径。

其次，要始终坚持以教材和大纲为指南。在中共中央发布的《关于进一步繁荣发展哲学社会科学的意见》中，提出实施马克思主义理论研究和建设工程。当前，国内高校使用的《中国近现代史纲要》教材，都是由国家统一组织编写的、纳入马克思主义理论研究和建设工程的教材，具有高度的科学性和权威性。任课教师在授课和设计实践活动过程中，要始终围绕教学目的，遵循教材的基本观点、基本结论，以及对一些历史事件和历史人物的基本评价，即便是在实践教学环节，教师也不能根据自己的想法任意发挥。

最后，分析当代大学生的思想特点和行为特征。当代中国正处于一个高速发展的时期，社会、经济飞速发展以及社会上不同媒体传播的信息，都对大学生的思想和行为产生着巨大的影响。教师在理论教学中要强化正确的思想导向，教育学生用正确的思想思考、解读现实问题。在实践教学中有的放矢地设计实践环节，激发学生独立思考的意识，引导学生积极参与实践教学，努力达到中国近现代史纲要课程教学的实效性目标。

3.正确处理好必修课课内教学与课外活动的关系

在必修课课内教学的基础上，开展课外参观和社会调查活动是提高中国近现代史纲要课程教学效果的重要手段。在具体工作中，需要关注如下几点。

首先，坚持用现代教育理念处理两者关系。传统教育理念指导下的教学工作是以教师讲授为主，强调知识的讲解，而现代教育理念重视学生在教学中的主体性的发挥。因此，在课内教学过程中，教师要坚持传授知识与传授方法并重；在课外活动环节要激发学生的创造性思维，实现创造性解决问题的目标。这就要求教师要有针对性地设计课内教学内容和课外活动教学环节，实现两者有机结合、有效衔接。具体表现在：组织、引导学生主动参与课外活动，努力为学生创造独立思考、自由发挥、自主学习的时间和空间；理性认识历史、理性认识社会，促进学生认知和情感的全面和谐发展；提高学生的综合素质，实现从专才教育向通识教育转变的目标。

其次，要注意两者教学内容设计上的差别。必修课课内教学，可以按照统一大纲设计教学内容。课外活动则可以在正确思想的引导下，认真调研、收集、整理学生对于中国近现代史中典型问题的疑点、困惑，结合社会热点设计具体的活动方案。例如，在抗日战争胜利70周年的背景下，就可以组织学生参观中国人民抗日战争纪念馆，组织学生调研城市周边的抗日战争遗迹、遗址，访谈抗日战争亲历者等。

最后，要注意两者教学环境的不同。必修课课内教学环境是课堂，课外活动大多是校外公共场所。因此，开展课外活动要加强社会基本公德规范和安全教育，提醒学生注意自身和学校的形象，杜绝不良行为，促进学生全面健康发展。

4.正确处理好思想政治理论课必修课与选修课的关系

教育部发布的《高等学校思想政治理论课建设标准（暂行）》指出，"积极创造条件开设本科生和研究生层次思想政治理论课选修课"，说明了开设思想政治理论课选修课的重大意义。但是，在执行过程中如何处理好思想政治课必修课与选修课的关系，是一个崭新的话题。

中国近现代史纲要课程是本科生必修课，由国家统一制定教学大纲，全国著名专家编写教材，并且不断提供教学辅助资料。与中国近现代史内容相关的公共选修课，是根据教育部的指导意见以及本校实际情况设计的课程，教学大纲是授课教师根据所在学校的规定编写的，一般没有教材，教师建议学生阅读一些课外图书。这种公共选修课大多数是选择一类历史事件开设课程，比如，以红色影视作品赏析的形式出现的艺术欣赏课、与革命传统教育相结合的课程，或者以某一具体历史阶段为背景开设的课程。

教师在设计和开设与中国近现代史内容相关的公共选修课时，应当注意以下几方面。

首先，教师要认识到所有的思想政治理论课都是为培养学生树立正确的世界观、人生观、价值观、历史观而开设的。同时，要认识到思想政治理论课选修课起的是辅助作用，要和必修课的教学理念保持一致。

其次，教师要认识到思想政治理论课选修课应有完备的体系，而完备体系的建立是在党和国家思想政治教育的指导思想下进行的。

再次，教师要认识到中国近现代史纲要课程是以整个历史脉络为教学内容的，思想政治理论课选修课可以选择一个点作为其课程教学体系设计的指导。在相同的教学指导思想下，前者要保证教学内容的全面性、系统性，后者可以用一个角度实现讲清"三个选择"的目标，两者可以互为补充。

最后，教师要认识到中国近现代史纲要课程虽然也需要引入现代教学的方式方法，但要根据教学大纲的要求进行选择。为了激发学生的学习兴趣，可以选择一个历史阶段作为教学重点，也可以适当运用影视类教学辅助材料，但这类辅助材料要少而精。

（三）建立中国近现代史纲要课程教育创新实践的保障体系

结合调研，笔者认为，要实现中国近现代史纲要课程教育创新实践目标，就需要营造良好的外部环境。因此，建立中国近现代史纲要课程教育创新实践保障机制十分必要。要实现这一目标，需要做好以下工作。

1.建立为教育创新实践服务的教研组织

中国近现代史纲要课程教研组织是保障中国近现代史纲要课程教学工作顺利进行的基础，也是开展中国近现代史纲要课程教育创新实践的载体。该教研组织一旦成立，就可以发挥做好中国近现代史纲要课程教学教育工作的功能，实现中国近现代史纲要课程按照国家教学大纲要求开展教学工作的目标。事实证明，中国近现代史纲要课程教研组织建设是促进中国近现代史纲要课程教学效果不断提高的保障。

中国近现代史纲要课程教研组织是以完成课程教学任务为主要职责的机构，它具有管理、指导、执行等功能，是开展中国近现代史纲要课程教学工作的重要保证。加强中国近现代史纲要课程教研组织建设，教师就可以不断领会中国近现代史纲要课程教学的新思路，不断丰富教学体系，探索教学新方法。

2.教师在职培训制度保障

为了加强中国近现代史纲要课程教学工作的管理力度，保证日常教学工作和教育创新实践活动的顺利开展，必须深入研究、认真思考，制定有关中国近现代史纲要课程教学工作的管理制度，并在实施过程中不断完善，使中国近现代史纲要课程日常教学工作和教育创新实践活动有章可循，保证其走向科学化、规范化。同时，为了提高教师的教学能力和创新实践能力，可以制定中国近现代史纲要课程教师在职培训制度，并保证内容具体、翔实，富有操作性，培养一支高水平的近现代史纲要课程教师队伍，有力地保障中国近现代史纲要课程日常教学工作和教育创新实践活动的顺利开展。在具体工作中应当围绕中国近现代史纲要课程的目标，从五个方面培养教师的素质，即教学热情、教学品德、教学情感、教育创新意识、教学能力，制定具体的在职培训制度，尤其是分层培训（对课程负责人、教学骨干和全体教师分层次培训），通过课程负责人、教学骨干带动全体中国近现代史纲要课程教师。

（1）课程负责人培训。课程负责人要成为成功的管理者，有赖于自身对中国近现代史纲要课程教学相关理论素养的提高。任何有经验的课程负责人，如果不坚持不断地学习，仅靠经验并不能达到中国近现代史纲要课程教学所要求的高度。中国近现代史纲要课程教学理论素养的提高，不仅要通过不断的学习，还必须积极参加中国近现代史纲要课程教学研究活动，并在教学活动中把教学理论和教学实践结合起来，提高教学工作水平。在培训内容上，以提高被培训者的教学能力和教学情感为中心，不断优化本单位的中国近现代史纲要课程教学工作体系。在培训形式上，要采取半脱产分阶段集中辅导、与成功者交流经验、去其他学校参观学习考察等形式。培训可以包括三个阶段：一是读书交流与自主学习阶段，以自学、交流、研讨为主，总结学习体会；二是自主学习与实践创新阶段，在提高理论水平的基础上，考察先进学校经验，根据本校中国近现代史纲要课程教学工作的实际确定中国近现代史纲要课程教育创新实践的主题并开展实践活动；三是在理论与实践相结合的基础上，提升理论高度，提出具有一定理论价值的中国近现代史纲要课程教育创新实践工作方案。

（2）骨干教师培训。中国近现代史纲要课程教育创新实践工作全面启动需要一批课程教学骨干的带动，这一教育创新实践过程是课程教学骨干成长的必由之路，是"经验型"教师转变为"研究型""学者型"教师的捷径。通过培训，可以提高他们的专业知识、学术水平和教学能力，也可以培养他们的创新精神和实践能力，使他们在中国近现代史纲要课程教育创新实践工作中充分发挥带头示范作用。

（3）全体教师培训。中国近现代史纲要课程教学工作是以实现以人为本、促进大学生素质提升为教学目标的，对课程教师的角色提出了更高更新的要求。教师不仅要组织和完成教学活动，还要成为大学生素质提升的帮助者、指导者、促进者和合作者，成为中国近现代史纲要课程教学资源的开发者、研究者和使用者，成为中国近现代史纲要课程教育创新实践活动的组织者、探究者和实践的反思者。培训活动是教师转变角色的重要手段，培训方式要注重针对性和实效性。在对全体教师的培训可分四个阶段。一是学习阶段。从教师教学能力不断进步和终身学习的战略高度出发，本着前瞻性与实效性相结合、专业知识与教育研究方法相结合的原则，建设开放性培训体系。组织广大中国近现代史纲要课程教师深入学习中国近现代史纲要课程教学理念，开展中国近现代史纲要课程教学的专题研讨，组织以座谈会形式谈体会、讲经验，让广大教师充分认识到培训对自身成长和发展的重要作用，从而不断强化课程教学意识。二是反思阶段。在教师培训过程中，被培训者的反思能力可以通过各种干预性研究得以加强，所以培养教师的反思能力是关键。教师要善于在中国近现代史纲要课程教学实践中形成问题意识和研究意识，开展"反思自查"活动，要对自己的实际工作进行反思，并做笔记。三是提出问题阶段。根据反思结果，大胆提出问题，并运用教学理论提出中国近现代史纲要课程教育创新实践相关问题的假想、解决。四是课题立项阶段。在对实际问题的假想和解决中，提出自己要研究的课题。通过这四个阶段的落实，强化教师的教学意识，提高他们的教学能力，使教师认识到开展中国近现代史纲要课程教育创新实践必须立足本校实际，必须牢牢地根植于具体的教学实践，运用理论指导实践，最终达到解决问题、提高中国近现代史纲要课程教学工作水平的目的。

3.中国近现代史纲要课程教育创新实践的经费保障

中国近现代史纲要课程教育创新实践既需要人的投入，也需要必要的资金投入。在具体工作中可以实施"中国近现代史纲要课程教育创新实践补贴"模式，扶持教育创新实践活动的开展，即结合具体的中国近现代史纲要课程教育创新实践活动设定目标，由教师提出教改设想，经过专家审查后确定教改活动，按照活动所需给予补贴。在活动完成后根据完成效果进行评价，并对效果较好者给予奖励。

4.中国近现代史纲要课程教育创新实践活动基地保障

要建设好中国近现代史纲要课程教学基地，主要应做好如下两方面工作。

一方面，建立中国近现代史纲要课程教学实践基地，发挥示范、辐射作用。在具体工作中，要加强组织领导，成立由教学部门负责人和合作基地负责人组成的基地建设领导小组，统一管理、协调基地建设工作，领导小组的主要工作由课程负责人承担。扶持重点，优先考虑课程教学实践基地所需的资料、信息，为每个教学基地创造开展实践教学工作的良好环境。积极引导普通教师在教学实践基地建设中充分发挥作用，抓关键，抓核心，以点带面，充分利用教学实践基地，带动课程教学水平整体提高。

另一方面，中国近现代史纲要课程教学实践基地的建设发展，离不开教学专家的引领。专家在高等院校中国近现代史纲要课程教育创新实践中的作用主要体现在四个方面。一是信息作用。由于专家身处著名高校或研究机构，长期进行中国近现代史纲要课程理论和教学研究工作，了解该课程教学的发展动态，掌握最新信息，会起到信息传播的作用。二是理论指导作用。相对于普通教师，专家们理论功底深厚，他们在传授理论知识、课题设计论证等方面都能起到指导作用。三是咨询服务作用。专家可以就教师在中国近现代史纲要课程教学活动中遇到的实际问题进行解答、分析等。四是培训师资作用。专家可以运用自己的学识、能力，通过讲座、课题参与等对教师进行培训，帮助教师提高课程教学工作质量。

二、地方高等院校中国近现代史纲要课程教育创新的具体对策

在技术创新领域，一些学者根据创新进入市场时间的先后，将技术创新分为率先创新和模仿创新两个基本类型。率先创新是指依靠自身的努力和探索，突破核心技术或核心概念，并在此基础上依靠企业自身的能力完成创新的后续环节，率先实现技术的商品化和市场开拓，向市场推出全新的产品或率先使用全新工艺的一类创新行为。在技术创新领域，率先创新都是根本性的创新，开辟的一般都是全新的市场和领域。模仿创新是指企业以率先创新者的创新思路和创新行为为榜样，并以其创新产品为示范，跟随率先创新者的足迹，充分吸取率先创新者成功的经验和失败的教训，通过引进、购买或反求破译等手段吸收和掌握率先创新的核心技术和技术秘密（以不违法为前提），并在此基础上对率先创新进行改进和完善，进一步开发和生产富有竞争力的产品，是参与竞争的一种渐进性创新活动。

在此应明确指出在技术创新实践中，率先创新与模仿创新两种工作模式是不能截然分开的，两种工作模式在战略层面、战术层面上相互渗透、交融。在率先创新中，系统核心技术或核心概念取得突破性成果的同时，要对于相关的辅助（或次要）子系统采用模仿创新模式以加快创新步伐与效率，节约资源，使创新活动实现事半功倍的目标。而模仿创新也应在取得即时成果的同时，充分消化吸收先进技术，寻求突破原有技术的途径，实现率先创新，以取得超越性成果。

在此，笔者将这两个概念引入中国近现代史纲要课程教育创新领域。笔者认为中国近现代史纲要教学中的创新实践活动是一项探索性的工作，在教育领域，模仿创新、率先创新与在技术创新领域的表现不同。因为，在物质产品生产领域产生的依旧是具体的物质产品，而在教育领域，模仿创新和率先创新产生的都不是具体的物质产品，而是一种工作理念或工作模式。因为成功者所处的环境、教育者、受教育者、教学内容等具体情况不可能与创新经验移植者的实际情况完全相同，所以采取模仿创新引进先进经验时，必须要根据自身实际有所创新，不能简单模仿，否则就会出现"南橘北枳"的现象。

由于一些地方高等院校人文学科发展不足，中国近现代史纲要课程教育创新实践活动大多难以实现率先创新。因此，根据学校的基本情况，分析学生和专业特点，开展模仿创新就成为地方院校的必然选择。以教育部印发的《高等学校思想政治理论课建设标准（2021年本）》为指导，以改革教学方法、优化教学手段为抓手，以改革考试评价方式为契机，建立健全科学、全面、准确的考试考核评价体系，注重过程考核理念，合理安排课堂教学时间，引导学生真心投入实践教

学，总体思路如下。

（一）引入学术性辅助教学手段

中国近现代史纲要课程是马克思主义学科体系中的课程，要开展教育创新实践应引入学术性辅助教学手段。一些地方院校要实现上述目标，模仿创新是必然选择，而学习研究著名高校的先进经验是第一步。笔者将介绍清华大学马克思主义学院蔡乐苏教授的中国近现代史纲要课程教学和考核体系，并以此为蓝本分析一些地方院校模仿创新的路径选择。

首先，根据清华大学创造的网络课堂硬件条件，课程开始后，蔡教授把课件及本课程建议学生阅读的书目全部放入该课程的网络课堂空间，这样选择该堂课的学生可以使用自己的课程密码进入空间获得教学资源，课上可以更专注于教师的教学，记笔记的重点就由记课件内容转换为记教师讲授的核心内容，拥有了更多的思考空间。其次，布置二选一作业：可以写一篇中国近现代史人物传记，以人物为蓝本，鼓励用古文写作；也可以选择周恩来、宋子文、胡适等历史人物撰写小组课堂展示材料。最后，参加教师组织的课外初选，被初选选中的最优秀的作业进行课堂展示。参加初选者所提交的材料与所写的人物传记作业计入学生50%成绩，与课程结束后开卷考试的50%成绩合计为总分。

以北京农学院为例，因地处北京，学校硬件条件要好于地方同类学校。但是，校园网也难以支撑大量教学资源访问；同时，学生学习的主动性是无法与清华大学学生相比的。因此，不建议课前给课件，只建议学生课前阅读提供的参考书目。在课堂展示环节，建议学习清华大学布置二选一作业模式，题目要有深度，不要选择普通的演讲；不建议选择辩论赛作为展示手段，主要原因是中国近现代史上的内容作为辩题需要准备大量的材料，辩题更深、更难，如果准备不充分就会流于形式。

要学习先进学校的经验，认真组织学生课外阅读，要求学生写读书心得，按照一定比例计入考试成绩。在引导学生开展研究性课外阅读辅助必修课的教学中，要引导学生认真阅读马克思主义经典著作，培养学生独立思考的能力，从而准确地领会和理解马克思主义经典著作的原意。

综上所述，引导学生阅读、独立思考，让学生自己得出正确的结论，比教师直接讲结论效果更好。

（二）历史情景剧纳入教学体系

以北京农学院为例，艺术类课程教师是思想政治理论教学科研部的组成部分。发挥艺术类课程教师的特长，开展历史情景剧教学，是开展中国近现代史纲要课程教育创新实践的新途径之一。

（三）健全与完善中国近现代史纲要课程课外参观实习制度

一些二类本科院校学生素质下降的最突出表现就是学习热情不高、自主学习意识不强。因此，健全与完善课外参观实习制度十分重要。在具体的工作中，需要关注以下几个问题。

首先，以北京为例，可以整合北京行政辖区内所有可供参观资源，形成课外参观实习备选实习地点名录。比如，国家博物馆、北京新文化运动纪念馆、中国人民抗日战争纪念馆、北京市禁毒教育基地、李大钊故居、一二·九纪念亭，以及抗战雕塑园、平西人民抗日斗争纪念馆、平北人民抗日斗争纪念馆、鱼子山抗日战争纪念馆、顺义焦庄户地道战遗址纪念馆、"没有共产党就没有新中国"纪念馆、抗日烈士佟麟阁将军墓、赵登禹将军墓等。

其次，建立完备的安全预案，保障课外参观实习活动的安全。开展中国近现代史纲要课程课外参观实习活动，安全工作最重要。因此，就要在吸引大多数学生参与的同时，建立合理、切实可行的安全保障体系。在具体的工作中，每一次活动前组织者都要制定详细的安全预案，保障课外参观实习活动的安全，依据安全预案把学生分成若干组，每一层级均确定具体负责的学生，同时将交通路线精确到点，下发全体学生。

再次，组织者全程参与，保证课外参观实习活动的质量。在学生自主学习意识不强、自主学习欲望下降的背景下开展课外实习，如果仅仅是让学生自由选择时间参加，即便纳入教学环节都有可能出现学生草草参观走过场的情况。因此，在自由参加的中国近现代史纲要课程课外参观实习活动中更要加强协调工作，组织者切不可把学生带进博物馆就撒手不管，而是要全程参与，保证实践活动质量。比如，在参观"复兴之路"展览时，组织者要全程讲解，并与学生互动交流，这样学生就会更加深刻理解"三个选择"，认识到活动的社会价值。

最后，努力创新实践活动形式，为优秀学生搭建展示平台。中国近现代史纲要课程课外参观实习可以让大多数学生获得感性认识，在参观的基础上开展中国近现代史遗迹寻访等课外访谈内容也给对中国近现代史有浓厚兴趣的学生创造了更好的提升空间。访谈成果可以是对历史遗迹寻访的总结，或者是以"口述历史"的形式记录访谈。这就要求组织者要逐步向学生渗透参与这种活动的价值和意义。同时，还应努力争取与一些红色遗迹单位和所在地政府协商组织讲解志愿者活动，为优秀学生找寻展示平台，让学生取得更大收获。

第三节 开设思想政治理论课选修课的创新探索

一、开设思想政治理论课选修课的创新探索

教育部发布的《高等学校思想政治理论课建设标准（2021年本）》明确规定："除马克思主义理论学科下属的本科专业外，马克思主义理论学科点不办其他本科专业。"二类本科院校的思想政治理论课教学部门大多不具备研究生教育资格，导致二类本科院校思想政治理论课教学部门教师大多忙于教学，关注教学以外的活动较少。在当前的社会背景下，部分二类本科院校校名冠以"学院"，原有"985""211"高校，乃至部分校名为大学二类本科院校所办的国有民办分院（三类本科）独立并命名为某某学院，迫使许多以学院冠名的二本院校常常需要在不熟悉高校者面前解释自身的历史，被迫通过"更名"的方式使自己成为"大学"，成为一种无奈的选择。于是就会出现按照现行大学指标向学校的二级单位加码的现象，而指标对应的往往是科研成果指标、科研经费指标、教材出版数量等，这就很容易造成二类本科院校思想政治理论课教学部门与学校小环境中的核心工作关系不大，进而造成教师以不出问题为重点，科研上不敢突破。在教学上由于学生的接受能力相对较差，教学压力更为突出。为了解决这个问题，部分学校不得不压缩教学内容，在一部分二类本科院校中的"马克思主义基本原理概论"已经被迫变成只讲哲学原理、不讲政治经济学的课程，学生就不能系统、全面地掌握马克思主义基本原理，一定程度上也影响了学生理论水平的提升。

如前文所述，教育由大众化向普及化发展导致二类本科院校学生的综合素质有所下降。"中华民族伟大复兴"的观点被提出后，学生的关注度并不高。笔者在部分二本院校抽样调查结果显示，部分学生认为"中华民族伟大复兴"是国家的事、是"985""211"等精英学校学生的事，与自己无关。而加上"中国梦"后，一些学生逐步感觉到了"中国梦"是与自己的理想、人生目标密切联系的，从关注自己开始关注国家。

提高马克思主义理论底蕴，丰富学生党史、国史知识水平和第一课堂理论教学的时间是开展思想政治教育必须要解决的主要问题。解决这些主要问题有两条思路：一是通过引导学生阅读马克思主义经典著作，比如，清华大学等国内著名高校利用网络学堂等现代媒体，由教师精选马克思主义经典著作供学生学习，效果很好；二是努力在思想政治理论课必修课教学之外，开设思想政治理论公共选修课，补充学生的知识，提高学生的理论水平。

（一）依托公共选修课开展中国近现代史教育创新实践

结合实践，笔者认为依托公共选修课开展中国近现代史教育创新实践是提高二类本科院校学生马克思主义理论水平的有效途径之一。在具体的工作中，应该主要做好如下几方面工作。

首先，选择强有力的理论依据，征得学校教学管理部门的支持。开设公共选修课，需要向学校教学管理部门提出申请，而申请依据的可信性很重要。教育部发布的《高等学校思想政治理论课建设标准（2021年本）》规定，"积极创造条件开设本科生和研究生层次思想政治理论课选修课"，并且该标准作为A类指标，为开设思想政治理论课公共选修课定了基础。

其次，设计合理的教学内容使课程成为有益于学生的课程。开设思想政治理论课公共选修课会面对来自其他方面的质疑，比较典型的就是"思想政治理论课必修课学生听课态度都不是十分好，选修课效果会好吗？""思想政治理论课所讲的理论深奥，必修课已经讲过理论，选修课还讲有意义吗？"面对这些质疑，针锋相对地反驳是毫无意义的，只有认真研究质疑，把质疑当作改进工作的建议，设计合理的教学内容，使课程成为有益于学生自身能力提高的课程才能达到开设这门选修课的目的。例如，北京某高校教师在认真调研的基础上，根据本学校学生的特点，结合党史、国史教育要求，先后开设和设计了"北京的近代史遗迹漫谈""中国近现代史影视赏析"等适合本科生的思想政治理论类公共选修课，并取得了较好的效果。

再次，多种考核结合是保证授课质量的关键因素。评定成绩是教学必不可少的环节，然而为考试而考试，学生的压力必然增大，久而生厌，考试变成了一种负担。因而有必要对考试进行改革，具体改革措施如下：一是在每一单元结束后，都进行一次考核。考核的方式是多样的，既可以采用笔试，也可以采用口试或单元总结报告等方式进行。通过考试可以正确地掌握学生的学习情况，为有针对性地矫正错误提供依据。同时，要进行总结、讲评，促使学生思考，掌握前导知识以促进以后的学习。二是结合答疑进行训练，同样是考核的一种方式。通过答疑，特别是有计划地准备问题，可以全面了解学生的学习情况，特别是疑惑和难点。在帮助学生解疑的同时也促进了后续教学的改进。三是开展小论文写作，培养综合能力。作业作为检验教学的一种方式，一直为教师所采用。然而，对作业抓得不紧和缺乏典型性也会使学生产生单纯的任务观点，滋生厌烦情绪、产生心理障碍，甚至抄袭他人作业。因此，可以将作业改成小论文形式，并作为考核的重要依据。小论文在包含所学知识的同时，要有意识地在广度与深度上有所延伸，使学生在熟悉、运用所学知识的同时，提升训练分析、概括与综合能力以及查阅资料与书面表达能力。四是鼓励学生以多样化形式完成小论文，例如，允许学生编写中国近现代史题材的小话剧，以剧本作为课程作业，鼓励学生把编写的中国近现代史题材小话剧排演出来，成为学生文艺演出作品。

最后，在其他公共选修课程中，加入党史、国史教育内容。如在公共选修课程"旅游与文博文化赏析"中，教师在讲授敦煌旅游文化时，不仅要传授学生敦煌莫高窟艺术的知识点，还要讲述敦煌莫高窟藏经洞珍贵文物遭到浩劫的历程，引出国力衰弱时传统文化瑰宝无法保全的事实，激发学生的爱国情感，提高学生保护文物的意识。在公共选修课程"公共管理与公务员考录训练"中，教师在讲述中国独有的政治协商制度时，通过介绍政协的历史，帮助学生深刻理解中国共产党的统一战线理论和多党合作制度。

通过上述教学改革，学生会觉得必修课的内容不再是抽象的理论，而是身边活生生的现实，也会感觉到党史、国史与其他学科的知识是相通的，学好党史和国史有利于更加系统地掌握相关学科的知识。学生还会更加坚持中国特色社会主义道路自信、理论自信、制度自信、文化自信，不断为实现中华民族伟大复兴贡献力量。

（二）依托公共选修课开展中国近现代史教育创新实践个案分析

在高校党史、国史教育工作中，开展中国近现代史教育类公共选修课是必修课的有益补充。前文提到的"北京的近代史遗迹漫谈"和"中国近现代史影视赏析"都是此类公共选修课的课程。下面笔者以上述两门课程的课程设计和教学实践为例，分析依托公共选修课实现中国近现代史教育创新的手段。

1. "北京的近代史遗迹漫谈"课程设计和教学实践分析

在"北京的近代史遗迹漫谈"课程设计和教学过程中，笔者重点开展了三方面的探索。

首先，课程总体设计思路是针对当前中国近现代史纲要课程（包括中学历史教学）不可能过多关注地方史的现象，以讲述地方近代史重大历史事件为切入点，通过讲述一些学生不太熟悉的历史事件和历史人物，让学生品读历史事件和历史人物所反映出来的积极向上的元素，激发学生研读城市历史的兴趣，进一步讲清"三个选择"的重大意义。

其次，在课程教学内容选择上，注重体现地方特色。开设"北京的近代史遗迹漫谈"的主要原因是笔者在针对学生的调研中发现：一方面，北京有丰富的近现代史资源；另一方面，受传统高考模式的影响以及部分中小学考虑交通成本和安全等问题，不仅非北京生源对北京近现代史遗迹不熟悉，大多数北京生源也不熟悉北京近现代史遗迹。于是，选择课上讲授历史遗迹、给学生提供课外阅读材料和参观指南的形式开展教学。

最后，在教学环节上采取课内教学和课外实地参观有机结合，体现学校办学特色。学校可以根据本校的课程特点，组织学生利用周末去红色文化类博物馆参观，这样可以为学生提供更加形象、生动的学习场所。在参观过程中，教师要全程介入分批讲解，让学生在参观学习中树立正确的历史观，激发他们的爱国情感。

2. 以"红色影视作品评论"写作实现历史观教育与艺术欣赏教育并举

"中国近现代史影视赏析"是高校在总结所属街道（社区）党史、国史教育工作实践经验的基础上，根据学校实际情况和对学生进行的需求调研结论设计的公共选修课。课程总体设计思路是以教师对重新剪辑的红色影视作品片段为主要教学资料，以10分钟以内的短视频结合知识点讲述，学生撰写影评作为评定课程成绩的作业，最终实现提高教学效果的目标。在具体课程设计的过程中，还需要在街道（社区）的党史、国史教育工作的基础上，根据大学生的知识结构，引导大学生开展红色影视作品评论写作，帮助他们树立正确的历史观，提高他们的艺术欣赏水平，实现其素质的全面提升。

影视评论的写作过程，就是影视评论者运用一定的评论标准（即思想伦理标准和艺术标准），结合自己的知识积累、生活经验和理论修养，对影视作品的创作者、影视作品进行具体化的欣赏、议论和评价的过程。这是评论者对影视作品创作者、影视作品的一种特定的心理反映和审美反馈。由于各人的知识结构、思想观念、美学追求和审美情趣不同，即使同时鉴赏同一部作品，写出来的影视评论也是千差万别的。在开展红色影视作品评论写作训练时，教师可以从开展红色影视作品评论的写作方法教学和提高大学生红色影视作品写作评论水平两个角度实现历史观教育与艺术欣赏教育并举，使党史、国史教育和艺术教育有机结合。

首先，从实际出发，量力而行。只有这样才能实现党史、国史教育与艺术教育有机结合。在具体的教学工作中要做好三方面工作：一是要从红色影视作品的实际出发，抓住其突出特点、创新之处，结合相关史实选择可谈并且能够谈出特色的角度；二是要从学生的实际出发，如资料占有、知识积累、党史和国史理论水平等，选择适合自己、能够写出独到见解的角度；三是要选择前人没有谈过或评论较少的红色影视作品，这样才能充分发挥自己的创造性思维和独到见解。

其次，抓准特点，深入挖掘。虽然红色影视作品的第一要务是弘扬主旋律，但是每一部影视作品都有许多特点，深入挖掘具体红色影视作品的特点，就会有的放矢，写出声情并茂的评论。在教学工作中教师应当引导学生做好如下工作：一是充分做好心理准备。教师应当提醒学生观看红色影视作品不是为了娱乐消遣，而是为写好评论树立正确的历史观。因此，要求学生带着探索精神欣赏作品，不要满足于了解红色影视作品的故事情节，要边看边思索，努力发现红色影视作品在宣讲历史过程中的特殊之处，观看后要进行有针对性的分析。二是做好有关资料的准备工作。写好红色影视作品评论，就要注意收集作品相关的历史背景、故事梗概、编剧、导演、演员等资料，这些准备工作有助于学生准确把握和理解作品，写出有较高思想政治理论水平的影视评论，也便于学生发现作品的独特之处。三是教师应当引导学生结合红色影视作品的历史背景，由表及里，深入挖掘，多做理性分析，提出新的见解。

最后，掌握方法，大胆创新。红色影视作品评论不仅强调"红色"，还要从历史深度、国际视野、信仰理路、美学逻辑、青春气息、生活质感等多方面给予作品肯定。

二、应用专题式和案例教学方法的创新实践

依托公共选修课开展中国近现代史教育创新实践，引入更加有效的教学方法十分必要。在具体的教学中，使用多种教学方法可以提高课程的吸引力，专题式教学法和案例教学法是中国近现代史教育类公共选修课的重要载体和手段。笔者以北京某公共选修课"北京的近代史遗迹漫谈"为例，分析这两种教学方法在中国近现代史教育创新实践中的应用。

（一）专题式教学法与党史、国史教育类公共选修课建设

1.专题式教学法及其在党史、国史教育类公共选修课中的意义

专题式教学法，是指教师以先进的教育教学理论为指导，以教学目标为指针，打破教材和课程章节体系的限制，结合教学内容、社会现实、学生实际，确定教学专题，并通过对专题教学内容结构、教学手段与方法等方面的整体设计与优化，以专题形式开展的教学活动。

专题式教学法可以紧扣教学目标，把课堂教学内容和其他教学内容划分为若干有机联系而又相对独立的专题，然后再把它们组合成完整的教学体系，并以多样化的教学手段与方法开展教学。包括教学内容专题化与教学活动专题化两个方面。所谓教学内容专题化，是指把课堂讲授的内容设计成若干既有联系又相对独立的专题。所谓教学活动专题化，是指结合课堂专题讲授开展其他形式的教学活动，如把主题教育小组专题研究（调查研究、课题讨论）、历史情境活动等设计成专题，有目的、有计划地开展辅助教学。主题教育探究是指学生围绕一个主题，从收集材料开始到展示成果的探究。小组专题研究是指把学生分成小组，开展社会调查研究，主动获取知识的教学方式。历史情境活动是指在一定的主题情景下，以学生主动建构紧扣教学内容的活动为主线，实现教学目标的专题式教学方式。

专题式教学法是在专题化设计的基础上，通过科学地分配不同专题的教学时间，合理地安排教学专题的先后顺序，精选各种教学手段与方法，构成一个完整

的教学体系。在专题教学中，教师可以引导学生小中见大，透过某一具体历史事件或历史主题，来阐释党史、国史教育工作中需要解决的理论和实际问题。

在党史、国史教育类公共选修课中，使用专题式教学法的意义主要表现在如下几方面。

首先，使用专题式教学法可以提高党史、国史教育教学的针对性，体现学生的主体性。当前，在党史、国史教育工作中出现了学生学习中国近现代史纲要课程兴趣不浓、教学实效性不强的现象。通过笔者访谈和抽样调查发现，产生这种现象的主要原因有：第一，部分学生认为自己上大学是学习所选专业知识的，认为只有学好专业知识才能获得立足社会的基本条件，因而忽视对党史、国史教育类课程的学习。第二，部分学生的学习兴趣没有被充分调动起来。根据现行的教育大纲，中学阶段都要开设历史课，而中国近现代史是历史课的组成部分，学生在进入大学前学习了相关历史知识，因此对中国近现代史的历史史实、重大历史事件和重要历史人物已经有了基本了解。大多数中国近现代史纲要课程的任课教师都是历史专业毕业的，而不是思想政治教育专业毕业的，这就容易出现任课教师只教授历史知识，忽视了党史、国史教育。第三，部分教师不能结合课程解决学生的现实困惑。全球化、信息化导致意识形态斗争日益加剧，一些不良思潮与被歪曲的历史，通过网络等各种渠道出现在学生面前，部分教师不能立足现实，直面热点、难点问题，而只会拘泥于教材，蜻蜓点水式地讲授，无法为学生答疑解惑。

要解决上述问题，就要认真分析大学生的实际情况，关注热点，在街道（社区）党史、国史教育实践基础上设计教学专题，努力建立理论与实际的动态联系，实现党史、国史教育公共选修课的教学目标。笔者在调研大学生的实际情况时发现，当代大学生主体意识更加强烈，他们更希望个人能够加入教育活动之中，喜欢独立思考，并通过上述活动提高自身能力。在设计教学内容时，要以贴近实际、贴近生活、贴近学生为原则，让课程内容具有更鲜明的针对性，使之与大学生成长发展的关系更直接是十分重要的。

其次，专题式教学法可以成为中国近现代史纲要课程教学的有益补充，有助于实现学科体系与教学体系的统一，增强教学的实效性，实现党史、国史教育课程体系、教材体系与教学体系的统一。正如前文分析，中国近现代史纲要课程内容宏大、课时较少，当前一些学校只讲上编及中编的内容。在公共选修课程中使用专题式教学法可以从"三个选择"出发设计专题，确立教学的主题、主线，构建科学合理的专题式教学内容，将教学切入点由一般性知识讲授转化为对重点、热点与难点问题的思考，深化对大学生爱国情感和价值观的教育。这样，一方面可以秉承宏观的历史视野与清晰的历史脉络；另一方面可以培养大学生运用历史的眼光分析现实问题、明辨是非的能力。

最后，使用专题式教学法可以实现教学相长，展现党史、国史教育类课程的魅力。教师在使用专题式教学法时，要把握教学体系的灵魂，在提高自身理论修养的前提下，领会党史、国史教育的思想，合理地、有针对性地整合教学内容。在此基础上充分发挥教师的学术专长，围绕某些专题深究、拓展，关注学术前沿，实现教学资源的优化配置，实现提升教学水平的目标。专题式教学法以问题为教学切入点引导学生思考，使学生在思考中感受中学历史课与党史、国史教育类公共选修课的区别，激发学生的学习欲望，这样学生就会更愿意参与到教学活动中，促进互动教学手段发挥作用，形成多维立体式的教学体系。

2.党史、国史教育类课程中专题式教学工作的目标和原则

党史、国史教育类课程中开展专题式教学工作的目标主要体现在三个层面。首先，在知识目标层面上，可以在梳理中国近现代史脉络的前提下选择教学内容，帮助学生了解党史、国史。其次，在能力目标层面上，教师可以联系现实与热点问题，帮助学生深刻领会历史和人民怎样选择了马克思主义，选择了中国共产党，选择了中国特色社会主义道路。最后，在历史观、价值观目标层面上，教师可以通过教学帮助学生树立正确的历史观、价值观。

在党史、国史教育类课程中开展专题式教学工作应当遵循以下原则。首先，以正确的思想引导工作。要善于挖掘教学内容的思想，并不断丰富其思想内涵。用正确的思想引领教学，让准确无误的史实材料、精准合理的案例成为正确思想的佐证。其次，以明确的教学目标为指导。要用明确的教学目标作为设计专题的指导。党史、国史教育类课程要始终围绕近代中国的两大历史任务——求得民族独立和人民解放、实现国家繁荣富强和人民共同富裕这个历史主题，以中国人民不屈不挠的抗争和探索为主线，内容既相对独立又要保持内在联系，这样才能讲清"两个了解""三个选择"。例如，可以列举日本侵华时设立"满映"的例子。"满映"作为日本帝国主义文化侵华的重要机构，从设立起便开始了长达8年的电影垄断。这一实例，让学生认识到中国近代以来遭受的侵略不仅来自武力，还来自其他领域。因此，需大学生要警惕全盘西化思潮等观念的侵蚀。最后，以理论联系实际为标准设计专题。在设计专题前，教师应当围绕党史、国史教育在大学生中开展知识、能力等方面的调研，力图掌握大学生对本门公共选修课程的需求，并收集大学生关心的热点问题。结合调研结论，梳理历史脉络选择合适的专题帮助学生答疑解惑。比如，在"北京的近代史遗迹漫谈"课程中，在设计专题"历史没有假如"时采用了第二次鸦片战争中的八里桥之战，先用电影《火烧圆明园》的片段介绍由僧格林沁统率的骑兵、步兵17000人，勇敢杀敌却大部分阵亡于八里桥的历史事实。而后，切入到2009年国庆阅兵时直升机飞过天安门广场的画

面，同时讲述2009年10月1日，同样在通州张家湾——当年中国蒙古骑兵倒下的地方，中国人民解放军某部机场，现代意义上的骑兵——武装直升机部队，正整装待发，准备飞过天安门广场接受党和人民的检阅，向世界宣示，外敌胆敢入侵，我们将用鲜血和生命捍卫国家主权。这个时候每一个熟悉八里桥之战历史的中国人都会发自内心地说：只有国家的强盛，才有民族的自豪，长城就修在我们的肩上……课程结束后很久，一个学生在该教师另外一门课的课堂上说："老师，您的那堂课是我听到的最让我热血沸腾的征兵动员报告，今年本科毕业我准备报名参军，成为一名新时代的军人。"

3.党史、国史教育类课程中专题式教学工作的基本程序

党史、国史教育类课程中专题式教学工作往往会因教学环境差异有所不同，但是一般来说主要包括如下三个阶段。

第一阶段，专题设计准备阶段。在开展专题式教学之前，教师需要进行设计和准备。具体地说应当做好如下工作。首先，抽样调查。教师应当借鉴在街道（社区）开展党史、国史教育的工作模式，通过抽取样本，以问卷和访谈形式，对选课大学生进行调查，通过调查掌握大学生的思想动态、关注的社会热点问题，以及他们对课程教学的要求与建议。其次，设计专题。对抽样调查数据进行分析，经过数据整理、归类、筛选、提炼，找出大学生最关心的问题，根据问题确定教学目标、主题、主线，设计有针对性的教学专题，构建本次课程教学的逻辑体系。最后，准备材料。以已经确立的教学专题为指导，根据不同专题涉及的核心问题列出各专题的教学重点、难点和热点，收集整理教学资料，制订教学计划，制作多媒体课件。

第二阶段，教学实施阶段。一方面，开展专题讲授。教师结合专题教学目标，讲授专题的知识框架与基本理论，同时将本专题涉及的主要史料、典型的现实材料和相关背景材料提供给学生，提出本专题需要讨论和解决的具体问题，为学生参与互动做准备。另一方面，引导学生开展课内外专题活动。教师根据教学计划设计、组织和引导学生围绕具体专题中的相关问题展开自主学习。在具体的活动中，可以划分小组，保障学生拥有独立思考的时间和空间，并且要求在完成文献阅读后，开展课堂专题讨论会、辩论会、演讲会。

第三阶段，反思总结阶段。这个阶段，一方面可以通过学生课堂展示、教师讲评的方式，对教学专题进行进一步梳理、总结；另一方面可以发放问卷，收集学生的意见，达到改进教学的目的。

（二）案例教学方法与党史、国史教育类公共选修课建设

在党史、国史教育类公共选修课中采用案例教学法是指教师根据教学目标与

教学任务的要求，设计并提供经典案例，通过组织学生对事件的构成进行积极主动的探究活动，从而提高学生创造性地运用知识、分析和解决实际问题的能力的一种教学模式。通过经典案例的选取和活动过程的设定、当时情境的再现，可以在党史、国史教育类公共选修课中，引导学生多角度解读中国近现代史相关理论，提高学生分析问题、解决问题的能力。

党史、国史教育类公共选修课中使用案例教学法的目标是：培养学生理论联系实际分析问题、解决问题的能力。为实现这一目标，需要遵循方向性指导原则和循序渐进、启发诱导原则。教师在不预设标准答案和思维路径的前提下，通过组织、指导学生开展案例讨论引导学生主动参与教学活动，帮助学生独立寻找解决问题的思路，实现解决问题的目标。案例教学法具有情景性、创新性、自主性、实践性等特征。

1.党史、国史教育类公共选修课中案例教学法的分类

在党史、国史教育类公共选修课程中开展案例教学，主要有四种方法。

第一，案例讲授法。受选课的人数和课时限定等因素的影响，案例讲授法是党史、国史教育类公共选修课重要的教学方法之一。案例讲授法主要包括教师用讲解案例的办法说明理论和教师讲授基本理论之后，用案例进行证明。

第二，案例讨论法。案例讨论法是指学生在教师的指导下对案例进行讨论分析的一种教学方法。具体的实施方法包括直接出题课上讨论、课下准备课上研讨以及借助网络或微信群进行讨论三种方式。

第三，案例辩论法。案例辩论法就是在讲解案例的基础上，出一道辩论题，让学生展开辩论。这种方式能够提高学生的写作能力、应变能力、思维能力和语言表达能力。如在与党史、国史教育相关的公共选修课程"辩论欣赏"及"辩论实务"课上，引入辩题"外来文化传播对民族文化发展利大于弊还是弊大于利"，点评时分析中国近代史上西方列强的侵略是导致中国成为半殖民地半封建国家的本质原因，直面一些社会思潮对学生的影响。

第四，案例作业法。案例作业法是通过学生在案例教学课后撰写研究论文或调查分析报告的形式，或者在课后和单元练习及考试时，引入典型案例，来提高学生总结分析问题的能力以及语言表达能力的一种方法。案例作业既可以由学生个人完成，也可以分组提交小组作业。

2.党史、国史教育类公共选修课程中开展案例教学法的步骤

在党史、国史教育类公共选修课中开展案例教学，案例选择、情境设定、确立并讨论问题、总结点评十分重要。案例教学法可以分为案例准备、案例研讨和案例总结三个阶段。

第一阶段，案例准备阶段。案例准备阶段的关键是选取合适的案例。教师可

以根据教学目标和学生实际,认真查找相关资料,联系社会现实问题精选案例。

第二阶段,案例研讨阶段。这一阶段主要是教师把案例交给学生并提出问题,以问题启发学生深入思考,尽可能地使每个学生都能融入讨论中,从了解案例、个人分析、小组发言到全课堂交流,实现教学目标。

第三阶段,案例总结阶段。这一阶段主要是教师在学生发言的基础上进行点评,得出结论案例总结,可以促进教师对教学方式的反思,提升教学水平。

在当代多媒体和网络教学技术不断发展的情况下,可以把案例教学与网络有机结合起来,通过多媒体展示案例、开展讨论,创新教学模式,更能提高学生积极参与课堂教学的积极性。

第四节　思想政治教育融入工匠精神和创新人才培养工作的探索

当今社会很多人追求"短、平、快"(投资少、周期短、见效快)带来的即时利益,从而忽略了产品的品质灵魂。因此,企业更需要工匠精神,才能在长期的竞争中获得成功。当一些企业热衷于"圈钱、做死某款产品、再出新品、再圈钱"的循环时,坚持"工匠精神"的企业,依靠信念、信仰,不断改进、不断完善产品,最终通过高标准检验之后,成为众多用户的选择。无论成功与否,这个过程展现出来的"工匠精神"却是职业道德和职业品质的体现。

一、工匠精神为思想政治教育融入创新人才培养提供了契机

"工匠精神"是一种职业精神,是职业道德、职业能力、职业品质的体现,是从业者的一种职业价值取向和行为表现。工匠们对所从事的事业的爱心和忠心,令人高山仰止。中国航天科技集团一院火箭总装厂高级技师高凤林,30多年来一直从事火箭的"心脏"——发动机焊接工作,他以国为重、扎根一线,是发动机焊接第一人,面对很多企业的高薪聘请不为所动,他说:"每每看到自己生产的发动机把卫星送到太空,就有一种成功后的自豪感,这种自豪感用金钱买不到。"这也代表了大国工匠们的心声。

"工匠精神"是一种工作态度。在工匠们的心目中,制作出来的产品没有最好,只有更好。高凤林在多年的工作中,攻克了200多项技术难关,经他的手打造了140多发火箭的发动机,焊接的焊缝总长达到了12万多米,没有出现过一次质量问题。他先后获得过部院科技进步一等奖、国家科技进步二等奖、2014年德国纽伦堡国际发明展金奖等30多项奖励,而这没有一丝不苟的工作态度显然是无法做到的。

随着时代的发展,工匠的工作或许会逐渐被机器所取代,但是"工匠精神"

却不可能被代替。我国作为一个拥有"四大发明"的文明古国,具有历史悠久而技艺高超的手工业,薪火相传的能工巧匠们留下了数不胜数的传世佳作。我们今天弘扬"工匠精神",不仅是对传统技艺的继承与弘扬,而且是对一切职业的道德呼唤。"工匠精神"不仅是制造业的需要、企业家的需要,它还代表一个时代的气质,是我们每一个人的事业追求与人生态度。

在2016年政府工作报告中,"工匠精神"首次被提出,这让人们耳目一新,有媒体将其列入"十大新词"予以解读。古语云:"玉不琢,不成器。"工匠精神不仅体现了对产品的精心打造、精工制作的理念和追求,还要不断吸收最前沿的技术,创造出新成果。

如何解决当前面向大众的传统工艺产品设计单调、制作简陋、包装低劣等问题?怎样改善传统工艺领域模仿传统的多、创意创新的少,陈设把玩的多、实用常用的少,大众的不精致、精致的不大众等现象?

文化和旅游部在全国非物质文化遗产保护工作会议上提出启动制订传统工艺振兴计划,促进传统工艺走进现代生活、现代设计走进传统工艺,促进传统工艺提高品质、形成品牌、走进生活、增加就业。

党的十八届五中全会明确提出,要"构建中华优秀传统文化传承体系,加强文化遗产保护,振兴传统工艺"。振兴传统工艺上升为国家战略,是对非遗保护工作的新要求,也是全面提升非遗保护水平的新契机。制订传统工艺振兴计划的基本目标是在尊重非遗真实性、整体性和传承性的前提下,搭建起传统工艺与艺术、学术、现代科技、现代设计及当代教育的桥梁,明显提高了传统工艺从业人群的传承水平,明显提高了传统工艺为现代大众的接受程度,明显提高了传统工艺制品的品质和效益,明显提高了传统工艺对城乡就业的促进作用。

围绕传统工艺振兴计划的制订,将着重开展三项措施。一是以传统工艺为重点实施好研修研习培训计划,进一步选择能够充分反映手工精神、生活化程度高、产品可成系列的项目,协调高校和企业开展增加专门的研修、研习及培训,帮助传统工艺从业者开阔眼界,提高设计和制作水平,着重培养其走进生活的意识和追求精致与完美的手工精神。二是鼓励和支持优秀文创企业、设计企业和高校到民族地区及传统工艺项目所在地,包括各个文化生态保护实验区,设立工作站。三是支持商业网站与相关专业网站设立传统工艺展示和销售平台,帮助传承人推介传统工艺产品特别是创新产品。

此外,还将鼓励和支持企业与高校申请设立重点实验室,解决与传统工艺相关的关键技术问题;以民族地区和18个文化生态保护实验区为重点,依托传统村落和历史文化街区,再增设一批非遗传习中心,促进形成浓厚的传习和交流氛围;在具备条件的历史文化街区、文化生态保护实验区、自然与人文景区,支持设立非遗展示、展演和产品展销基地；利用非遗节、非遗博览会等平台，举办多种形式的传统工艺比赛。

培养年轻人对传统工艺的喜爱，使他们能够能耐得住性子学习。有关部门和学校，尤其是培养技能型人才的职业院校的思想政治教育工作部门，应该抓住这一契机，邀请非物质文化传承人作为校友教师，与现代教育有机结合，培养工匠精神。

二、思想政治教育融入工匠精神和创新人才培养工作的具体工作

要实现思想政治教育融入工匠精神和创新人才培养工作的目标，需要做好如下工作。

第一，培养工匠精神就要把工匠和工匠精神放到社会发展的大背景下去综合思考。虽然工匠可以不花时间和精力去研究哲学、社会学，但是高等职业教育研究者、高等职业教育工作者，需要研究和思考与工匠和工匠精神密切相关的哲学、社会学问题，例如，探讨实践活动特点及发展规律，研究工匠及其生产实践系统的主要内容，分析培育工匠精神的主客体特点及其矛盾关系。这些工作看起来与工匠技能培养没有关系，却是培育工匠精神、教授工匠技能等工作的前提。只有解决相关的哲学问题，才能确保培育工匠精神工作获得思想方法的支持。思想政治教育工作者应当在教学中开展工匠精神和创新方法介绍，结合课程开展创造性思维、创新方法介绍，进而帮助大学生树立远大的理想、掌握创新知识、全面提高能力，为投身祖国建设打下坚实的基础。

第二，工匠精神是抽象的，但又需要以过硬的技能为基础。一个优秀的工匠或一群优秀的工匠，也不会因为境遇或生产实践环境变化了就失去了工匠精神。我们谈培养工匠精神，不能就精神而谈精神，当下一名工匠需要掌握现代科学技术知识，并把知识与不断进步的技能有机结合，这是工匠赖以谋生的资本，也是工匠生产实践系统的基础，更是塑造工匠精神的奠基石。

第三，工匠与技术、技能以外问题的关系可能有多种情况，在培养工匠精神的过程中应当高度重视思想品质和职业道德的培养。工匠的社会责任感往往表现为他们对社会和工作的态度。热爱国家、立志服务社会、坚持精益求精生产高质量的产品是工匠精神的表现。以往，这些优秀的品质大多是通过师傅带徒弟的方式实现的，越来越多的现代工匠都是经过高等职业院校系统学习后走向生产实践第一线的，因此高等职业院校有义务在思想政治教育理论课教学和实践活动体系中把热爱国家、社会责任感教育的内容与未来工匠从业涉及的问题结合起来，培养优秀工匠所需的品质，并将职业道德教育融入其中，形成有利于培育工匠精神的思想政治教育工作体系。

第四,优秀的工匠是在实践中琢磨、总结、概括一些规律。但是,必须承认这条路是相对漫长的,得到的结论往往缺少条理性,甚至不系统、不全面。如果能够在学习过程中增加一些相关课程,引导他们阅读一些课外读物,并且与自己在实践活动中的体验一一对照,往往会较快地得到有益的启示。工匠也有不同的类型和层次。有的刚从事制造、操作、维修工作,有的是工作多年的高级技师,后者工作经验丰富,会更加理解对工匠开展非技术、技能教育的重要性。因此,虽然在传统的以工厂生产线为载体的工匠培养体系中,往往要等到工匠成为高级工人、工人技师、高级技师后才会有人意识到要学习非技术、技能方面的知识,但是当代中国高等职业教育的发展是迅速的,在高等教育阶段就应当把工匠参与创新活动所需要的创造性思维、问题意识以及工匠取得成果后总结、传播经验所需的表达能力,写进教学计划。

第五,培养工匠精神是系统性工作,综合、全方位的实践能力培养是培养工匠精神的另一个重要内容。工匠的工作是最直接的改造世界,他们的成果也被人类所使用。虽然工匠的工作也需要总结,甚至可以提炼出工匠精神,但是工匠工作还是具体的实践活动,因此高等职业院校应坚持实践教学与理论课程相结合,建立双师型教师团队,引进优秀工人高级技师作为学校兼职教师,建立起具有自己特色的第二课堂校内实习、实践体系。在此基础上,开拓校外教育空间,努力与相应的公司、企业展开合作,学生就能够真正到实习基地中进行生产实践活动;创造学生顶岗实习条件,让学生提前到企业生产第一线认师傅、学本领,给学生创造尽快适应未来工作环境的机会。这样就可以培养出进入企业后马上就能用得上的人才,也能够迅速提升学生的竞争力。大学生毕业后进入企业也就有机会把所学知识和技能用到工作中,迅速脱颖而出,成为后备技师以及工匠精神的传承者。

第七章 新时代高校思想政治教育队伍建设创新

现代社会是一个思想较为开放的社会,大学生的思想极易受到多方面的影响。若要在此背景下更好地完成思想政治建设工作,就要求思想政治工作者本身应该具备较高的综合素质,坚定的思想以及较强的业务素质。只有这样才能抵抗社会中各种不良思想的影响,才能为大学生树立一个良好的榜样,才能为大学生排解各种思想问题,提高思想政治工作效率。为此,高校思想政治工作者必须要不断地学习,提升自己的综合素质和业务能力,正确领会党和国家的相关政策方针,坚持正确的政治观念,努力学习各种先进思想政治理论,掌握科学的思想政治工作方法,充分利用现代科技技术,以便于开展更为全面的思想政治工作。

第一节 高校思想政治教育工作队伍的内涵

一、大学生思想政治教育队伍的构成

大学生思想政治工作队伍是由专职、兼职人员共同组成。专职人员主要来源于本校教师和干部,兼职人员主要通过组织动员一些教师和高年级大学生、研究生来担任。专兼结合的大学生思想政治教育队伍基本结构,是我国高校思想政治教育队伍建设的优良传统。

学校党政干部和共青团干部是大学生思想政治教育的领导者和管理队伍。高等学校实行党委领导下的校长负责制,党委统一领导大学生思想政治教育,对学生思想状况和思想政治教育工作状况进行分析,制订总体规划,进行全面部署和安排。校长对大学生德智体美劳全面发展负责,统筹思想政治教育与教学、科研、社会实践的关系,对思想政治教育工作进行检查评估。学校党政领导干部包括专职从事和负责大学生思想政治教育的干部,也包括学校各级党政领导和各级职能

部门干部。专职从事和负责大学生思想政治教育的干部包括学校分管大学生思想政治教育工作的党委副书记、学生工作部（处）从事大学生思想政治工作的干部、院（系）党委（总支）负责大学生思想政治教育的副书记和学校各级共青团干部。党政干部和共青团干部是对大学生思想政治教育进行宏观上的规划、组织和协调，以保证大学生思想政治教育的正确方向。

高校思想政治理论课教师承担着对大学生进行系统的马克思主义理论教育的任务，是马克思主义理论和党的路线、方针、政策的宣讲者，社会主义意识形态和精神文明的传播者，要不断提高马克思主义理论素养，提高科研能力和教学水平，做坚定的马克思主义者，做教书育人的表率。高校哲学社会科学教师是学科的建设者和课程的实施者，是教学科研的组织者和管理者，也是校园文化的营造者和建设者，提高他们的素质对大学生的健康成长、对坚持和巩固马克思主义在意识形态领域指导地位，建立具有中国特色、中国风格、中国气派的哲学社会科学体系至关重要。

辅导员和班主任是高等学校教师队伍的重要组成部分，是高等学校从事德育工作、开展大学生思想政治教育的骨干力量，也是大学生健康成长的指导者和引路人。加强辅导员和班主任队伍建设，是加强和改进大学生思想政治教育及维护高校稳定的重要组织保证和长效机制，对于全面贯彻党的教育方针、把大学生思想政治教育的各项任务落到实处，具有十分重要的意义。要从战略和全局的高度，充分认识新形势下加强辅导员和班主任队伍建设的特殊重要性和紧迫性。

广大教职员工都负有对大学生进行思想政治教育的重要责任。要制定并完善有关规定和政策，明确职责任务和考核办法，形成教书育人、管理育人、服务育人的良好氛围和工作格局。教师要提高师德和业务水平，爱岗敬业、教书育人、为人师表，以良好的思想政治素质和道德风范影响和教育学生。学校管理工作要体现育人导向，把严格日常管理与引导大学生遵纪守法、养成良好行为习惯结合起来。后勤服务人员要努力搞好后勤保障工作，为大学生办实事、办好事，使大学生在优质服务中受到感染和教育。

二、大学生思想政治教育队伍的特点

大学生思想政治教育队伍建设旨在加强和改进大学生思想政治教育，具有明确的目的性、较强的综合性、突出的专业性和深刻的实践性等特点。

（一）明确的目的性

作为承担大学生思想政治教育主要力量的大学生思想政治教育队伍，其队伍建设的主要目的就是要促进大学生思想政治水平的提高，培养德育为先、德智体美劳全面发展的中国特色社会主义事业的合格建设者和可靠接班人。大学生思想政治教育队伍建设紧紧围绕这一目的展开，只有通过队伍建设，才能切实提高队伍成员的素质、能力和工作效率，更有效地教育和影响大学生，解决部分大学生中存在的政治信仰迷茫、理想信念模糊、价值取向扭曲、诚信意识薄弱、社会责任感缺乏、艰苦奋斗精神淡化、团结协作观念较差、心理素质欠佳等问题，从而提升大学生的政治素养、思想水平和心理素质，促进大学生全面发展，为中国特色社会主义事业培养坚实的后备力量。

（二）较强的综合性

就大学生思想政治教育三支队伍，即学校党政干部和共青团干部、思想政治教育理论课教师和哲学社会科学课教师、辅导员和班主任来说，开展大学生思想政治教育工作，任何一支队伍单兵作战都是不科学的，不能达到思想政治教育的综合效果。因此，大学生思想政治教育队伍建设的综合性首先就是指三支主体队伍职能的综合性。在队伍建设的过程中，要充分考虑到各队伍的优势和不足，进行资源合理优化配置，促进三支队伍相互配合、相互作用，形成大学生思想政治教育的强大合力。此外，大学生思想政治教育队伍建设的综合性表现在队伍建设所依托学科理论的综合性上。队伍建设要在马克思主义指导下以思想政治教育为核心学科依托，但是仅仅掌握思想政治教育学科的理论是远远不能适应大学生思想政治教育的发展和需要的，这就要求综合其他相关学科，例如，教育学、心理学、政治学、社会学、伦理学、管理学、组织行为学的相关理论，综合进行。

（三）突出的专业性

大学生思想政治教育队伍建设的专业性主要表现在队伍成员的政治素养和角色定位方面。一方面，队伍成员具有较高的政治素养。高校思想政治教育队伍承担着宣传马克思主义理论和党的路线、方针、政策，传播社会主义意识形态和精神文明，用马克思主义中国化的最新理论成果武装大学生、用优秀文化培育大学生的主要任务。这就要求他们必须具有坚定正确的政治方向，必须有坚定的理想信念；另一方面，队伍成员具有明确的角色定位。三支主体队伍中，学校党政干部和共青团干部是负责领导、组织、协调的宏观把握工作的；思想政治理论课教师和哲学社会科学课教师是负责对基本理论、知识的传递和培养的，是一种显性教育；而辅导员和班主任主要负责日常的思想政治教育工作，在对学生活动的组织中、生活的关怀中、就业的指导中展开工作，产生一种潜移默化的影响。明确角色定位，才能明确工作职责范围，做到术业有专攻。

（四）深刻的实践性

实践的观点是马克思主义首要的和基本的观点，实践是认识的基础，是认识的来源，实践是检验认识正确与否的唯一标准。大学生思想政治教育队伍建设是在深刻的实践基础上进行的活动。首先，队伍建设来源于实践。正是由于大学生思想政治教育实践的不断发展，与之相适应才产生了大学生思想政治教育队伍建设。其次，队伍建设服务于实践。大学生思想政治教育队伍建设的直接目的就是更好地服务大学生思想政治教育的实践，从而增强教育的实效性，切实提高大学生的思想政治水平。再次，队伍建设接受实践的检验。大学生思想政治教育队伍理论建设的成效如何，不是由队伍成员主观来评判的，最终还是要由思想政治教育的实践来检验。最后，大学生思想政治教育队伍活动本身就是一种实践。党政团干部的决策实施工作是实践，思想政治理论和哲学社会科学课教师的教学活动也是实践，而辅导员和班主任作为日常思想政治教育的骨干，经常与学生沟通交流，开展各类活动，他们的工作更是一种实践。

三、大学生思想政治教育队伍建设的基本内容

（一）思想建设

大学生思想政治教育队伍思想素质的水平影响大学生思想政治教育的实际效果。其思想建设的重点是坚持科学的指导思想，加强理论学习和社会实践，通过外部灌输和自我修养，提升思想水平。坚持以中国特色社会主义理论为指导，坚定中国特色社会主义制度自信、道路自信和理论自信，坚定社会主义办学方向，坚决拥护中国共产党的领导，坚持以人为本，在工作中做到"育人为本，德育为先"。

（二）组织建设

组织机构健全、配备人员充足、结构合理的队伍是做好工作的基础和前提。大学生思想政治教育队伍组织建设要按照专职为主、专兼结合、数量充足、相对稳定、合理流动、团结高效的原则，做好各类人员的选聘、培养和管理工作，对人才资源进行合理有效的配置，充分发挥党政干部和共青团干部的组织、协调和领导作用，保证大学生思想政治教育队伍后继有人，保持队伍的延续性。

（三）业务建设

业务素质是思想政治教育者有效开展思想政治教育工作的基本条件。这支队伍是否具备精湛的业务能力，是高校思想政治教育能否有效开展的关键因素。业务建设主要是要加强对队伍成员的培养培训，采用脱产学习、岗位轮换、出国学习考察、挂职锻炼、参加社会实践活动等形式，切实提高队伍成员的实际水平和工作能力，提高他们的语言表达能力、处理危机能力、随机应变能力、教学科研能力等。

（四）作风建设

大学生思想政治教育队伍要坚持解放思想、实事求是、理论联系实际,本着贴近实际、贴近生活、贴近学生的原则,经过有组织的教育、培养、锻炼、管理和加强自身的修养,使整个大学生思想政治教育队伍在日常的工作、学习和生活中,形成正确的思想作风、积极向上的学风、扎实的工作作风和良好的生活作风。

（五）制度建设

制度建设是带有根本性、全局性、稳定性和长期性的问题,要制定和完善适应大学生思想政治教育队伍建设和发展的各项法律法规、方针政策和规章制度体系,全面规范和指导大学生思想政治教育队伍建设工作,使大学生思想政治教育队伍的选拔、培训、管理、激励和保障等建设工作有法可依、有章可循,形成长效机制,实现大学生思想政治教育队伍建设工作的制度化、规范化和科学化。

第二节　高校思想政治教育工作队伍建设的现状

近年来,党和国家高度重视大学生思想政治教育队伍建设工作,从队伍构成、定位、分工、政策保障及培养培训等方面探索创新队伍建设的新格局,推动了大学生思想政治教育队伍建设的稳步发展。

一、明确了队伍的构成、定位和分工

中央明确指出,学校党政干部和共青团干部,思想政治理论课和哲学社会科学课教师,辅导员和班主任是大学思想政治教育队伍的主体。还明确规定了三部分主体的具体分工:学校党政干部和共青团干部负责学生思想政治教育的组织、协调、实施;学校党委要统一领导大学生思想政治教育工作,经常分析大学生思想状况和思想政治教育工作状况,制定思想政治教育的总体规划,对学生思想政治教育工作进行全面部署和安排;校长要对大学生德智体美劳全面发展负责,把思想政治教育与教学科研社会服务工作结合起来,同时部署、同时检查、同时评估;学校各部门要明确各自职责,密切协作,切实完成相应任务;学校基层党团组织要认真履行学生思想政治教育职责,把加强和改进大学生思想政治教育工作落到实处。这些规定使高校党政干部和共青团干部在大学生思想政治教育工作中的定位更加清晰、职责更加明确。

高等学校思想政治理论课教师是马克思主义理论和党的路线方针政策的宣讲者、社会主义意识形态和精神文明的传播者,要不断提高马克思主义理论素养,提高科研能力和教学水平,做坚定的马克思主义者,做教书育人的表率,做大学

生健康成长的指导者和引路人。高等学校哲学社会科学课负有思想政治教育的重要职责，哲学社会科学课教师和思想政治理论课教师一起被纳入大学生思想政治教育队伍主体之中，要求他们根据学科和课程的内容、特点，负责对大学生进行思想理论教育、思想品德教育和人文素质教育。对思想政治理论课教师的定位，从20世纪80年代"是塑造学生思想灵魂的工程师，是宣传科学共产主义的战士"发展为"党的理论、路线、方针、政策的宣讲者，大学生健康成长的指导者和引路人"，对其角色定位更加准确全面。目前，高校思想政治理论课教师队伍教师准入资格的高要求，如必须具有硕士学位、必须是共产党员等条件的要求，表明高校思想政治理论课教师队伍素质要求有越来越严格的趋势。而将哲学社会科学队伍纳入大学生思想政治教育主体，不仅扩大了队伍、充实了力量，也进一步提升了高校思想政治教育队伍的层次和水平。

辅导员和班主任是大学生思想政治教育队伍的主体，是大学生思想政治教育的骨干力量。辅导员按照党委的部署有针对性地开展思想政治教育活动，班主任负有在思想、学习和生活等方面指导学生的职责。辅导员是高等学校教师队伍和管理队伍的重要组成部分，具有教师和干部的双重身份；辅导员是开展大学生思想政治教育的骨干力量，是大学生思想政治教育和管理工作的组织者、实施者和指导者；辅导员应该努力成为大学生的人生导师和健康成长的知心朋友，并从思想政治教育、道德品质培养、助学帮困、就业指导、校园稳定等八个方面规定了辅导员的工作职责。辅导员和班主任的角色定位，不仅适应了大学生全面发展的要求，也有利于提高辅导员和班主任的社会地位，树立良好的职业形象，增强其职业归属感和事业成就感。2017年8月31日，教育部发布了第32次部长办公会议修订通过的《普通高等学校辅导员队伍建设规定》，该规定从要求、职责、配备、选聘、发展、培训、管理及考核等方面，明确了高校辅导员队伍的建设标准，为高校辅导员队伍的建设提供了具体可执行的依据。

总之，大学生思想政治教育队伍的构成、定位和分工的明确，为队伍建设的科学化和有序化奠定了基础。

二、完善了队伍建设的政策保障

保持思想政治教育队伍的稳定和发展，需要明确政策、落实待遇。各高校要按师生比不低于1∶200的比例设置本、专科一线专职辅导员，每个系的每个年级设专职辅导员，每个班级都要配备一名兼职班主任。职称和待遇方面，除了继续完善思想政治教育队伍的专业职务系列外，还要将辅导员和班主任的岗位津贴等纳入学校内部分配体系统筹考虑，确保辅导员和班主任的实际收入与本校专任教师的平均收入水平相当。对辅导员实行"双重管理"，保证辅导员"双线晋升"，可按照助教、讲师、副教授、教授来评聘思想政治教育学科或其他相关学科的专业技术职务。辅导员作为后备干部，还可以被选拔、调派从事校内的管理工作或者被推荐至地方组织部门。辅导员的配备比例和辅导员的编制、职称评定、职务晋升、岗位津贴、办公条件、通信经费等方面要做更加细致的规定。

三、加强了队伍的培训

（一）对辅导员队伍的培训

2005年，教育部下发了《关于加强高等学校辅导员班主任队伍建设的意见》。提出要大力加强辅导员和班主任队伍的培养培训工作，切实为辅导员和班主任工作及其发展提供保障。2013年5月，教育部下发了《普通高等学校辅导员培训规划（2013—2017年）》，对辅导员培训工作做出了统筹安排。

（二）对思想政治理论课教师的培训

近年来，国家通过全员培训、骨干研修、在职攻读学位、国内考察、国外研修、以项目选人和选人给项目等多种途径进行思想政治理论课教师的培训，建设一支"让党放心、让学生满意"的高校思想政治理论课教师队伍。努力造就数百名政治坚定、理论功底扎实、善于联系实际、具有较高教学水平和科研能力的领军人物、中青年学术带头人；培养数千名思想政治理论素质高、业务精湛、具有发展潜力的教学一线骨干教师，以及数万名坚持正确方向、师德高尚、业务熟练、结构合理的专业化教师，为加强和改进大学生思想政治教育，培养德智体美劳全面发展的中国特色社会主义事业合格建设者和可靠接班人做出贡献。

第三节　加强高校思想政治教育工作队伍建设创新的策略

一、促进队伍建设的专业化和职业化

大学生思想政治教育队伍应由精干的专职人员和兼职人员组成，其中以专职人员为主、兼职人员为辅，构建合理的专兼队伍结构。正是由于党和政府坚持专兼结合的原则，才使得高校思想政治教育队伍不断发展壮大，结构不断优化，也才使得全员育人、全过程育人、全方位育人的工作思路在实际工作中得到贯彻落实。

在专兼结合的大学生思想政治教育队伍基本结构中，专职思想政治教育工作者是骨干力量。要实现思想政治教育工作的专业化和科学化，必须以专职人员为骨干，并且通过专业化和职业化建设，培养和造就一批思想政治教育的专家。专

业化致力于队伍成员内在素质的提升，职业化立足于外在的资格认证和职业要求。思想政治教育队伍的专业化建设，有助于提高队伍整体素质，使其掌握相关的专业知识和工作能力，确保有充足的时间和精力进行本职工作，提高思想政治教育工作实效。职业化是专业化发展的动力和保障，职业化使其具备崇高的职业理想，掌握过硬的职业技能，树立良好的职业形象，提升社会认同。个人职业取得发展，能够使他们安心本职工作，有助于队伍稳定和健康发展。

我们可以采取以下措施促进大学生思想政治教育队伍建设的专业化和职业化。

（一）培养培训

其一，培训的内容主要包括对大学生思想政治教育队伍成员的思想政治素养的培训、思想政治教育专业理论知识的培训，以及社会学、心理学、教育学等相关专业知识的培训和相关能力素质的培训，重点是对队伍成员政治素养的培训。还应该进行对大学生思想政治教育队伍工作方式方法创新的培训，引导他们树立运用新方法的意识，培养他们合理采用新方法的技能。其二，培训的形式可以采取岗前培训、日常培训、专题培训、学历培训和骨干培训等形式，要突出学历培训和骨干培训。学历培训一般是指对已经从事工作的队伍人员进行统一规划和安排，选送他们去攻读硕士学位或者博士学位，学成归来再继续回到原岗位参加工作，培养思想政治教育方面的专家和学者。骨干培训是指为了保证队伍的稳定性，选择一些表现突出的骨干力量进行社会实践、挂职锻炼及国内外的各种培训，培养一批教育能手。其三，完善培训保障机制。要重视精品教材和课程建设，积极吸收国内外优秀研究成果和实践经验，逐步建立科学合理、绩效突出，以理论学习、技能训练和案例教学为重点的培训教材和课程体系；要继续建立健全思想政治教育队伍人才培养基地，保障大学生思想政治教育者定期系统培训的实现；建立对培训结果相应的考核制度，培训最终的目的是要提高队伍成员的素质，不能简单上课、开会就算结束，在培训结束以后要检验培训实际效果。可以把队伍成员的培训作为其评优评奖、待遇和职称变化的一个标准，以激发他们参加培训的自觉性和积极性。

（二）以辅导员队伍建设为重点

作为大学生思想政治教育队伍之一的辅导员队伍，是大学生思想政治教育的骨干力量，保证辅导员队伍建设的专业化和职业化，必将促进整个队伍专业化和职业化的发展，保持队伍稳定。其一，设立辅导员专业。促进大学生思想政治教育队伍建设的专业化，不仅要继续深化原有学科专业发展，而且要适应新的实践需求，创建辅导员专业，促进辅导员学科发展。教育部可以结合当前大学生思想政治教育工作的实际需要和辅导员队伍建设未来发展需求，将辅导员学科作为思想政治教育的一个分支学科，在原来思想政治教育专业二级学科的基础上，创建能培养具备高水平理论素养和实践能力的高校辅导员专业，进行统一的招生培养，为专业化的辅导员队伍建设提供坚实的后备力量。辅导员专业的设立，将更有针对性、实质性地提升辅导员队伍的专业化和职业化水平，为辅导员队伍工作的开展提供强大的专业学科支撑和组织保证。其二，做好合理分流。未来辅导员队伍如果不能做到合理分流，必将影响这支队伍工作的积极性和创造力，高校应建立多个职业发展渠道，允许不同的人有不同的发展方向，让专职辅导员看到自己的职业前景。一方面，培养一部分科研能力突出、具备敏锐科研思维能力的辅导员成为思想政治教育专家；鼓励一部分善于管理学生事务、善于疏解学生心理问题、能够创新性地开展大学生主题教育活动的辅导员，继续从事辅导员工作，把辅导员工作当作自己的终身职业来对待；另一方面，一部分具备行政管理能力的辅导员，可以推荐其在学校机关部门工作，发挥其行政管理能力。这样各展其能，让他们在工作中获得最大的积极性和成就感，就能更科学、更有效、更全面地引导辅导员的工作，有利于形成辅导员队伍的长效发展机制。总之，让辅导员这个角色成为人才成长和发展的平台，更让辅导员成为一种职业，促进整个队伍建设的稳定性。

二、促进队伍建设的制度化和规范化

（一）建立健全选聘机制

首先，扩大人数规模，按照国家相关文件的要求来配备思想政治教育人员。思想政治理论课专任教师要总体上按不低于师生1∶400的比例配备，专职辅导员和学生按1∶200甚至更高的比例来配备，保证每个院系、班级都有相应数量的专职辅导员。要以优厚的待遇和人文关怀为招聘条件，最大限度和最广范围地吸引有意愿者积极加入队伍中来。其次，规范选拔标准，按照政治强、业务精、纪律严、作风正的要求，坚持专兼结合的原则进行选拔。政治强是指队伍成员要具备的首要素质就是政治素质，必须有坚定的政治信念，拥护党的领导，这就要求队伍成员最好是中国共产党党员。业务精是指必须掌握开展思想政治教育工作的相关专业知识和能力素质，如语言表达能力、危机处理能力、应变能力等。纪律严是指大学生思想政治教育队伍要遵守严格的制度规范，有严明的工作纪律，以此来规范自身行为。作风正是要求队伍成员具有实事求是的作风、密切联系学生的作风、民主公正的作风，树立良好的形象。最后，完善选拔程序，包括笔试、面试、试用等环节。以辅导员的选拔为例，笔试的内容包括与大学生思想政治教育队伍相关知识的运用程度。面试主要是对应聘者的能力进行考查，测试他们职业能力、应对突发事件的能力、心理承受能力及语言表达能力。然后对拟录取者进行试用，根据其实际表现及学生反映进行综合评判，试用期间实行双向选择和淘汰机制。

（二）建立健全考核机制

由于大学生思想政治教育工作的复杂性和特殊性，学校必须制定出一套符合实际、行之有效的考核机制来进行考核。从考核主体来看，应该全面考虑多方面的因素。其主体包括学生、队伍成员自己、同事及上级部门，对队伍成员进行学生评议、个人自评、院系考核、职能部门考核和同级互评，然后综合所有考核人员意见，得出最后考核成绩。从考核内容来说，包括对队伍成员的素质考评，即考查他们的政治、思想、作风、道德等素质；能力考核，即实际分析问题和解决问题的能力，组织协调、教学及科研能力；工作绩效，即考核队伍成员的工作数量、出勤、学生实际思想水平情况等。从考核的方法来说，首先，应该坚持定性与定量相结合的方法，根据队伍成员的实际工作特点，对其素质和能力方面进行定性考核、对工作业绩等进行定量考核，要尽量把考核标准量化转化为可以直接或者明确反映其工作业绩的具有可操作性的标准。其次，要坚持过程考核和结果考核相结合，结果考核主要考查队伍成员岗位职责完成情况和工作业绩，过程考核主要是看队伍成员平时的工作状态和表现，是一个动态的过程。最后，要将考核结果与奖惩相结合，对优秀的队伍成员进行表扬奖励，对于考核不合格的应予以批评、提醒，严重不合格者要考虑调离工作岗位或者解聘。

（三）建立健全动力机制

动力机制即激励机制，建立健全的激励机制能够有效提升队伍成员工作的积极性和主动性，营造公平和谐的工作环境。首先，要帮助大学生思想政治教育队伍成员认识和评价自身工作的价值，对所从事的工作产生认同感，能从工作上得到满足和成就，这是解决动力不足问题的关键。其次，要将物质激励与精神激励结合起来。物质激励就是要为大学生思想政治教育队伍成员提供良好的工作环境，提高工作水平和福利待遇，对超负荷的工作要给予补贴，对表现突出的人员进行物质嘉奖。精神激励要通过表彰，授予荣誉称号，提供培训、晋升机会，解决个人发展问题来进行，主要是对队伍成员尊重、成就和自我价值的满足。再次，坚持正激励和负激励并重，对表现优秀的人员要给予及时的奖励，对消极怠工、工作不佳的人员要进行警告，必要时进行一定的惩罚。这就需要健全淘汰机制，对于不能胜任工作的人员及违反纪律、犯错误的人员予以警告、记过、辞退等。最后，国家、学校要有适当的政策倾斜，为队伍建设提供一定的环境保障和制度支撑。相关部门要在教育资源、硬件设施和资金供给方面给予队伍建设大力支持和一定的政策倾斜。就辅导员队伍建设来说，要继续完善教育部人文社会科学研究项目、辅导员专项课题及高校哲学社会科学辅导员专项研究，设立辅导员科研基金、规范科研项目管理、完善科研条件保障机制等。

三、增进交流合作以实现主渠道和主阵地的有机统一

大学生思想政治教育包括思想政治理论教育和日常思想政治教育两个重要方面。思想政治教育理论课是大学生思想政治教育的主渠道，思想政治理论课教师是主要教育主体，而日常思想政治教育是大学生思想政治教育的主阵地。大学生日常思想政治工作主要是指师生交流、职业生涯规划指导、学术活动、社会实践活动、心理健康教育咨询、学生社团活动、党团活动、校园网络等教育形式和途径。日常思想政治教育主要是由党政干部和共青团干部、辅导员和班主任开展的思想政治教育活动，辅导员是日常思想政治教育主阵地上的基层指挥员。主渠道和主阵地是相互配合、相互补充的，两者有机统一于思想政治教育实践中。首先，思想政治教育理论课具有明确的教学目标、系统的教学内容和完整的教学计划，日常思想政治教育可以按照大学生成长成才的规律安排教育内容，构建起完整的日常思想政治教育体系，在内容的选择上要围绕理论课讲授内容进行，实现双方在内容上的衔接。在工作的方式方法上，思想政治理论课教学在讲授和灌输的基础上，也要借鉴一些日常思想政治教育的形式，如利用网络教学、带领学生参加社会实践活动等，以激发学生兴趣，提高课堂教学质量。这都需要思想政治理论课教师与其他两支队伍尤其是辅导员队伍进行有效沟通和配合，形成思想政治教育的强大合力。其次，要为合力育人搭建平台，成立课题研究小组，共同组建课题研究团队。课题小组通过"实践—理论—实践"的良性循环模式，形成合力，提升大学生思想政治教育效果。最后，进行必要的岗位轮换，学校党政干部、共青团干部的工作不应仅仅停留在发通知、发文件、开会、考核这些层面上，必要时可以深入学生工作第一线，担任学生的兼职辅导员、班主任或者兼职学生党支部、团支部书记等。而优秀辅导员和班主任则可以兼职教授大学生思想政治理论课，同样地，思想政治理论课和哲学社会科学课教师也可兼职做学生的班主任和辅导员。需要注意的是，大学生思想政治教育队伍相互配合，形成合力，要建立在明确队伍职责的基础上，并不是职能的混乱和无序。各主体队伍首先要明确自身职责，才能真正达到职能的互补与合作。

四、全面提高队伍素质

思想政治教育工作者素质，是指思想政治教育工作人员必须具备的思想、政治、品德、知识、能力、心理等各方面基本条件的总和。大学生思想政治教育队

伍成员"都要坚持正确的政治方向,加强思想道德修养,增强社会责任感,成为大学生健康成长的指导者和引路人。在事关政治原则、政治立场和政治方向问题上不能与党中央保持一致的,不得从事大学生思想政治教育工作"。中宣部、教育部《关于进一步加强高等学校思想政治理论课教师队伍建设的意见》指出,思想政治理论课教师要坚持正确的政治方向、理论功底扎实、善于联系实际,成为一支政治坚定、业务精湛、师德高尚、结构合理的教师队伍。

高校学生思想政治教育工作者应该具备以下基本素质:政治素质,即在事关政治原则、政治立场和政治方向的问题上与党中央保持一致,具有较高的政治理论水平、政策水平和优良的政治品质;思想素质,即具有辩证唯物主义和历史唯物主义世界观、正确的人生观、优良的思想方法和工作作风;道德素质,即具有无私奉献精神、高度负责精神、民主平等精神、以身作则的品格,在道德人格心灵境界和情操等方面成为学生的楷模;法律素质,即具有现代的明确的法律意识和理性精神,了解掌握基本的法律常识,并能在工作和实践中依法办事;智能素质,即具有扎实系统的理论知识、文化知识和专业知识,以及运用于工作实际的各种技能和艺术;心理素质,即具有广泛的兴趣、优良的性格、真诚的情感和良好的自制力等;创新素质,主要包括竞争和创新意识、独立性和创造性思维、开拓和创新能力等。

第八章 新时代文化视角下高校思想政治教育工作创新研究

第一节 校园文化与高校思想政治教育工作

一、校园文化在思想政治教育中的作用

(一) 充分发挥校园文化在高校思想政治教育中作用的原则

任何一种文化形态的形成、发展都需要遵循一定的原则,高校校园文化建设也不例外。若要充分发挥校园文化在高校思想政治教育中的积极作用,就必须探索出一套原则体系,并在其体系范围内进行校园文化建设,唯其如此才能达到预想的结果。

1.坚持校园硬件建设与校园软件建设相结合的原则

校园文化建设需在硬件与软件建设相结合的基础上充分发挥其具有的思想政治教育功能。其中,校园绿化美化布局、文化设施、社团组织等属于硬件建设,校园办学理念、校风教风、学术氛围、文化地理等则属于软件建设。二者存在一定的关系,即硬件建设为软件建设的有效实施奠定了基础,软件建设是硬件建设的条件,二者在大学生思想政治教育过程中,都是一种无形、潜在、隐性的力量,润物细无声地作用于大学生思想政治教育过程的始终,影响着大学生的价值取向、行为方式。而良好的硬件与软件建设是高校发展中不可替代的引擎,是高校校园文化传承与开拓的助力剂,对大学生思想品德素质的形成和发展起着非常重要的积极作用。因此,充分发挥校园文化在高校思想政治教育中的作用一定要坚持"两手都要抓,两手都要硬"的原则,缺一不可。也要做到在立足各高校实际的条件下,充分挖掘校园现有资源,不断增强基础设施建设,与此同时,也要防止硬

件上去了，而软件处于落后状态。

2.坚持繁荣文化活动与克服反文化现象并举的原则

活动是校园文化建设中不可缺少的一部分，既是校园文化内涵的外在表现，也是校园文化内涵传承和发展的载体。加强高校校园文化建设，一方面要繁荣校园文化活动，鼓励高校全体师生员工创作出具有校园特色的优秀的文化作品，同时组织一些富有思想性、科学性、趣味性、知识性的文化活动，不仅可以陶冶情操，也能为他们提供丰富有益的精神食粮。尤其要结合大学生自身的发展需要，结合一些重大节目，通过寓教于乐的方式，弘扬爱国主义、集体主义、社会主义主旋律，弘扬民族精神，坚定大学生正确的政治方向，激发大学生社会责任感和历史使命感，增强大学生的民族自尊、自信与自豪感；另一方面，要克服反文化现象，不断缩小直至消除有害的、不良思想文化在校园文化领域中的影响，抵制各种腐朽、有害的思想文化对大学生的侵蚀。因此，高校校园文化建设在坚持繁荣文化活动的同时也要克服反文化现象，为大学生的健康成长和学习提供一个良好的文化氛围，达到高校育人的目标。

3.坚持弘扬中国传统文化与尊重文化多样性相统一的原则

高校是传统思想文化积淀的集大成者，高校校园文化与中国传统文化是紧密相关的，撇开传统文化单独谈高校校园文化无价值可言。传统文化在现代社会进程中仍然具有极其重要的意义和价值，扮演着极为重要的角色。它蕴含着崇高的民族精神、优秀的道德品质。爱国主义精神仍是高校教育工作的重点，是激发大学生爱国情怀、提高思想道德素质的精神食粮。其中，传统文化中所蕴含的道德品质在我们构建精神文明的今天是非常值得继承与发扬的。如"先天下之忧而忧，后天下之乐而乐"的崇高的爱国主义精神，"己所不欲，勿施于人"的仁爱精神等，举不胜举。我们应紧随时代发展趋势，不断赋予中华优秀传统文化新的内涵，使其不断发扬光大，不断充实高校校园文化。

毋庸置疑，经济全球化、社会信息化、世界多极化、文化多样化的不断发展，必然带来国际范围内不同思想文化更加激烈的碰撞，这种不同思想文化的碰撞，势必会引起思想文化和价值观念领域的巨大冲突和张力，但同时也给异质文化相互学习、相互融合带来契机。校园文化作为一个开放的文化体系，也应尊重文化的多样性，不能因为西方发达国家意图通过意识形态和价值观念渗透进而达到"西化"中国的图谋，就一味地排斥西方文化，应该吸收、借鉴世界各国的优秀文化成果，坚持弘扬中国传统文化与尊重文化的多样性相统一，以便不断丰富高校校园文化的内容，使其既能体现优良传统，又能体现时代特性，始终呈现出生机勃勃的景象。

(二)创新校园文化在高校思想政治教育中积极作用的路径

当下,大学生思想政治教育问题已经引起了广泛重视。对于在如今复杂的环境下如何提高大学生对参差不齐的西方文化价值的判断能力,如何让大学生关注严肃性的正面新闻、传播正能量等问题,已经引起了广泛讨论,高校校园文化建设理应在这一问题的解决上做出自己应有的贡献。要实现这一目标,需要从以下几个方面着手。

1.创新校园文化对高校思想政治教育服务模式

富有极强生命力、吸引力和感染力的校园文化无疑是有效发挥其思想政治教育作用的良药。倘若高校思想政治教育只是按照传统教育方式一味被简单重复、应付检查,势必会导致高校思想政治教育形式化、死板化,那么到头来其效果或者微乎其微或者背道而驰。因此,为有效发挥校园文化在高校思想政治教育中的积极作用,必须有选择性地改变传统的高校校园文化建设模式,进一步创新校园文化对高校思想政治教育的服务模式。

高校校园文化建设应采取喜闻乐见、能够满足大学生自身的发展需要与符合他们思想特征的内容与形式。这就要求高校在紧随时代发展的前提下,坚持与时俱进、与时俱新,充分把握好大学生自身的发展规律,注重大学生的主体地位并发挥其主观能动性,并在继承与创新中国优秀传统文化、先进文化、本校特色文化基础上,借鉴、吸收西方优秀文化,以充实、丰富校园文化,促进校园文化建设健康发展。

2.加强思想理论的引导

顾名思义,思想政治教育是思想的政治性和政治的思想性两者有机统一与结合的教育,我们必须在马克思列宁主义、毛泽东思想、邓小平理论、"三个代表"重要思想、科学发展观、习近平新时代中国特色社会主义思想的指引下,坚持主旋律原则。校园文化建设的根本目的在于通过营造有利于主旋律、社会主义核心价值体系的宣传气氛,加强以社会主义核心价值体系为主要内容的大学生思想政治教育。特别是在信息量无限增多、价值多元化社会,大学生由于处于价值观形成和确立时期,抓好这一时期的价值观养成至关重要,高校在校园文化建设过程中,更应着力宣传社会主义核心价值观。因此,在增强校园文化感染力与吸引力的同时必须坚持用马克思列宁主义思想来指导校园文化建设。

二、以校园文化推动思想政治教育

(一)以高校校园文化推动思想政治教育机制的原则

不同的学科领域对机制的概念有着不同的理解。机制,在一般意义上,是指复杂系统结构各个组织部分相互联系、相互制约、相互作用的联结方式，以及通过它们之间的有序作用而完成其整体目标，实现其整体功能的运行方式。校园文化的机制涉及种类繁多，总结归纳为四大类机制，分别是创新机制、运行机制、联动机制、建设机制。

1.思想政治教育的创新机制

创新是事物得以发展的有效手段，社会的发展离不开制度、科技和文化的创新。机制创新要遵守以人为本的创新理念，尊重人的创造性，尊重个体之间的差异，尊重人的主观能动性。机制创新遵守实事求是的行事作风，坚持一切从实际出发的原则，坚持学术研究的严谨性和规范性。创新机制要打造信任、平等、开放、合作的学术平台，为不同学科、不同专业提供交流的机会，学科之间形成合作与竞争共存的互动关系。大学运行在社会大环境中，创新也是必不可少的发展手段。创新型大学文化要为大学创新活动提供动力、氛围和必要的前提条件。大学创新的动力来自大学对发展进步的需求，文化创新为社会变革提供动力，是影响社会变革的重要因素。同理，高校校园文化创新促进大学的创新，校园文化创新的进步和倒退，直接影响着大学的建设工作。创新机制的建立决定创新活动的开展，创新机制的运行影响创新活动的成效。创新机制主要分为三类，分别是精神创新机制、物质创新机制、制度创新机制。精神创新机制是高校校园文化建设的前提，制度创新机制是高校校园文化建设的保障，为精神创新成果提供适合发展的保障制度，物质创新机制是对精神创新机制与制度创新机制相结合的成果的呈现。精神创新机制、物质创新机制、制度创新机制各自独立运行，三者之间又相互联系，共建于校园文化建设创新机制之中。

2.思想政治教育的运行机制

校园文化建设视域下思想政治教育运行机制是指在高校校园文化系统下思想政治教育得以存在、运行、发展所依赖的因素和它们之间的相互关系。高校校园文化中思想政治教育的运行机制是使思想政治教育机制中各因素更好运行的前提。高校中的领导班子、教师团体、行政人员、在校学生都是运行机制得以正常运转的重要组成要素，担负各自的职责。思想政治教育运行机制的动力因素结构并不是单一的，而是一个完整的系统。社会中的政治、经济、文化、科技的发展都会对思想政治教育的运行机制产生影响。校园文化中思想政治教育运行机制的目标是育人，属上层建筑范畴。社会政治方向决定了思想政治教育运行机制的发展方向，社会经济发展程度决定了思想政治教育运行机制的发展程度，并且社会经济发展的程度会反作用于社会政治的发展方向。此外，科学的指导思想和先进的发展理念为思想政治教育的运行机制提供引导。

3.思想政治教育的联动机制

为了适应社会的快速发展，完成国家对高校提出的新要求，提升广大师生的政治素养，高校建立思想政治教育与校园文化建设联动机制，可以加强思想政治教育系统和校园文化建设系统的互动交流，合力推进高校思想政治教育工作的开展。所谓教育合力，就是指在一定的时间和条件下，通过综合教育而产生的综合作用。这种综合作用，并不是综合教育中各个单项教育作用的加入，而是比单项教育作用大得多的新的教育力量。思想政治教育与校园文化建设的联动机制使思想政治教育系统内的各要素与校园文化建设中的各分支之间相互联系和作用，形成教育合力，共同推进高校思想政治教育工作。

4.思想政治教育的建设机制

思想政治教育建设机制不同于运行机制，运行机制体现校园文化生成和发展的过程，具有客观规律性，而建设机制是在对校园文化运行机制充分了解的基础上进行的对目标起促进作用的机制，具有主观能动性，可以更好地帮助推进校园文化建设工作。

第一，要明确高校正确的发展方向。在文化多元的背景下，涌入高校的西方思潮虽然丰富了高校思想领域建设，但也对社会的主流意识形态发起了冲击，面对新的挑战，校园文化工作的重心要放在精神文明建设层面，把社会主义核心价值观贯彻到文化建设工作的方方面面，通过核心价值观来引领校园文化精神层面的建设，用社会主义核心价值观培育出科学、向上、积极的大学精神。用科学的指导思想指挥文化建设工作，用主流的意识形态引领精神建设方向。将奉献国家和回报社会作为个体生存的基础要求，将孝敬父母和尊敬长辈作为个体生活的内在标准，将爱岗敬业和友善待人作为个体发展的行事准则。

第二，提高校园文化建设工作的领导能力，激发全校师生的参与热情。我国物质建设工作和精神建设工作都是在中国共产党的领导下进行的，高校作为国家的重点培育单位，更是在我党的领导和监督下运行所有工作的。在党、团组织监督下的校园文化建设工作小组，将有助于加深校园文化建设的科学性，提高高校对校园文化的重视程度。领导小组的制度化，将有助于领导者认清权利、责任和服务三者的关系，认真行使自身权利，承担社会责任，为全体师生服务。能够提出把师生利益放在首位，符合社会发展规律的决策。领导者要通过不间断的学习来提升领导管理的能力，与时俱进，统一全局，用长远的眼光指导建设工作，统领高校校园文化建设工作。规范自身行为，要更加注意工作的方式方法，要建立深厚的群众基础，保持自身的廉政作风，要以维护群众的利益为制定方案的出发点。校园文化建设工作除了在专业人员的带领下进行，更要激发全校师生共建的积极性，从领导到教师再到学生，鼓励全员参与到校园文化建设工作之中，发散思维，各抒己见，为校园文化的建设注入新鲜血液。

第三，要对系统中各分支进行整合，整体推进高校校园文化建设工作。大学文化建设是一个庞大的工程，包含多种部门。校园文化精神层面的构建、校园文化物质层面的建设、校园文化活动的举办都是校园文化建设工作的分支，将各分支的运行统一在校园文化建设工作的整体指挥下，可以激发各分支的最大潜能，达到协调有序地发展。精神层面的建设主要以党中央确立的指导思想为准则，坚守科学发展观，始终把"化人""育人"作为高校工作的目标。要整合各分支的建设目标，把培养出符合时代要求的国家未来建设者和接班人作为工作的总目标。要确立主旋律，使高校工作的运行方向与中国特色社会主义现代化建设的前进方向保持一致。思想政治教育在精神层面建设工作中处于核心地位，它决定了精神文明建设工作的方向。物质层面建设中的高校校园建设，是建立在审美学基础之上的，应建造出突出学校特点、具有地域特色的优美校园，并配备完善的基础设施，为全体师生提供更好的学习和生活环境。绿色校园更加彰显出人类与自然和谐共处的决心，通过自然环境净化师生的内心，提升师生的审美品位。校园文化活动的举办，把校园文化建设从静态转化为动态，从单一的形式转变为多种形式，把校园文化建设理论转变成实际活动，增加了实践性。我党坚持的唯物论是采用科学的理论探知物质世界，显而易见，物质层面的建设决定了精神层面的建设，是精神层面建设的前提和基础，同时精神层面的建设也会反过来作用于物质层面的建设，对物质层面建设的发展起着推进或滞后的作用，这都取决于精神层面的建设是否符合事物发展的客观规律，是否同步于社会发展的前进方向。精神建设和物质建设都遵循各自不同的运行方式，但是又有着千丝万缕的关系，校园文化活动是精神建设和物质建设的共同承载体，在校园活动中既能体现精神建设又能显示物质建设，所以大学校园文化建设系统中的各分支既能保持独立的运转方式，又可以被整合在统一的建设系统中进行校园文化建设。

第四，要设立检验、反馈制度，及时调整高校校园文化建设工作。高校的制度经过实践的检验后，需要进行定期的检验和反馈。高校校园文化建设工作想更大程度地发挥作用，需要用检验、反馈制度进行及时的调整。校园文化在建设过程中，受到主、客观及不可抗力因素的影响，会与预期的效果产生偏差。检验、反馈制度的作用是发现校园文化建设过程中的问题，及时反馈给建设工作者，以便工作者做出有效的调整，可以避免产生更大的损失。当然，检验、反馈制度并不只是用来发现问题，还可以抓住建设工作中出现的闪光点，反馈给建设者，建设者再加大投入力度，使其发挥更大作用。此外，检验、反馈制度还可以评估实施措施的难易程度及可行性，根据评估对实施力度做出相应调整，可以避免浪费不必要的人力和物力。最后，进行校园文化建设的工作人员需要以客观、全面、深入的眼光进行检验、评估工作，洁浊扬清，才能营造健康积极的校园环境。

(二）以高校校园文化推动思想政治教育的实践路径

思想政治教育、校园文化建设和高校整体建设的关系环环相扣，高校实现教书育人目标的有效手段就是进行思想政治教育。如何发挥校园文化建设中思想政治教育的最大功效，直接影响高校教书育人目标的完成程度。校园文化中的思想政治教育具有时效性、针对性和具体性的特点，利用校园文化建设中思想政治教育的特点可以更好地完成高校教书育人的目标。

1.整合校园文化资源，推动高校思想政治教育建设

校园文化遍布于高校整体运转的各个方面，为了确保高校建设工作的正确方向，建立积极健康向上的校园文化环境，高校首要工作是对校园文化资源进行整合，形成完整系统的校园文化体系以推动高校思想政治教育建设。整合校园文化资源主要在两个方面推动高校思想政治教育建设。

整合管理资源，规范高校校园文化建设的正确方向。校园文化建设的首要工作是传播高校的办学理念，彰显校园的地方特色，保持严谨正确的政治态度，向符合社会发展要求的方向前进。首先，高校中校园文化建设的管理者是校园文化建设工作的决策者，对校园文化建设起到核心作用，高校党组织参与到校园文化建设管理工作中是必不可少的环节。高校党组织肩负着带领各基层组织的重任，其中在党组织领导下的共青团组织也会根据其自身特点，紧跟党组织的发展脚步，协助党组织开展思想工作，与党组织一起构建校园文化建设。党团建设一体化可以确保校园文化建设的正确方向，促使社会主义核心价值观融入校园文化建设，培育和传播高校主流文化。其次，管理者对校园文化建设工作的实施成果起决定性作用，管理者思想觉悟的高低决定了政策制定的对与错，管理者能力水平的高低决定了工作成效的优劣，提高管理者的思想水平和能力水平是校园文化建设工作的必要举措。最后，对教学部门和管理部门进行整合，共同推进校园文化建设。思想政治教学部门拥有众多具备扎实思想政治教育理论知识的专业教师，可以为校园文化建设工作提供专业的理论指导，但是教学部门缺乏实际管理经验。高校管理部门拥有丰富的管理实践经验，但是缺乏专业的理论知识进行工作指导。在校园文化建设工作中把教学部门和管理部门进行整合，吸纳更多的专业人士参与管理工作，增加部门之间的互动，把理论教学和实际管理相结合，取长补短，增强管理工作专业性的同时又提升了理论教学的实践性，两者统一于校园文化建设管理者的领导，共同推进校园文化建设。

整合理论课资源，丰富思想政治教育的内容。高校中的思想政治教育涉及政治思想、道德品质、心理素质、人际关系等多方面教育，其中思想政治理论课教育是高校思想政治教育的重要组成部分，也是高校对学生进行思想政治知识传输的主要方式。思想政治教育理论课对学生思想教育的重要性不言而喻。高校开展

的思想政治教育理论课教学目的明确，教学内容丰富，教学计划完整，是一套成熟的教学体系，通过完整的教育体系把马克思主义学说植根于学生头脑，把中国特色社会主义理论融入学生生活。但这种传统的教育模式也存在时效性不强、与生活实际脱离的问题。自古以来的道德教育都强调，唯有促进本人的觉悟才能奏效，别无他途。片面的硬性灌输只会使学生产生逆反心理，无法造就独立思考、自我负责的人格。

2.以社团组织为载体构建思想政治教育建设新格局

高校中的社团组织是进行校园文化活动的主要载体，以社团组织作为开展思想政治教育的载体，可以提高思想政治教育实践性，增强思想政治教育的活力，为校园文化活动注入正能量，优化校园活动内容，使校园文化活动内容不再肤浅空洞。第一，以社团组织为载体开展马克思主义学说传播活动。马克思主义理论是由马克思、恩格斯创立的，从辩证法和唯物论的角度出发研究事物发展的学说。马克思主义理论是我党的指导思想，我党的指导思想是对国家统治阶级观念的直接呈现，表明我党是唯物史观忠实的拥护者，也是马克思主义学说关于实现全人类彻底解放远大目标的坚定实践者，同时我党更是马克思主义学说的发展者。马克思主义创始人认为："哲学把无产阶级当作自己的物质武器，同样，无产阶级也把哲学当作自己的精神武器，思想的闪电一旦彻底击中这块素朴的人民园地，德国人就会解放成为人。"思想政治教育作为国家传播主流思想的主要渠道，与马克思主义理论的关系密不可分，马克思主义理论规范了思想政治教育的发展方向、影响着思想政治教育的成效、带动着思想政治教育发展的脚步，高校中开展马克思主义理论的教育活动意义非凡。

世界进入新纪元，国际形势快速发展，人民生活变化日新月异。经济全球化促进国家经济的发展，改善了人民的生活水平，但是经济全球化带来的副作用也在制约着国家的发展。西方价值观念的渗透，阻碍着国家主流价值观形成；西方文化观念的传输，挑战着中华传统文化的地位；无形的意识形态、文化观念的熏染，威胁着我国对主流意识形态的传播、优秀传统文化的传扬，更加挑战了马克思主义的指导地位，降低人们对马克思主义的信服程度。科技时代的到来，人们的生活方式发生重大改变，科技延长人民的生命，丰富人民的生活，互联网拉近了人与人的距离，开阔人的眼界，但网络世界鱼龙混杂，各色信息交织在一起，难辨优劣真伪。互联网对师生有极强的吸引力，也是一把双刃剑，第一个承受者就是高校师生，健康的信息可优化观念，劣质的信息会毒害思想。

开展马克思主义学说宣传活动主要从教育内容、教育手段、教育形式上展开。其一，传统的马克思主义理论教育以书面文字的形式进行，马克思主义理论中包含哲学部分，哲学内容相对深奥，书面文字不易理解，很大程度降低了学生对马克思主义理论的学习兴趣，减弱马克思主义理论对塑造思想的成效。校园活动从生活角度出发，丰富教学内容，消化吸收理论中深奥的部分，结合生活中的真实案例，简化后传播给学生。其二，马克思主义的教育手段并不局限于单一的课堂传授，在校园生活中有多种方式适合进行马克思主义理论的传播。把马克思主义的传播融入校园活动中，既可以制约校园活动的发展方向，又可以提高思想教育的实践性，扩大马克思主义理论的传播范围。信息时代带来了多媒体技术，运用多媒体技术把单一的文字转化为生动的画面，增强吸引力，丰富理论传播的形式。其三，传播马克思主义理论教育思想需要进行不断的创新，及时做出调整。马克思主义理论从发展的角度看问题，马克思主义的传播者也要带着发展的眼光进行马克思主义理论的传播工作。随着社会的发展，马克思主义的传播者要具备丰富发展马克思主义理论的观念意识，进行马克思主义理论教育思想的创新，从实际出发发展马克思主义，避免出现马克思主义教条化错误。

第二节　和谐文化与高校思想政治教育工作

一、和谐文化与高校思想政治教育的关联性

（一）和谐文化建设与思想政治教育目标一致

从目标的角度来看，和谐文化建设的目标更加宏观，更加具有长远的战略层面的意义和价值，其基础理念是提升国家的综合实力和文化软实力。思想政治教育是教育事业的一部分，其目标往往具有微观性的特点，具体来说就是提升人的素质，启迪人的觉悟，凝聚人心和智慧，调动社会成员投身改革开放和现代化建设的热情和积极性。和谐文化建设与思想政治教育的目标虽然在宏观与微观的视角上有所不同，但是二者的最终目标是一致的，都是要将社会主义社会建设成为广大民众共同拥有、共同治理、共享成果的社会——和谐社会。如果没有宏观的方向和终极指引，微观上的努力与探索就很难有大的成效；反之，如果没有微观上一点一滴的努力和积累，宏观上建设和谐文化、构建和谐社会的战略就会成为空中楼阁。

如上所述，和谐文化是在构建社会主义和谐社会的背景下，以和谐为思想内核和价值取向，融理想信仰、思想观念、社会风尚、行为规范、制度体制等于一体的，并以倡导、传播、实施和谐理念为主要内容的一种文化形态。在思想观念上和谐文化体现了人们对社会文化的认知及思考，对社会和谐目标的憧憬及追求。在实践中，和谐文化通过对广大民众的不断教育、影响和濡染，充分发挥和谐文

化对社会发展中各要素的支配力和影响力，从而塑造、化育和完善广大民众的性格、道德情操和理想信念，不断增强社会文化影响力，为和谐社会建设提供内在的支撑力。

思想政治教育在本质上是教育，具有教育活动的一切本质特征和外在形式。而任何形式的教育事实上也都是文化发展、传播与传承的具体实践。因此，教育就是文化，既是文化的产物，也是文化的形式和手段，思想政治教育则是更具体的文化传承手段。就狭义的思想政治教育理论和实践而言，它所进行的一系列影响广大民众思想观念并使之发生变化的各项工作，都是在特定的文化背景下进行的，都依托特定的文化，立足于特定的文化根基，都是在引导社会成员特别是新生代认同和接受怎样的文化，批判和否定怎样的文化。孤立抽象的思想政治教育什么事情都不能做，什么事情都做不成。思想政治教育的目标、内容和形式手段等都必须借助于文化，并通过多种多样的文化方式方法和各种文化活动的开展才能实现。因此，在建设和谐文化的视野下，思想政治教育要坚定广大社会成员的理想信念，提升社会整体的思想道德素质，增强社会成员的民主法治观念，培养社会成员的生态环境意识，从而建设一个人人安居乐业、守望相助、奉公守法、环境优美的和谐社会。这不论是从实践上还是从逻辑上，都是和谐文化的价值目标和追求，也是构建和谐社会所不可或缺的思想基础。由此可见，建设和谐社会同样也是思想政治教育的核心目标。

（二）和谐文化建设与思想政治教育载体互补

和谐文化建设与思想政治教育两者通过不同的载体相互协调，而且二者载体互补，从而在推进和谐社会建设中发挥着各自的作用。

和谐文化对于社会经济的协调发展，人与自然的和谐相处，广大民众间的团结和睦，乃至社会个体的心理和谐，都起着一定的支撑作用。建设和谐社会离不开和谐文化建设，和谐文化建设需要一定的载体。和谐文化建设的载体有传统的和现代的。远古社会的神话传说、社会习俗等，至今仍然在以传统文化的形式影响当代人的生活和思想观念。传统的以文字和纸张为媒介的文化形态，诸如小说、诗歌、戏剧、各种民间艺术等文学艺术作品，可以通过书面或口头形式在民间广泛传播，对社会善恶美丑真假的分辨，构成一个社会文化的基本导向，表明一个社会赞美什么、提倡什么、反对什么。这样的文化既是思想教育，也是政治教育。文化传播与社会的教育教化融为一体，文化与人的社会化过程融为一体，其特点就是潜移默化。

现代社会文化的媒介和途径手段越来越多样化和多元化，各种大众文化设施遍及社会的各个角落，深入人们日常社会生活的每一个领域。如各种通俗文化形态,丰富多样的大众文化作品,以及文化设施、文艺体育活动、传统节日活动等。现代文化的载体有报刊、广播、电视、网络等。在现代社会,一方面文化已经不是少数人和社会精英阶层所享有的特权和专利,而是普通社会成员日常生活的重要组成部分;另一方面,大众文化日趋通俗化,引导大众走向世俗化,失去了传统意义上的豪迈和激情。在这样的文化样态面前,建设和谐文化的一个重要课题就是如何实现传统的精英文化与大众文化的相互协调与相互补充。思想政治教育不是从简单的意义上去否定大众文化或者精英文化,在二者的谁是谁非面前做出裁决。思想政治教育面向大众,但并不属于大众文化的范畴。思想政治教育一般是由社会精英阶层来从事的事业和职业,但思想政治教育却从来不以精英文化自居和自诩,而是来自大众、服务大众、引导大众,提升大众的文化品位。我们一方面要挖掘大众文化中的高尚高雅内涵,为大众文化增添自信和自豪,另一方面要引导精英文化面向大众,扎根于大众丰厚的文化土壤之中,吸取文化的营养。思想政治教育就是大众文化与精英文化的桥梁,就是缩小大众文化与精英文化之间距离的杠杆。

思想政治教育载体作为文化主客体之间联系的中介,是实现思想政治教育目标、任务的手段和形式。思想政治教育主客体的思想意识,都是通过思想政治教育载体来表现的。思想政治教育载体为思想政治教育主客体之间的相互作用提供了一个平台,成为思想政治教育的主客体之间相互联系的桥梁和纽带。

载体是提高思想政治教育的实效性、感染力和吸引力的增强剂。思想政治教育的载体也有传统与现代之不同。传统的载体包括文艺作品、宣传普及作品、谈话、学习、讲座、政治性节日活动等,现代的载体有报刊、广播、电视、网络等。

和谐文化建设与思想政治教育二者的载体不仅内容相似、存在互补,而且在形式上也通常共同借助一些社会活动,如国庆节、劳动节等节日以及一些志愿者活动等平台相互发挥作用,从而为推进和谐社会建设发挥积极的作用。

二、和谐文化建设视野中的思想政治教育研究

(一)和谐文化建设视野中的思想政治教育主要内容

1.和谐世界观

构建和谐社会,创造和谐世界,弘扬和谐文化,从根本上来说,必须首先确立和谐的世界观。按照马克思主义哲学的一般理解和解释,世界观是人们对生活在其中的世界以及人与世界的关系的总体看法和根本观点。人的世界观不是先天就有的,是来源于人的社会生产实践和社会生活体验。人类从诞生之日起,为了自身的生存和发展,就必须进行生产实践,并在改造自然和改造社会的实践中形

成了人与人之间的各种社会关系。在实践过程中，人们逐渐形成了对世界以及人与世界关系的总体看法。马克思主义世界观是近代人类科学的世界观，它揭示了自然界、人类社会和人类思维发展的普遍规律，在实践的基础上达到了科学性和革命性的统一，是我们认识世界和改造世界的强大思想武器。人的世界观一旦形成，就会对人的实践活动产生巨大的影响。它往往直接或者间接影响、左右甚至决定人们观察问题、分析问题、处理问题、立身处世的基本态度，决定人们的人生观、政治观、道德观、法治观。正因为如此，在传统文化背景下，长期以来的思想政治教育始终关注对社会成员特别是对新生代的世界观教育。从教育者的主观目的和追求来看，期望受教育者能够形成科学的、正确的世界观，并且把这一点看成各个方面的人才所必须具备的、不可或缺的基本素质，是社会成员基本文化素养的内在体现。然而，当我们转换视角，在和谐文化建设的视野中来观察和反思我们传统的世界观教育，就会发现世界观教育仍然存在着很大的拓展空间和潜力。和谐世界观教育主要体现在以下两个方面

第一，回归世界观教育的社会本性、人类本性和人本性。传统的世界观教育往往立足于阶级划分、阶级对立、阶级斗争框架之内的教育，在一定程度上忽略了世界观的个体个性特征和超越阶级对立的普遍倾向。世界观毕竟是人的世界观，人是以生命个体的形式生存和从事社会实践活动的。人是阶级的人，但人也是个体的人和社会的人。在人的世界观形成的过程中，除了阶级立场观点要产生一定的影响之外，个人的社会生活经历以及特定的文化环境都要发生作用。因此，在人的世界观构成结构中，非阶级的、个人的、社会的、文化的、环境的因素和要素都要发生影响和作用。

第二，回归世界观的多样性和多元性本性。传统的世界观教育立足于二元对立、非此即彼的认识论基础之上，往往是将多样态的世界观划分为唯物主义世界观、唯心主义世界观以及正确的世界观、错误的世界观，等等，其教育者的主观目的和追求是引导受教育者接受正确的世界观，抵制和抛弃错误的世界观。这样的世界观教育的主观意图和动机无可厚非，然而却忽略了世界观作为一种最普遍的文化现象，其形态必然是多元性和多样性的这一客观事实。社会生活的多样性、文化的多元性往往导致人在认识和理解世界的过程中自觉和不自觉地融入很多非理性的文化因素。对于那些非理性的文化要素，我们往往很难判断哪些是唯物主义的，哪些是唯心主义的，哪些是正确的，哪些是错误的。而世界观教育的主旨与核心也并非对社会成员所具有的世界观做出诊断与判断。即使有能力做出这样的判断和诊断，也很难按照教育者的主观目的和动机去改变具体社会成员业已形成的世界观，更何况世界观是隐含在人的日常生活言行背后的深层次的文化现象。世界观并不直接决定人的社会生活取向，世界观对人的实践的影响并不是直接和

显性的。但多数社会成员世界观的整体取向对社会文化却往往会产生重要的影响。因此，在和谐文化建设的视野中，世界观教育要转向科学的普及，包括自然科学、技术科学的普及，更包括人文科学的普及。

2.和谐人生观

人是世界和自然的一部分，是世界和自然界发展进化到一定阶段的产物。人的生命历程既是自然过程，更是社会过程。自然现象、社会现象与生命现象的融合与统一就是人生，而对这些现象所持有的根本看法往往构成特定的人生观。按照通常的逻辑，世界观决定人生观，人生观是世界观的重要组成部分，是人们在实践中形成的对于人生目的和意义的根本看法，它决定着人们实践活动的目标、人生道路的方向和对待人生的态度。人生观主要回答和解决的是"人生是什么""人为什么活着"和"人应该怎样活着"等一些最基本的人生问题。由于人的经济生活状况、社会地位、文化背景以及经历阅历等方面的差异，对这些人生基本问题不可能产生整齐划一的答案。正视人生观基本问题表现上的多元性，包括人生观基本问题上的差异性，恰恰是和谐人生观教育的前提。

与传统的人生观教育强调整齐划一的目标模式不同，和谐人生观一般要面临以下几个方面的课题：一是人的生命过程与自然界、自然现象之间的关系和联系，对于人来自自然、超越自然和回归自然这一系列过程中所遇到的问题的理解和认识；二是生命个体与社会群体之间的关系，对于人与社会相互依存、互为存在的前提、互为发展的前提的关系的理解和认识；三是生命个体之间的关系，包括自我与非我、个人与他人之间关系的理解和认识。因此，人生观也是人的文化观，是社会生活中最普遍的文化现象。同时，社会文化的价值取向也必然对人们的人生观产生影响。与世界观相比，人生观的社会文化色彩更浓厚一些，人生观与社会文化的关系也更密切和更直接一些。社会文化建设的任何价值取向都要对人生观和人生的价值取向产生深刻的影响。因此，在当代中国追求和谐文化建设的背景下，人生观以及人生观教育必然要有新的视野。

（二）和谐文化建设事业中的思想政治教育过程和规律

1.和谐文化建设事业中的思想政治教育过程的特征

（1）社会性与政治性的统一

在和谐文化建设视野中，思想政治教育过程作为一种社会现象，总是在一定的社会历史条件和社会关系下进行的，总是要受到特定社会文化的制约，总是要适应一定社会发展的要求来培养社会所需要的成员。思想政治教育过程的根本目的是促进受教育者的政治社会化和道德社会化，并进而影响和推动社会的和谐发展。人的本质是一切现实社会关系的总和，受教育者的社会化实质上是要按照一定社会关系的要求，引导人们适应、掌握并内化反映这种社会关系的社会规范，自觉遵循社会关系和社会规范的要求，努力使自己融入社会，发展自己的社会本质，使自己成为社会所需要的成员。受教育者的社会化过程，就是不断减少人的自然性，增强人的社会性，把人由自然人转变为社会人的过程。所以，思想政治教育过程具有很强的社会性。在阶级社会里，思想政治教育促进受教育者社会化的过程，不能脱离一定的社会政治和生活环境，必然深深打上阶级的烙印。每个阶级总是力图按照自己的思想意志和道德规范来培养本阶级所需要的社会成员，以维护和实现本阶级的利益。任何思想政治教育过程都是统治阶级有目的、有组织、有计划地施加思想影响以实现思想统治和维护政治统治的过程。因此，思想政治教育过程具有社会性和政治性相统一的特征。

(2) 实践性与导向性的统一

在和谐文化建设视野中，思想政治教育过程是以人为实践对象的特殊的社会实践活动过程，是以实现思想政治教育的对象化为实质内容的社会实践活动过程。也就是说，思想政治教育的实践过程就是把教育者所掌握的适应社会发展需求的教育要求和内容转化为受教育者思想政治素质的过程，这样才能把思想政治教育的目的性通过思想政治教育的对象化在思想政治教育对象身上体现出来，才能展现思想政治教育的价值。如果只注重引导受教育者学习和掌握思想政治理论知识，而不注重把思想政治理论转化为受教育者的思想政治素质，不注重引导受教育者实践这些正确的科学理论，不注重思想政治教育的对象化，不注重思想政治教育过程的实践性，思想政治教育就会丧失自己存在的价值。

思想政治教育过程的实践性是思想政治教育的生命力所在。在思想政治教育过程中，受教育者思想政治素质结构的形成是在教育性活动和交往的基础上发生的一种心理活动过程，是一种文化内化的实践活动过程。实践是思想品德形成与发展的基础。在思想政治教育过程中，受教育者的思想道德认识需要社会实践活动加以验证，思想道德情感需要社会实践活动加以陶冶，思想道德意志需要社会实践活动加以锤炼，思想道德行为需要社会实践活动加以优化。思想政治教育过程中的实践活动是教育者与受教育者共同参与、双向互动的活动，既离不开教育者的组织、启发和引导，又离不开受教育者的认识、体验和践行。教育者的价值导向和受教育者自主建构是辩证的统一。但是，从教育过程和素质发展过程来看，与思想政治品德形成过程比较，思想政治教育过程具有组织性和导向性。其中，教育者的价值导向是形成和发展受教育者思想政治素质的主导方面。因此，思想政治教育过程具有实践性和导向性相统一的特征。

2.和谐文化建设事业中的思想政治教育过程的规律

(1) 内化与外化辩证统一规律

内化与外化辩证统一规律就是揭示思想政治教育内化与外化过程的内在思想矛盾运动和相互联系及其作用的规律。实际上，从和谐文化的视野来看，思想政治教育过程的阶段，就是教育者有目的、有计划、有组织地帮助和引导受教育者实现内化和外化，使受教育者形成和谐社会所期望的思想政治品德的过程。

内化就是受教育者真正接受社会发展所要求的思想、观念、规范，并将其纳入自己的态度体系，转化为自己的内在意识，成为支配和控制自己思想、情感、行为的内在力量的过程。内化的机理是复杂的，从总体上看是一个感受、分析、选择的过程。就感受而言，受教育者在社会实践中会接触到来自各方面的大量有关思想、政治和道德的信息，这些信息引起人们的感官反应，形成有关表象，这就是感受阶段。在此基础上，受教育者进一步分析和理解思想观点、价值观念、道德规范的内涵及其社会价值，形成新的思想政治认识，这就是分析阶段。在已经获得的新的思想政治认识的基础上，受教育者将社会要求的思想观念、政治观点、道德准则与自己原有的思想政治品德基础加以比较，进行判断、筛选和接纳，这就是选择阶段。在选择过程中，受教育者对符合自己原来思想政治品德结构特性的内容会予以同化、吸收，从而形成新的成分；对不符合自己原来思想政治品德结构特性的内容，则会在产生思想矛盾运动后，或者被吸收，或者被拒斥，或者被存疑。所以，选择是内化过程中最困难的一环。只有经过自觉的选择、消化、吸收，社会要求的思想政治品德才能在人的思想中扎下根来。

外化就是教育者帮助和引导受教育者将自己已经形成的思想政治品德认识转化为自己的思想政治品德行为，并养成良好的思想政治品德行为习惯的过程。要实现这一转化过程，首先，必须明确思想政治问题，引发思想动机，这是思想政治品德外化的开始。其次，在思想动机制约下，选择行为途径和形式，动机只有找到相应的行为方式，才能转化为行为，才会在正在形成的个人特性中发挥自己的作用。这是思想政治品德外化过程中不可忽视的一个重要环节。最后，在各种活动过程中，以实现动机外化为行为，并在行为的多次反复强化中变成习惯。行为习惯能在很大程度上全面、综合、客观地反映一个人的思想政治品德状况，所以培养受教育者良好的行为习惯是思想政治教育的归宿，认识、情感和意志的培养最终都要落实到行为习惯上来。

在思想政治教育过程中，内化和外化是相互联系、辩证统一的。其一，它们是相互依存的。内化是外化的前提和基础，没有内化也就没有外化；外化是内化的目的和归宿，没有外化，内化也就失去了存在的实际意义。其二，它们是相互渗透的。内化中有外化，外化中也有内化。因此，要增强思想政治教育的和谐有效性，教育者在思想政治教育过程中，就必须遵循内化与外化辩证统一规律，努力帮助受教育者实现内化与外化的有机结合及其和谐发展。一方面，教育者要积极推进内化过程,坚持必要的正面灌输,帮助受教育者形成正确的思想政治品德认识,以便为外化过程奠定坚实的基础;另一方面,教育者又要善于引导外化过程,注重受教育者智力因素与非智力因素均衡发展,在思想政治教育过程中,不仅要晓之以理,还要通过各种形式引导受教育者陶冶情感、坚定信念、磨炼意志,创造机会和条件引导受教育者投身实践,促使他们的品德认识、情感、信念、意志和行为等心理因素保持方向上的一致性并获得均衡发展,激发他们产生崇高的行为动机,从而实现从思想政治品德认识到思想政治品德行为的转化。

(2) 教育与自我教育辩证统一规律

教育与自我教育辩证统一规律就是揭示思想政治教育过程中教育者的教育与受教育者的自我教育之间的联系及其和谐互动趋势的规律。在整个思想政治教育过程中,教育者的教育与受教育者的自我教育是同时并存、相互影响、相互作用的辩证统一。一方面,教育者的教育在思想政治教育中发挥着主导作用,是激发受教育者的自我教育的外部条件,是自我教育方向正确和效果强化的保证。没有教育者对受教育者的思想政治素质的激发和引导,受教育者的自我教育就不可能得到充分的体现,也就不可能形成自觉的思想政治教育过程。这说明,受教育者自我教育主体作用的体现,离不开教育者教育主导作用的发挥;另一方面,受教育者的自我教育在思想政治教育中又发挥着主体作用,是教育者的教育作用发挥的条件和保证。没有受教育者的自我教育主体作用的发挥,教育者所传授的思想政治教育内容就不可能为受教育者所真正认识和接受。这说明,教育者教育主导作用离不开受教育者自我教育主体作用的发挥。在此意义上可以说,没有自我教育,就没有真正的教育。因此,在和谐有效的思想政治教育过程中,教育者的教育与受教育者的自我教育是相辅相成、相得益彰、和谐互动、辩证统一的。

第三节 优秀传统文化与高校思想政治教育工作

一、传统文化与思想政治教育的融合

(一) 传统文化与思想政治教育的融合存在的问题

虽然中国传统文化与思想政治教育相融合具有重要意义,但从现状来看,中国传统文化不论是在相关学术研究层面,还是在思想政治教育实践中都存在明显缺失的现象,将中国传统文化融入思想政治教育依然面临着许多现实的困难和问题。

中国传统文化与思想政治教育研究,是近年来思想政治教育学科创新发展的

方向之一。目前，学界对这一方向的相关研究主要集中在二者的内在关系、中国古代思想政治教育史、中国传统文化与社会主义核心价值体系等方面。从总体上看，学界在相关方面的学术研究使得中国传统文化与思想政治教育研究逐步趋向成熟化、学理化，同时也有力地推动了思想政治教育理论的深化。但不可否认的是，当前的研究中也存在一些亟待解决的问题。

（二）中国高等教育发展过程中对中国传统文化的忽视

1.中国传统文化在高校思想政治教育中的缺失

中华文明历经五千余年的发展，积累了厚重的文化底蕴，形成了以爱国主义为核心，自强宽厚、群体至上的民族精神以及崇德尚仁、和而不同、诚信求真、知行合一、开放融通等优秀的传统文化思想，影响着一代又一代中华儿女。将中国传统文化积极融入高校思想政治教育实践，对于推动高校思想政治教育工作与学科发展有着十分重要的意义。然而，目前我国很多高校思想政治教育中都缺少传统文化教育内容，只有少数高校开设了"中国传统文化概论"等涉及中国传统文化的选修课，而在大多数高校的思想政治教育课堂里几乎找不到传统文化的影子。

不仅如此，目前在中国高校思想政治教育实践活动中，以中国传统文化为主题而展开的活动基本上处于随机开展的状态，既没有固定的时间安排，也没有形成固定的形式和要求；活动开展得好坏主要依赖思想政治教育工作者对中国传统文化的认知程度和重视程度，中国传统文化中许多优秀的教育资源没有被思想政治教育实践者很好地开发和利用起来，造成了教育资源的极大浪费。这也是导致中国传统文化在我国高校思想政治教育中缺失的重要因素。

2.大学生的中国传统文化基础薄弱

中国传统文化是中华民族历经数千年积淀而形成并延续下来且保存相对完整的文化，对整个中华民族的发展具有重要作用。作为新时代的大学生，了解祖国辉煌灿烂的传统文化，有助于他们增强民族自信心和民族自豪感。不过，从相关大学生对中国传统文化认知状况的各种调查报告来看，目前我国大学生对中国传统文化的认知程度与接受程度不容乐观。此外，由于受应试教育、市场经济环境、西方价值观以及网络文化的影响，中国大学生的传统道德观念相对比较薄弱，他们中有相当一部分人往往追求个人主义、自由主义等，缺乏社会责任感和奉献精神。

二、传统文化与现代德育实践

（一）中华优秀传统文化与德育融合的必要性

1.提高德育教育工作的实效性就要与优秀传统文化相融合

优秀传统文化的道德教育功能与德育工作的任务和要求具有一致性和内在统一性。因此，需要将优秀传统文化寓于道德教育之中，增加道德教育教学的生动活泼性，并且在德育课程中使学生接受中国传统优秀文化。

2.优秀传统文化与德育相融合，利于营造和谐的德育氛围

优秀传统文化是校园文化的重要组成部分。将传统文化渗透到校园文化生活中，学生从中得到理想激励，使学校发挥出德育引领作用，令学生在生活学习之余充分受到传统文化的熏陶，对学生道德教育产生积极的导向作用。

3.优秀传统文化与德育相融合，提供德育工作的方法论

传统文化以"道德感化""合理感化"为主要内容，我国学校德育在不断发展中形成的"以道德教育为主，智力教育为辅"的教育模式，也是学校德育在新的历史时期想取得良好效果可以借鉴的有效方法之一。

（二）传统文化与现代德育实践途径

1.以校园文化为载体，进行传统文化与德育融合工作

校园文化对人的道德修养的影响是潜移默化的，不能实时看到作用，但是在长期的影响中，能够使学生的道德发生质变。校园文化想要起到事半功倍的效果，可以从以下几个方面努力：第一，硬件方面，可以充分发挥学校的硬件设施的作用，例如，可以借助校园广播、板报设计、宣传栏等设施，充分发挥其作用宣传中华优秀传统文化，使学生达到"耳濡目染，不学以能"的目的。第二，软件方面，为了宣传普及优秀传统文化，可以举办相关主题的班会、校园文化节、演讲比赛、辩论赛等活动。

2.提高教师的整体素质

发挥教师在教学活动中的文化引导作用提高教师的整体素质，包含两个方面内容：一是加强任课教师的传统文化知识储备，使其在教学过程中能够更好地实现德育课程与传统文化的有机结合，实现德育发展和文化传承的共赢局面。二是需要提高各科教师，特别是德育教育方面教师的传统文化素养。这样教师就可以在平时的授课中，将传统文化与德育教育相融合，让学生耳濡目染，达到提升德育水平的目的。

3.切实提高德育对人才培养工作重要性的认识

"百年大计，教育为本；教育大计，德育为本"。可见德育在学校教育工作中

的地位和重要性。德育决定学校教育的性质，社会主义社会的学校与资本主义社会学校的本质区别就在于德育的性质和内容。社会主义学校的德育，是用马克思主义的理论、立场和观点教育学生，培养无产阶级所需要的革命接班人，为无产阶级和广大人民服务。我国学校通过培养有理想、有道德、有文化、有纪律的社会主义建设人才，为社会主义政治经济制度服务。德育决定人才培养的质量，我国教育方针明确提出，要培养德、智、体、美、劳全面发展的社会主义合格建设者和可靠接班人，德育决定其他各育的发展方向，是实现教育目的的保证。通过加强德育，可以促进、推动人的全面发展，提高学校教育的质量。德育在提高全民族素质方面起着至关重要的作用。青少年是整个民族现实构成中的一个十分重要的组成部分，他们的素质如何关系到整个民族未来的素质。因此，我们必须高度重视德育。

第九章　新媒体时代下高校思想政治教育创新探索

第一节　新媒体时代高校思想政治教育的特征与要求

思想政治教育这一概念经历了从政治工作、思想工作、思想政治工作、政治思想工作等术语的演变，对思想政治教育概念的理解，是在这些相近概念的比较研究中逐渐澄明的。笔者比较认同张耀灿教授关于思想政治教育的定义，即思想政治教育是指一定的阶级、政党、社会群体遵循人们的思想品德形成发展规律，用一定的思想观念、政治观点、道德规范，对其成员施加有目的、有计划、有组织的影响，使他们形成一定社会、一定阶级所需要的思想品德的社会实践活动。这是一个系统，其基本要素包括思想政治教育主体（承担者、发动者和实施者）、思想政治教育客体（接受者和受动者）、思想政治教育介体（思想政治教育信息内容或教育方式）、思想政治教育环体（外部环境）。笔者认为，思想政治教育客体在教育实施过程中，也具有一定的主体性，这在新媒体时代更为明显。高校思想政治教育在新媒体时代呈现出新的特征。

一、特征

准确把握新媒体背景下的高校思想政治教育的特点是有效开展思想政治教育的前提和条件。对于高校思想政治教育来说，新媒体的介入是一个必然趋势，新媒体与高校思想政治教育的结合也是历史的必然。如本文中给出的定义，新媒体的发展不仅是一场新技术的革命，它给人们带来大量信息，极大地方便了人与人之间的交流，更是一次观念转变的革命。新媒体时代高校思想政治教育是在科学掌握现代传播技术和手段的基础上，通过制作、传播和控制网络信息，引导大学生客观理性地接触信息，正确、合理而准确地选择和吸收信息，采取灵活多样的形式,对大学生施加有目的、有计划、有组织的影响和教育,以社会主义核心价值观引导他们成为我国社会主义事业的合格建设者和可靠接班人。

(一) 思想政治教育环境的复杂化

新媒体打破时空限制、消解主体边界的特点,在拉近线上距离的同时,在一定程度上也可能疏远了现实距离,人的交往能力下降,容易引发心理信任危机和人格障碍等心理问题,大学生"网络迷恋症""网络孤独症""手机综合征"等现象屡见不鲜。与此同时,新媒体不仅提供了娱乐休闲、寻求精神安慰、控诉发泄等逃避现实活动的家园,也提供了引发各种病态人格和网络犯罪的土壤,思想政治教育的强行灌输和社会舆论的制约力量随着新媒体时代的到来而失去了原有的优势,高校思想政治教育引导与规范难度日益加大,环境越来越复杂。

(二) 思想政治教育主体性特征的明显化

新媒体时代高校思想政治教育主体性特征包括两方面:一是教育者的主体性。新媒体使得思想政治教育的方式变得灵活,教育者要想收到最好的教育效果,就必须通过充分发挥主动性和积极性,努力探索新媒体环境下思想政治教育的有效途径。二是海量信息给予了大学生根据自己的需要选择信息的机会,这满足了大学生广泛参与和接受教育的积极性,尊重和发挥了受教育者的主体性,可以使得教育更具有针对性。在传统思想政治教育中,教育与被教育现实存在的关系,使得教育者往往被看作思想权威进行思想理论灌输。在新媒体时代,现实社会中的性别、身份和特权等因素都在弱化,每个人都可以平等地发表意见和寻找交流对象。这会颠覆现实社会奉行的权威意识和等级观念,极大提升人们尊重个体尊严、承认个体权利的文化意识。所以,新媒体时代思想政治教育中传受双方的平等地位,会大大缓解受教育者的排斥情绪和戒备心理。此时,教育者的身份转为传播中的"把关人",他们收集、筛选、编辑、传播和监控信息,兼具信息传播者和思想政治教育者的身份,以引导取代说服。

(三) 思想政治教育信息来源的立体化

传统的思想政治教育重要的信息源是理论方针政策,政治性强,加之有限的信息量和内容的滞后性,缺乏时代感、吸引力。在前面论述新媒体概念的时候,已经对新媒体的能力和本质加以论证,新媒体的影响力度呈现立体化,已经远远大于过去任何一种曾经使用过的传播手段。教育者或者受教育者只要拥有一台联网电脑、一个IPAD、一部移动手机,就可以方便快捷地获取和传播大量的即时信息,了解国外的政治、文化、经济、思想、社会生活,同时还可以随时随地进行思想和信息的交流,此时国界、时空、种族、性别、年龄已经被跨越,信息来源和传播渠道变得立体。新媒体克服了传统思想政治教育中信息资源单调和陈旧的弊端，实现了思想政治教育与其他传播媒介的优势互补。来自社会这所大学校里的名家辅导、经典案例、专题影像等，以学生容易接受的图像、文字、音视频等多种形式出现，全方位影响大学生的思想、价值观念和行为习惯。因此，新媒体背景下，学生所获得的思想政治教育的信息形态从静态走向动态，从平面性走向立体化，教育效果明显增强。

（四）思想政治教育手段的多样化

高校思想政治教育的时空限制已经因新媒体而发生了迁移，传统的教育方式是学生必须在规定的时间内到规定的场所接受教育，而新媒体时代，教育者和受教者可以在任何一个设有终端的地方随时传播和获取所需知识。同时，教育者可采取的教育形式也趋向多样，可以充分利用新媒体的多重功能，组织学生收看优质视频公开课、看电影、大讨论、聊天谈心等。教育手段也趋向现代化。传统的思想政治教育，大都采用课堂讲授这种古老的方式，教育者需要花费大量时间和精力查找纸质资料并撰写课堂讲稿，布满血丝的眼睛和厚厚的讲稿及一本正经的灌输，似乎收效甚微。如麦克卢汉所言"媒介是人体器官的延伸"，新媒体的运用，不仅减轻了教师的备课负担，也提高了思想政治教育的信息传播速度和效率，多样的信息形态刺激多种感官，学生易于接受。特别是虚拟信息传播技术的运用、活泼的影音动画以及其他多媒体仿真画面，可以使教学变得生动有趣，使效果提升。

（五）思想政治教育效果的经济化

非线性传播的新媒体技术下的高校思想政治教育专题网站，或者各大门户网站上的专题讨论，或者各个话题的风起云涌，有一个共同的特点就是能实现资料的共享，这样既避免了人力、物力的浪费，又合理配置了教育、教学资源。同时，学校、家庭、社会这三个思想政治教育环境可以形成一种教育合力，学校可以随时与学生家长保持联系，家长也可以随时在网上查询子女在学校的思想状况，社会各界媒体或者相关部门也可以监督思想政治教育工作的效果。

总之，高校思想政治教育只有与新媒体有机契合，以更为宽广的眼界观察世界，努力实现高校思想政治教育理念、内容、方法、体制等的全方位创新，才能获得新媒体环境中的价值性根基，通过新媒体技术来凝聚社会资源，加强教育引导，努力提高高校思想政治教育的吸引力、感染力，完成引导人、塑造人的使命，从而增强思想政治教育工作的针对性和实效性。

二、要求

（一）找准着力点，拓宽高校思想政治教育创新思维

黑格尔曾说过，当思维与现实发生冲突的时候，出毛病的总是思维这一方。当前，高校思想政治教育的特征对思维方式提出了新的要求，这将直接影响到思想政治教育工作的实效。积极应对新媒体环境下的高校思想政治教育出现的新特点、新情况，需要思政工作者拓宽思维，找准逻辑起点。

思维最大的敌人是习惯性思维。创新思维，得先从思维定式说起。思维定式是由先前的活动而造成的一种对活动的特殊的心理准备状态，或活动的倾向性。实际上就是按照积累的思维活动、经验教训和已有的思维规律，在反复使用中所形成的比较稳定的、定型化了的思维路线、方式、程序和模式。在环境不变的条件下，思维定式能帮助人们应用已掌握的方法迅速解决问题。而在情境发生变化时，思维定式则会成为人采用新手段、新方法的绊脚石。长期以来，人们习惯性地认为高校思想政治教育属于科学认识问题。我国长期赋予思想政治教育以显性意识形态教育的任务，认为高校思想政治教育是科学认识问题而非价值认识问题，其教育内容呈现出很强的政治性、阶级性和鲜明的国家意识形态性。这是一种概念思维，存在着抽象性和凝固性特征，与此相应地，在方法上，占主导地位的是灌输教育方式，把教育的重点放在理论、原则的传授上，而缺乏生成性，也就不能形成真正的素质教育。环境的变化，尤其是新媒体背景下，这种习惯性的思维方式只强调我们想教什么，而忽视研究受教育者的特点、需要等，未能把思想政治教育对象的主体性和客体性较好地统一，因而教育效果明显下滑。

高校思想政治教育不仅传导和灌输社会主义核心价值观、科学世界观、人生观、价值观和道德观，更主要的是能被学生认同、接受并付诸实践。显然，新媒体时代，来自各方的因素碰撞着学生的价值取向，高校思想政治教育必须正视和直面问题与矛盾，在实践中增强理论的说服力。如何才能增强理论的说服力呢？人的感情将会是一个突破口，列宁指出："没有'人的感情'，就从来没有也不可能有人对于真理的追求。""人的情感能够将人与人、家与家、族与族连在一起，使孤独者得到体恤，柔弱者得到关怀，贫寒者得到救济，危难者得到扶助。情感对于人类生命的繁衍，其力量远远大于知识。"为此，思想政治教育工作需要切实做到关注、关心、关爱学生的全面发展和健康成长，动之以情，晓之以理。复杂的背景并不可怕，只要站在一定的高度，找准逻辑起点，就能化不利条件为有利因素，并将这有利因素发挥到极致。创新思维，充分展开深入调查研究，科学分析新媒体时代大学生的身心特点和发展规律，尊重大学生的情感、兴趣和已有知

识经验，积极创新思想政治教育话语、载体、内容、结构等，以吸引学生。

(二) 把握"三个导向"，坚持做好新媒体时代高校思想政治教育

一切以时间、地点和条件为转移。新媒体时代高校思想政治教育的主旋律是马克思列宁主义、毛泽东思想和中国特色社会主义理论体系，秉承传统思政教育中的课堂主阵地，认识和把握高校学生人才成长规律、高校教育发展规律和社会发展规律，寻求高校思想政治教育的动力源，运用新媒体弘扬时代主旋律，解决新问题，开辟新境界。为此需要关注以下几个方面。

1. 开放与引导理念导向

开放，一方面是指思想政治教育自身的开放性。即思想政治教育必须随着新媒体时代的发展，不断整合各种有利的资源，开拓思想政治教育的渠道、途径。虚拟性、自由性、主体性、多样性、开放性是这个时代的元素，教育主体（教育者）和教育客体（受教育者）共生于一个开放的世界中；教育介体从固定走向移动、从可控走向不可控；教育环体也突破现实走向虚拟、由有限走向无限，使思想政治教育能够紧贴时代发展，及时回应时代问题。另一方面是指高校学生思想政治素养思维发展的开放性。实际上，作为价值认识的思维，高校学生的政治观、价值观、道德思维等都处在不断的发展之中，其个人的体验也在随着环境与教育而不断修正。这就要求高校思想政治教育不能以封闭学生的思想为目的，而要促进学生的思维发展，积极引导学生树立科学的世界观、人生观、价值观和道德观。引导，实际上是把关，即通过课内外、网上下给予学生正确积极的引导，使之正确运用新媒体识别和筛选网络信息，剔除不良信息，从纷繁复杂的立体化的网络信息资源中选择对身心发展和个人成长成才有利的信息。新媒体时代的引导理念就是要贯彻"以人为本"的思想，以社会主义核心价值观为引领，抓住情感主线，确立"引导为主、管理为辅"的教育理念，把培养能力和发展个性有机结合，促进人的全面发展，并充分发挥双方的主观能动性，突出学生的个性发展，采取多种形式，增强思想政治教育工作的实效性。

2. 平等与互动理念导向

新媒体环境下，高校思想政治教育不仅是一个开放的系统，更是一个互动的系统。平等，则有利于教育者与被教育者的对话与交流，能激发受教育者参与及接受教育的积极性。不平等，则教育者与教育对象无形中存在隔阂甚至对立。单向的灌输则忽视了大学生的独立性和创造性，则无法激发学生的兴趣和主观自觉。新媒体的平等性满足和迎合了大学生对于平等和尊重的需求，对思想政治教育的权威性和主导性提出了前所未有的挑战。平等互动理念，将有利于创造和谐共生的生态环境，将有利于相互尊重和共同探讨，也有利于尊重教育对象的主体性，使得思想政治教育更具有亲和性。平等理念有利于开拓高校思想政治教育的主体性。新媒体时代，一个人同时拥有了实在主体和虚拟主体两种不同的身份，这两种身份在交往中实现了辩证统一。新媒体环境下的教育介体和教育环体为主客体提供了平等的交流机会，这就激活了主客体的主体性，充分开启了主客体的自主性、能动性和创造性。在大学生思想政治教育中，要尊重学生的主体地位，通过创新情境和激励引导等途径，唤起学生的主体意识，激发学生主体的自觉性、能动性和创造性，以达到自我教育、自我锤炼、自我修养的效果，从而取得思想政治教育的实效。

要贯彻新媒体时代思想政治教育双方的平等理念，要从关注思想政治教育的可接受性和思想政治教育对象的个性特征着手。在针对学生的类本质进行整体教育的同时，还必须针对学生的个性进行具体教育、个体教育。

3.服务理念导向

高校思想政治教育的目的归根结底是必须服务于大学生的成长、成才和成人的需要。在新媒体时代，高等学校思想政治教育要突出服务理念，全面把握大学生的实际情况，帮助他们解决理论学习、生活交往、情感控制、择业就业等方面的实际困难，全面开展有针对性的工作。服务理念导向体现在突出教育性和针对性上。

（1）教育性

通过新媒体平台，充分了解高校学生的思想动态，增强思想政治教育的有效性，促进大学生成才。新媒体时代，纷繁复杂的信息在拓宽学生视野的同时，也会引发其心理问题，甚至出现一些漠视生命的现象。因此，要全面树立以生为本的服务理念，建立健全教育者和受教育者的互动体系，及时洞察学生的心理，加强教育，预防和控制心理问题的产生。在教育的过程中，注重解决思想问题与实际困难，把大学生的思想政治教育落实到理解和关怀的基点上，贴近学生的生活实际，切实关心学生疾苦，这样才能使思想政治教育工作取得成效。

（2）针对性

新媒体时代，大学生的生活方式、学习方式、思维方式、交往方式，甚至语言习惯都有极大的改变，思想意识、价值观念和道德行为也受到很大影响。为此，高校思想政治教育要以服务理念为导向，联系大学生的生活实际，贴近大学生的思想和情感，并通过多种新媒体形式，增强大学生思想政治教育的吸引力和感染力，使高校思想政治教育真正收到实效。

新媒体时代高等学校思想政治教育要树立全面的教育理念，将开放、引导、平等和服务的理念作为高等学校思想政治教育的导向，将传统思想政治教育和新媒体技术有机结合，探求两者的契合点，强调全面协调和统筹兼顾，取其精华，去其糟粕，彰显特性，取得实效。

第二节 新媒体对高校思想政治教育的影响

新媒体时代，高校思想政治教育面临着前所未有的新情况和新问题：一方面，它使得思想政治教育的社会环境、文化环境变得更加复杂，工作对象、模式、队伍受到冲击，大学生的生活、学习、心理和价值观都受到严峻挑战；另一方面，由于新媒体技术在信息收集、信息内容与形式、信息传播渠道等方面的重大变革，作为新媒体时代高校思想政治教育的一种新形式，其对大学生的思想政治素质、价值取向和道德观念的形成有着积极的影响作用，给高校思想政治教育带来了难得机遇。因此，认真研究和分析新媒体对高校思想政治教育的影响，是新媒体时代高校思想政治教育的首要工作。

一、新媒体对高校思想政治教育环境的影响

高校思想政治教育历来都会受到各种环境的影响，在诸多环境中，社会环境、文化环境和技术环境的影响尤显重要和直接，它们对高校思想政治教育能否顺利进行起着极为重要的决定作用。所谓社会环境，是指人类生存及活动范围内的社会物质、精神条件的总和。广义包括整个社会经济文化体系，狭义仅指人类生活的直接环境。社会环境对人的思想的形成和发展具有制约作用。所谓文化环境，是指相互交往的文化群体凭以从事文化创造、文化传播及其他文化活动的背景和条件。文化环境对人的思想形成和发展的影响潜移默化、深远持久，其起到不可或缺的补充作用。所谓技术环境，是指一个国家和地区的技术水平、技术政策、新产品开发能力以及技术发展动向等。技术环境的影响是多方面的，从积极方面来说，借助新技术能够给社会提供有利的发展机会，对提高人的思想具有一定的支撑作用。与以往相比，新媒体时代高校思想政治的社会环境、文化环境和技术环境已经正在发生重大变化。

（一）社会环境

新媒体时代高校思想政治教育的社会环境主要发生了以下变化。

1.社会空间"无屏障"

在新媒体环境下，媒体接近权的实现不仅使人的感知范围和能力空前提升，更使个体的传播能力和沟通能力得到加强。人们对世界的认识不再依赖单一、单向的信息来源，往往是在多信道中通过沟通和辨别来完成。在如此社会环境下，高校思想政治教育由原来的"点对面"的"封闭式"的单向传播得以改变，新媒

体的即时互动性不仅使信息传播"时间无屏障""资讯无屏障",更重要的是使得社会空间变得"无屏障"。如今人们利用新媒体已经做到了随时随地与人对话、交流,在有关站点公开发表自己对有关事物的意见和建议,有时还展现出更强大的舆论力量。高校思想政治教育者由于垄断信息源(封闭环境)所产生的权威性受动摇,随着传播内容的极大开放性,受众的主体地位得到极大的彰显和提升。与此同时,对海量信息真伪性的甄别也难以在短时间内实现,这使得大学生容易受到虚假信息及不良信息的误导,也给大学生思想政治教育工作带来了困难。

2.社会舆论同化迹象严重

新媒体技术所带来的是传播内容全球化、意识形态全球化,但是这种全球化并非双向的,而是单向的。在如此单向传播的社会环境下,媒体舆论的格局发生了重大变化:中心与边缘是非对称的,在海量信息特别是重大问题,如国际相关事务问题面前,大学生们的观点或价值取向往往是相似的甚至是舆论同化的,这种状况给高校思想政治教育带来了空前的难度。究其原因:一方面是由于大学生生活在新媒体环境之中,他们的日常生活及学习活动处处与新媒体有关,有意无意地受到垄断媒介的舆论控制;另一方面,西方发达国家的既有优势控制着新媒体的资源和技术,将其触角伸向全球各个角落,试图使全球舆论传播摆脱主权国家的烙印。以美国为例,美国控制着信息与网络的基础资源,从互联网诞生至今,美国控制着1台主根服务器和9台副根服务器,而根域名服务器是架构互联网所必需的基础设施。美国拥有全球访问量最大的搜索引擎Google、最大的门户网站Yahoo、最大的视频网站YouTube、最大的微信平台Twitte和最大的社交空间Facebook,在这种社会环境下,社会舆论被同化已成为一种必然。

3.社会负面信息呈膨胀趋势

新媒体作为当代社会的一个开放系统,一方面它扩展了大学生获取信息的渠道,使大学生接触的信息面更宽,接触到的不同观点更多,获取的信息就可能太多、太滥;另一方面,海量信息鱼目混珠,使得高校思想政治教育的环境变得更加复杂化。首先是多元的大众传媒形态,超时空、数字化的虚拟世界,对于世界观、人生观和价值观正在形成之中的青年大学生来说,不可避免地带来诸多负面影响。其次是新媒体所具有的高技术与生俱来的渗透性,是一个不以人的意志为转移的客观存在。据悉,全球互联网的全部网页中占81%的是英语,其他语种加起来不足20%;国际互联网上访问量最大的100个网站中,有94个在美国境内。当前,从国际互联网上可接受的信息来自美国的占80%,来自中国大陆的仅占0.01%,这表明,以美国为首的西方发达国家凭借其资金与技术的优势,占据了互联网信息资源的绝对控制权,大肆进行意识形态方面的渗透。由于缺乏必要的技术手段和监督机制,社会负面信息对高校思想政治教育所产生的冲击也是不可避免的。

(二) 文化环境

新媒体时代，高校思想政治教育的文化环境发生了如下变化。

1.文化环境的变革

(1) 网络语言盛行

新媒体的发展带来了新型的思想交流方式，改变了人们的行为习惯和表达方式。网络发展促进了一种独特的话语体系的产生。网络语言是当今高校文化环境的一个极为重要的特征。网络语言是伴随着新媒体的发展而新兴的一种有别于传统平面媒介的语言形式。它以简洁生动的形式得到了大学生们的偏爱，发展神速。新媒体时代高校思想政治教育必须熟悉网络语言，否则就像英语会话，连字母都不认识、不熟悉，是根本没有办法进行交流的。目前，在大学生中广泛使用的网络语言从形式上来说主要有如下几种。

①符号化语言。在电脑上输出文字时，习惯上会带有相关的符号语言。

②数字化语言。运用数字及其谐音可以更好地表达自己的想法。

例如，55（呜呜的谐音，表示哭的声音）、88（拜拜，英语单词Bye-bye的谐音）、520（我爱你的谐音）等。

③字母化语言。类似于数字的运用，字母也有表情达意的功效。如BT（变态）、PLMM（漂亮妹妹）、PMP（拍马屁）、BF（boyfirend的缩写，即男朋友）等。在内容上有如下表现：一是新词新意层出不穷。像网络新词酱紫（这样子）、表（不要）、杯具（悲剧）等，它们是同音替代或合音替代。一些旧词有了新的意思，如可爱（可怜没人爱）、恐龙（丑女或者是褒义词）、天生丽质（贬义词）。二是使用超越常规的语法。网络语言已经不再拘泥于传统的词语构成语法，各种汉字、数字、英语或简写混杂在一起，怎么方便怎么用，语序也不受限，倒装句时有出现。三是口语化的表达。网络交际语言用于网上交流，在表达上更偏向口语化、通俗化、事件化和时事化。

(2) 文化消费呈多维性和选择性

文化消费是一种直接影响人的精神、思想、心理、情感以及价值观、人生观的为人类所特有的社会文化现象。新媒体扩大了文化消费的内涵。随着信息产业的发展，媒体消费不单是一种文化产品载体，或者一种文化消费品，媒体消费已经融入人们的日常生活，逐步成为一种消费习惯和消费行为。当以电视为核心媒体的消费文化利用难以计数的符号和形象流动生产出无休止的现实模拟的时候，消费者往往失去对现实的把握，人们在消费过程中逐步地迷失在"符号"的海洋里。

20世纪末21世纪初，当以互联网为核心媒体的信息消费利用便捷的信息传播通道和手段将信息传播的时空差别降到最低时，生活在如此文化环境中的大学生，媒体消费已成为他们日常生活中的一种基本消费，投入时间和资金在信息的获取上已经成为一种基本的、习惯性的消费。与以往的文化消费不同，新媒体文化消费呈现出新的特点：个性化特征更加明显，受众的自主选择性能够更加充分地发挥；互动性加强，信息传递从单向走向双向、多向互动交流；受众参与性增强，将受众从被动的接受者变成主动的参与者；更加便捷，新媒体打破了文化消费的时空限制。文化消费可以更多地通过新媒体随时、随地发生。异地形象可视的文化消费活动、异域文化产品资源共享、远程文化消费操控等新的行为模式，成为新兴媒体引领的文化消费亮点。

（3）青年亚文化已成为高校文化的一种形态

所谓亚文化，又称小文化、集体文化或副文化，是指某一文化群体所属次级群体的成员共有的独特信念、价值观和生活习惯。与主文化相对应的那些非主流的、局部的文化现象，指在主文化或综合文化的背景下，属于某一区域或某个集体所特有的观念和生活方式。一种亚文化不仅包含着与主文化相通的价值与观念，也有属于自己的独特的价值与观念，而这些价值观是散布在种种主导文化之间的。在高校文化环境中，青年亚文化与主流文化一直是相伴而生的。新媒体为青年亚文化提供了成长的温床，同时也促成了一种新的文化形态，即新媒体环境下青年亚文化。这种亚文化有别于传统的表达方式，大学生群体在张扬个性、宣泄情绪的同时，尤其显示出一种对主流文化、精英文化的抵抗和解构。近几年来，在高校流行的网络游戏、网络文学、网络音乐、网络恶搞和网络事件等形态，已成为高校大学生所追求的与主流文化、精英文化有差异的生存方式。

网络游戏又称"在线游戏"，简称"网游"，指以互联网为传输媒介，以游戏运营商服务器和用户计算机为处理终端，以游戏客户端软件为信息交互窗口的旨在实现娱乐、休闲、交流和取得虚拟成就的具有可持续性的个体性多人在线游戏。大学生亚文化群体借助于这种游戏形式，既舒缓了压力、表达了个性，同时也使他们在现实社会中的挫败感和失落感都在网络游戏过程中得到了发泄。

网络文学，指新近产生的，以互联网为展示平台和传播媒介的，借助超文本链接和多媒体演绎等手段来表现的文学作品、类文学文本及含有一部分文学成分的网络艺术品。网络文学与青年亚文化存在着内在的姻亲关系。由于借助强大的网络媒介，网络文学具有多样性、互动性和巨大的自由性，因而成为大学生亚文化群体表达思想和情感的最便捷的工具，成为青年亚文化的一个表达空间。

网络音乐，是指通过互联网、移动通信网等各种有线和无线方式传播的音乐作品，其主要特点是形成了数字化的音乐产品制作、传播和消费模式。网络音乐主要由两个部分组成：一是通过电信互联网提供在电脑终端下载或者播放的互联网在线音乐；二是无线网络运营商通过无线增值服务提供在手机终端播放的无线音乐，又被称为移动音乐。网络音乐既能够表现大学生亚文化群体对自我思想的表达和对社会现实的讽刺与揭露，同时也能够充分体现他们对人生、社会、爱情、生活等方面的追求，因而成为大学生亚文化的一种强有力的表达方式。

网络恶搞是一种借助新媒体，为建立集体认同而采用符号的新风格化方式来挑战现实社会的手段。除了视频，还有图片恶搞、声音恶搞、软件恶搞等。网络恶搞所具有的张扬个性、颠覆经典、反讽社会、解构传统的特点，已成为大学生亚文化群体对主流文化抵抗的工具。

网络事件是指通过网络或其他技术手段，利用信息系统的配置缺陷、协议缺陷、程序缺陷或使用暴力攻击对信息系统实施攻击，并造成信息系统异常或对信息系统当前运行造成潜在危害的信息安全事件。大学生亚文化群体十分关注网络事件，往往通过对事件的分析来表达自己的看法，他们对网络事件的表达本身就隐喻着青年亚文化的价值观。

新媒体时代青年亚文化对社会文化的发展有着独特的文化价值和社会价值。就文化价值来说，青年亚文化促成了文化传播方式的改变，从"单向"向"互动式"方向发展，充分体现了尊重文化自由平等的表达权利，使"个性文化"成为流行的主题，引领着社会文化朝着探寻真实的生命体验的方向出发。就社会价值来说，青年亚文化已成为青年群体特有的生活态度和生活方式的依托，它不仅有利于从意识想象层面解决代际冲突，而且逐渐从虚拟空间开始影响到现实的社会生活。

从社会交往方式的发展来看，青年亚文化作为一种新的生活方式，它打破了传统的社会交往模式，极大地丰富了社会生活交往的内容，预示着新的社会交往模式的发展。

了解和掌握上述网络语言形式、文化消费现状和青年亚文化形态，使其积极转化为高校思想政治教育的有益补充，无疑是有助于新媒体时代高校思想政治教育顺利开展的。

2.文化环境的负面影响

新媒体时代的文化环境对高校思想政治教育也产生了严重的负面影响。

(1) 高校思想政治教育的文化辅助出现断裂

长期以来，高校思想政治教育一直是由主流文化、精英文化辅助的，因而使得思想政治教育工作能够得以延续。现在高校的文化环境已经发生了重大变化，在网络语言、亚文化氛围之中，传统的思想政治教育出现文化辅助断裂已成必然。应当说，主流文化、精英文化对大学生的辅助仍然是必要的，它所要改进的是能够更好地体现与时俱进，以符合新媒体时代的发展需要。因此，新媒体时代高校思想政治教育的有效开展，离不开与之相伴的文化辅助，否则就会使教育演变成单纯说教，失去知识性和趣味性，影响思想政治教育的效果，难以实现社会道德的有效传递。

(2) 高校思想政治教育工作者的权威弱化

在新媒体时代，文化环境在很大程度上调整了"受教育者"与"施教育者"的关系，教育者与受教育者之间的地位是平等的，教育者可以把正确的世界观、人生观、价值观有机地融入网络的各种形式当中，但是不能强迫受教育者接受某种思想观点。按照以往传统的知识传承习惯，青少年一代在成长过程中所获取的知识和信息，主要是从他们的父母、老师那里获取的，父母和老师的知识权威形象是不可动摇的。新媒体时代改变了这一传统的知识传承习惯。随着新媒体文化技术含量急剧增加，技术文化已经超越了传统人文文化而成为社会文化存在的主要支撑，这便使富有创新精神且易于接受新事物的年轻一代成为新文化的拥有者，也就是说他们能够从父母、老师以外获取更多的知识和信息，这是他们在与父母、老师的互动中获得"反哺"能力或"话语权利"的最重要途径。这种文化反哺现象，既是一种文化加速度发展的表现，同时也是一种代与代之间道德传递发生阻碍的必然，由于青年一代在构建其道德观中主体性强而继承性不足，因而严重影响了传统道德文化的整体传承。

(3) 社会道德标准被游戏化了

新媒体时代，校园的一切事物似乎都可以被娱乐化、轻松化、戏剧化，社会道德也不例外。比如，现在一些大学生遇到亟待救助的事件时，往往抱着"事不关己，高高挂起"的消极心理，甚至有的人还会在新媒体中加以嘲笑，有无道德的信守似乎无关紧要；我们社会倡导的"雷锋精神"和多年教育中本已接受的价值理念，更是成为大学生调侃的话资。社会道德标准被游戏化，社会道德陷入价值观念尚未确立就遭消解的困境。面对如此文化环境，关注和重建我们的道德责任感，重塑社会公德和民众的私德，使中华民族道德的优良传统薪火相传，已成为新媒体时代高校思想政治教育亟待解决的问题。

（三）技术环境

1.高校思想政治教育的技术环境的变化

新媒体的广泛应用给高校思想政治教育的技术环境带来许多变化，其中最突出的反映在以下三个方面。

(1) 信息传播海量化

一般来说，传统媒体信息量小、信息面窄、信息传播途径相对单一，而新媒体依托高科技形成了一个覆盖面广泛、涉及领域全面的网状体系，不仅承载、传播了大量信息，而且信息更新的速度远远超过传统媒体。在新媒体时代，只要教育者掌握相应的互联网、手机短信、飞信等新媒体终端的应用知识，就可以自由地获取大量的信息资源。比如，像搜狐、新浪等门户网站每天可以滚动上万条消息，可做到重大事件即时报道出来。比如，登陆中国知网搜索，可以查看各行各业的知识与情报。网络上海量的信息为教育者提供了极为丰富的知识资源，使教育者足不出户就可了解自己所研究领域最新的知识，也为自己获得相关材料进行备课、教学提供了方便。信息传播海量化的技术环境，使高校思想政治教育实现了根本性跨越和对传统思想政治教育环境的彻底颠覆：大学生可以凭借新媒体随时随地获取所需的知识和信息，极大地提高了思想政治教育信息的传播效率；高校思想政治教育工作者借助新媒体技术，可以以声音、文字、图像等丰富多彩的表现形式，生动地表达思想政治教育内容，并在最短的时间内快速地将思想政治教育信息传达给受教育者，而且不需要受到制度、体制和其他烦琐程序的制约，从而增强了思想政治教育的及时性和辐射性，进一步拓展了思想政治教育的空间。

（2）人际关系虚拟化

新媒体时代，由于新媒体技术的广泛运用，现实生活中的每一个人既可以成为一个传播载体或是消息源，也可以成为一个受众，传播者和受众的角色大多是虚拟的，信息交流的对方均由未知的符号代替，因而使得新媒体信息变得复杂多变，人际关系极具虚拟化。这种虚拟化虽然大大削弱了门户对消息的控制，但对加强高校思想政治教育无疑是个机遇：它有利于大学生将内心深处的孤独、苦闷、迷惘等真实地倾诉出来；有利于教育双方通过短信、论坛、网络聊天等形式"毫无顾忌"地进行真实心态的交流，发表自己的意见，真正实现畅所欲言。高校思想政治教育工作者通过新媒体把握到大学生最真实的想法，针对他们在学习和生活中所暴露的一些问题进行组织讨论，会收到传统思想政治教育方式不可比拟的效果，达到疏通、引导、教育的目的。

（3）教育平台多样化

传统的高校思想政治教育平台主要以课堂教育为主，教育手段也比较单一。新媒体技术为高校思想政治教育工作者塑造了全新的平台提供了便利。从传播通道上来说，新媒体实现了从单向度、单维度向多角度、多维度的转变。

从传播内容上来说，实现了从静态、单一的形式向动态、多样的形式的转变，信息的发布和传递更加自由，信息的接受与运用更加方便，从而彻底打破了传统思想政治教育载体的时空、速度限制，使得信息耗散与反馈失真的弊病得到了克服。在新媒体时代，熟练掌握新媒体技术的高校思想政治教育工作者，可以通过新媒体的多种技术，集文字、声音、图像、数据等为一体，形成集成性、同步性、交互性和形象性的教育新通路，使高校思想政治教育更加生动活泼、富于艺术性且更具亲和力。可以说，新媒体为高校思想政治教育创造了最佳的技术环境，使传统的思想政治教育平台由单一性变为多样化和立体化；而且也极大地提高了思想政治教育信息的传播速度，增强了高校思想政治教育工作的生动性与感染力。

2.高校思想政治教育技术环境的消极影响

新媒体为高校思想政治教育创造良好技术环境的同时，也带来了一些消极影响，主要是：

（1）由海量化信息所产生的负面作用

新媒体时代，海量化信息铺天盖地的传播使受众在比以往任何时候都能更加迅速、便捷地获取信息的同时，也极容易造成受众在面对海量信息时的眼花缭乱和茫然失措。尤其是对那些涉世未深的大学生来说，他们在面对海量信息所包含的腐朽思想、消极观点时，往往对信息的被动接受多于主动的思考，容易受到诱惑和盲从，以至于会影响到他们道德信念、价值观念的建立，与高校思政课所传授的社会主义核心价值体系产生冲突，抵消一部分教学效果，稀释了思想政治教育的浓度。

（2）由虚拟化关系所造成的负面作用

新媒体时代，在新媒体所营造的技术环境下，高校现有的思想政治教育模式受到挑战：真实世界和虚拟世界变得界限模糊了，在某种程度上造成了"虚拟时空"的存在形式，高校大学生往往不知不觉地受到"虚拟时空"的影响并被动接受，失去理性和自我。由于人际关系虚拟化，人的身份可以变成一串字符，任何人都可以不受约束随意使用不同的名字、性别、年龄与人交流而不会被人觉察，久而久之会带来现实生活中人与人之间关系的微妙改变，造成人际关系的疏离与隔阂；但同时由于网络上缺少现实中的道德和法律约束，极易造成人们是非观念的混淆，诱惑人们去尝试在现实世界里不敢付诸行动的"行为"。目前，高校思想政治教育自身改革的速度远远跟不上新媒体技术的发展步伐，在教育理念、教育政策、教育目的等方面缺乏前瞻性研究，对新媒体环境下的学校思想政治教育工作缺乏前沿认知。

（3）由多样化平台所带来的负面作用

新媒体技术的应用，使得教育平台多元化了，但同时也增加了网络管理的难度。以手机上网为例，现在高校学生是应用网络和手机上网的主要人群。近几年来，手机网络发展迅速，手机与互联网的互动更具有隐蔽性和不可预见性，对网络监管部门来说，追查信息源头的难度以及对信息进行真实性鉴别的难度进一步加大，给大学生思想政治教育舆论导向增加了控制难度，使得国家、社会和学校对思想政治教育舆论的引导的难度空前加剧，舆论引导在高校思想政治教育中的作用明显弱化了。

二、新媒体对高校大学生的影响

新媒体给高校思想政治教育环境带来影响的同时，也给高校大学生的生活、学习、心理和价值观带来了重大影响。

（一）生活影响

新媒体时代各种形式的新媒体已深入渗透大学生日常生活的各个方面，对他们的衣食住行都产生了重大影响。以网购为例，现在大学生购物、买书、电话叫车、订票等主要通过网上形式完成。据统计，截至2020年年底，淘宝拥有注册会员9.2亿人。2020年，淘宝和天猫的总交易额达到了8万亿元人民币。其中，天猫的销售额约为2万亿元人民币，占总销售额的比例超过55%，而淘宝的销售额则约为6万亿元人民币，占总销售额的比例约为45%。其中，大学生占有很大比例。除了衣食住行外，QQ、MSN、人人网、微博、微信等的广泛应用，拉近了人与人之间的距离，方便了人们交往，使得新媒体时代大学生的交际领域也更为广阔。新媒体给大学生生活带来了很多便利，同时也带了一些问题，主要反映在两个方面。

1.生活方式的改变

在日常生活中，沉迷于微信、QQ、博客、网络论坛、社区等新媒体形态，"离得开父母和朋友，却离不开网络或手机"，已成为现在大学生的主要生活方式。对新媒体的依赖极大地减少了部分大学生现实生活和交往的时间，导致出现了这样一种生存状态：在网络虚拟世界，他们兴致勃勃、浪漫幽默，不停地转换角色，善于和许多陌生人打交道；在现实生活中，他们却沉默寡言、性格孤僻，躲避甚至害怕与他人进行感情的交流。这种虚拟的生活方式，容易导致大学生行为或思想逐渐固定化，产生讨厌生活、逃避现实、沦失自我等问题，长久下去，还会引起一系列不健康或亚健康疾病。

2.人际关系的冷漠

新媒体时代，人际关系出现了奇怪现象：一方面，网络虚拟世界拉近了人与人之间的距离，为人际交往带来便捷；另一方面，现实生活中人与人之间的心理距离变得越来越远了。在很多情况下，当代大学生的人与人之间的感情联络、思想交流和嘘寒问暖不再是通过面对面的直接接触来体现了，而主要是由各种新媒体形式来代劳了。这种人际交往方式缺少了人情味和真情实感，久而久之，很容易使人际情感弱化，进而导致人际交往关系的冷淡。

这一现象还表现在与父母一辈的关系方面，随着代际共同话题的不断减少，对问题理解的差异也越来越大,代际隔阂日生,代际关系也发生了异化,对父母、长辈的尊重和孝敬也变得淡薄。此外,新媒体上的"个人空间"虽然满足了大学生个性化的心理需求,有助于提升个人自信心,但与此同时也缩小了其在现实世界里与他人交往的空间,容易滋生排他心理。

(二)学习影响

据武汉大学青年传媒(集团)开展的新媒体技术对大学生的影响力调查可知:新媒体技术对大学生的学习方式、方法有着良好的影响,特别是对知识的积累有着明显的影响;不少学生通过运用新媒体技术来达到辅助学习的目的,使用电脑和网络查资料的占71.2%之多,用于完成作业的占46.2%。数据显示,有66.5%的大学生认为新媒体技术对他们的学习造成很大和较大影响。与以往没有新媒体技术之前相比,现在大学生们通过新媒体能够及时了解和掌握到所学专业领域的最前沿的知识和信息,对深化课本知识、拓展自己的知识面确实起到了很好的帮助作用。尤其是现在许多高校教师借助计算机或者在线的网络教学使得课堂变得更加生动形象,改变了传统教学中学生只能依靠书本和老师传授的学习模式,对高校的现行教学模式改革也起到了积极的促进作用。

与此同时,新媒体对大学生的学习所带来的负面作用也是明显的:一是新媒体知识和信息的传播往往是零散和不系统的,由于缺乏专业老师的指导,大学生容易对问题的认识和理解不得要领、一知半解。尤其是新媒体搜索引擎的便捷在帮助大学生学习的同时,也容易使他们滋长惰性,养成依赖新媒体来完成作业的习惯,以至于造成学习研究能力下降,不利于学术功底的培养。二是大学生世界观还处于形成期,由于受知识、经验、思维认识的局限,他们对许多问题的认识和理解还不太成熟,面对新媒体带来的海量信息,看问题容易极端片面,缺乏必要的鉴别力,这对他们的思维能力和辨别能力的提高有一定的阻碍作用。三是由于缺乏必要的课堂交流及与社会接触的机会,仅仅通过新媒体学习,既不利于大学生创新能力的提高,也不利于大学生综合素质的提升。

(三)心理影响

1.新媒体对大学生心理的积极影响

(1)有利于大学生形成内涵丰富的自我

新媒体以其广阔的空间、丰富的信息资源,向大学生展示了一个全新的世界,为大学生个性的发展创造了自由的空间。它不仅满足了大学生对新生事物的好奇心,激发了他们的想象力、求知欲和创造性,而且使其思维得到了活跃和拓展,促进了其心智潜能的开发。

(2)有利于促进大学生的心理健康

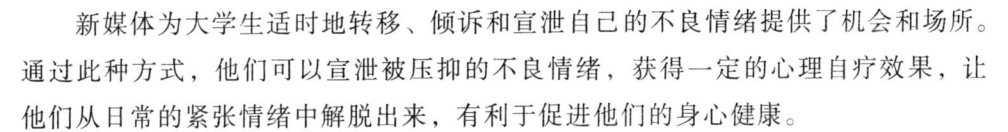

新媒体为大学生适时地转移、倾诉和宣泄自己的不良情绪提供了机会和场所。通过此种方式，他们可以宣泄被压抑的不良情绪，获得一定的心理自疗效果，让他们从日常的紧张情绪中解脱出来，有利于促进他们的身心健康。

（3）有利于大学生更好地实现自我

新媒体传播信息的互联性和"无屏障性"有助于大学生了解世界、思考世界，形成全球性的思维。由此全球性思维视角已不再是少数精英的专利，普通大学生也能够参与，以更好地实现自我价值。

2.新媒体对大学生心理的消极影响

（1）由于新媒体所传播的海量信息容易使大学生无从选择，导致其出现焦虑不安、精神疲惫的心理问题。新媒体所传播的信息既海量，又丰富多彩，往往使涉世未深的大学生目不暇接，他们的心理长时间浸泡在杂乱的信息中，其兴奋点和注意力也被信息的奇、新、异所吸引，并随着信息的漂浮时而迷惘、时而激动、时而颓伤，情绪起伏不定、千变万化。由于大学生心理不太稳定，当他们面对太多的信息时，许多人常常陷入无所适从、束手无策的状态；当海量信息远远超出他们个人处理和利用信息的能力时，又常常表现出无所选择、焦虑不安甚至精神疲惫的状态，而这些正是心理不健康的一种征兆。

（2）由于新媒体所形成的虚拟化环境容易使大学生缺乏面对面的人际交往，产生孤僻、冷漠的心理健康问题。"网络孤独症""人际信任危机""网恋"等是当前大学生群体中高发的一些心理疾病。这些心理疾病产生的原因：一是现在的大学生大都是独生子女，从小就生活在一种父母和长辈呵护、缺少与同龄人交流的环境，他们比较我行我素，加上在学校与老师、同学的交流又不是十分通畅，因此他们比较孤独，渴望交友，希望受重视。二是网络给大学生带来精彩世界的同时，也让他们陷入更加封闭的虚拟环境，使得原本缺乏人与人之间交流的现状更加恶化。三是长期生活在网络环境中，加剧了大学生对网络的依赖心理，加之许多人又把握不好"线上生活"和"线下生活"的界限，造成与现实生活的沟通障碍是必然的。这种心理疾病，不仅严重影响到大学生面对面的人际交往，而且由此产生的信任危机很有可能会引起大学生群体对现实生活中诸多活动无动于衷，这是对新媒体时代高校思想政治教育工作提出的又一个挑战。

（3）由于新媒体所营造的空间自由度容易使大学生责任感弱化，滋生多元的自主选择的心理问题。新媒体的开放性与高度互动性为信息的传播者和接受者构筑了一个平等的沟通桥梁，给使用新媒体的大学生提供了极大的自由。新媒体中信息组织的非线性使得大学生可以根据自己的需要点击信息。大学生处于即将完成社会化的过程准备阶段，自我意识日渐凸显。但同时，也应看到新媒体所营造的虚拟世界存在着严重弊端：一是虚拟世界的自由性容易导致部分大学生的个人主义倾向被强化。在虚拟世界里，人们可以放纵自己，说任何话、做什么事都无人管束，甚至还可以滥用自己的权利，把新媒体作为追求个人自由和宣泄个人不良情绪的场所。这种多元的自主选择的心理问题，将会使大学生的个人主义倾向被强化。二是虚拟世界的隐蔽性容易导致部分大学生的责任感弱化。网络打破了国家和地域的限制，不仅如此，连同社会角色、社会阶层、性别、年龄、相貌、身体都成了身外之物，出现了角色认同的危机。由于虚拟世界的隐蔽性，大学生可以完全隐去真实的社会身份，根据自己的兴趣、爱好来扮演不同的社会角色与他人交往。

这种自由性和隐蔽性会使一些意志薄弱的大学生放纵自己的行为，忘掉自己的社会角色和社会地位，淡薄甚至消解道德和社会责任感。

（四）价值观影响

新媒体就像一把"双刃剑"，对大学生价值观的形成与发展既有积极有益的一面，也有消极有害的一面。

1. 新媒体对大学生价值观的积极影响

（1）培养了"网络民主"意识

"网络民主"是新媒体时代的产物，是政治民主化的内在要求与网络技术普及融合的结果。美国学者马克·斯劳卡早在1995年就提出了"网络民主"一词，将网络与民主联系起来加以研究肇始了新媒体时代对民主形式的新探讨。作为民主的一种全新形式，在网络空间里人们没有现实世界中的贵贱、尊卑、种族之分，人与人不再有身份、地位的羁绊和制度、纪律的约束，相互之间的表达机会趋向平等，每个人都享有平等的话语权，都有坚持和保留自己观点的权利。这种"网络民主"形式，不仅有利于畅通政治参与的渠道，而且也扩大了民主的监督范围，创造了全新的网络监督模式。现在越来越多的大学生热衷于接受和实践"网络民主"，在揭露"涉腐、涉富、涉权"三类事件中，他们积极参与、伸张正义，以"滚动散发性"的方式引发一波又一波舆论焦点和社会热议。在这一过程中，"网络民主"不仅为大学生民主意识的增强提供了众多的机会和渠道，也有利于他们民主意识的极大增强。

（2）增强了主体意识

新媒体既为大学生群体提供了一个开放的、自由的、虚拟的话语空间，又为每一个人提供了个性化的表达方式。在各种各样的论坛、空间里，大学生在新媒体环境中有了做主人的感觉，每个人随时都可以以一种虚拟的身份用自己喜欢的方式就关注的政治事件表达自己的思想、发表自己的看法。应当说，在没有新媒体之前，人们对各种问题也会有自己的不同认识和议论，只不过那时没有可供发表的平台和渠道,让许多好的建议湮灭在萌芽状态。现在这个局面打开了,大学生们可以通过手机短信、论坛、聊天室、QQ、MSN等工具,对自己感兴趣的各种话题发表看法、提出建议,充分表达和张扬了自我,第一次有了社会主人翁的感觉。在参政议政的过程中,大学生们获得了现实生活中不容易得到的自信和满足,使得自我意识不断完善,主体意识也不断得到了增强。

(3)强化了开放意识

新媒体拉近了人与人之间的距离,使"地球村"变为现实。在新媒体时代,今天的人类思考问题,已经不再仅仅是考虑自己所在地域里的问题了,地球上许多问题都是相互关联的,如人口问题、资源问题、环境和生态问题等,它需要地球人必须形成一种国际意识、树立一种全球观念,通过全人类的共同努力才能有效解决。大学生是最易于接受新思想、新观念的群体,而新媒体恰恰又有助于拓展大学生的国际视野,促进他们的全球化价值观的形成。同时,借助新媒体所搭建的双向或多向交流的开放平台,大学生在了解世界文化、展示自己思想的同时,也会进一步强化自己的开放意识。

2.新媒体对大学生价值观的消极影响

(1)价值取向紊乱

新媒体时代,各种文化的交流与发展呈现出前所未有的活力,以极快的速度实现"零时间"交流和传播。在诸多文化中也不乏西方腐朽的价值观念和社会思潮等,使我国主流、传统价值观念受到不同程度的冲击和挑战。一些原来被人们普遍接受的价值观念开始变得陈旧,在实践中屡屡受挫;而另一些原来难以接受的,甚至是被普遍否认的价值观念却被冠以"普世价值观"的称号而倍受推崇,并开始引导人们的价值取向。就大学生而言,价值取向是他们对价值追求、评价、选择的一种倾向性态度和行为选择。但由于大学生还没有形成稳定的价值观,对一些价值观念缺乏理性的判断能力,年轻人天生的好奇心和新鲜感往往牵引他们或者盲目追从和不明就里地加以选择,或者左右摇摆、不知所措,呈现出双重或多元价值标准并存的状况。

(2)道德情操低下

对国内外已经发现的信息犯罪案件的统计显示,目前网络中出现的"黑客行为"和"情感欺骗"等犯罪案件,犯罪年龄在18~40岁的占80%左右,平均年龄只有23岁,其中有一些却是高校大学生所为,反映了他们的道德情操低下。

产生道德情操低下的原因,既有现实生活中思想政治教育弱化的问题,也有大学生的自身修养问题,但最主要的诱发因素来自两个方面:一方面是由于新媒体所具有的隐蔽性,极易导致一些大学生片面认为网络是一个相对自由的"民主"的场所,无论是赞成什么还是反对什么均可以,不承担任何责任。从客观上来说,新媒体具有数字化和虚拟化的特点,确实难以对大学生在新媒体环境中的行为或言论逐一进行人员对号或者加以监控。正由于存在这种"真空"现象,同时又缺少了"他人在场",一些大学生才得以放纵自己,显露出人性中恶的一面,从而产生种种不道德的行为;另一方面是由于新媒体还是一个新生事物,目前在新媒体以及虚拟空间方面的立法尚处空白。据中国社会科学院课题组进行的调查显示,目前计算机犯罪大约只有1%被发现,而且这1%中又只有4%会被指控,加上现实社会的道德规范又难以约束人们在虚拟空间中的行为,导致青年大学生道德判断力下降、道德行为庸俗,这已成为一个亟待解决的问题。

(3) 价值观念自我化

新媒体为大学生群体提供了个性化的表达方式,使大学生的主体性得到增强,能动性得以发挥,自我价值得到体现,但同时也带来了消极影响:一方面,由于新媒体的交互机制激活了大学生的主体意识,使大学生产生了强烈的自我表现欲望,导致了他们的个体意识极度膨胀,个人主义价值取向凸显,过分追求个人的绝对自由;另一方面,由于新媒体对利益激励、竞争等一系列市场经济机制的过多宣传强化导致了物质价值追求与精神价值追求之间的失衡,助长了大学生的浮躁心理,他们价值观念自我化,人生理想庸俗化,行为取向呈现无政府化。目前,在大学生群体中,关心集体利益、关注国家前途命运的少了,而追求奢侈享乐、关注自身价值的实现的却越来越多了,这势必影响到大学生的价值取向出现重个人轻群体、重功利轻道德、重时尚轻传统、重索取轻贡献的不良倾向。

(4) 民族认同感弱化

新媒体的发展促进了世界各民族之间的交往和了解,不同民族的文化形态、思想观念在网络上或交融或冲突,但英语的主导地位及美国文化在新媒体中的垄断地位极易消化其他民族的优秀文化,模糊人们对自己民族身份的认同,淡化乃至磨灭人们自己心灵深处的民族文化烙印。据中国社会科学院课题组的调查研究发现:"一方面互联网在强化了青年地球村村民意识的同时,弱化了他们的民族意识。'新人类'的身上本来就带有很强的国际化色彩,而互联网的使用跨越了时空的界限,增强了他们作为地球村村民的意识,这有利于他们在日益'一体化'的世界中生存;另一方面,与这种'一体化'意识相伴的是种族、民族意识的弱化,民族认同感减弱,民族身份逐渐消解。在某种意义上不利于爱国主义思想的形成。"互联网的这种不平衡发展使得我国的社会主义核心价值观受到污染和冲击,对民族文化构成了严重的威胁,在大学生群体中不少人出现了思想上的混乱,陷入迷惘境地,还有一些人人生观、价值观发生倾斜,盲信西方民主价值观,淡化自己心中的民族文化烙印,进而弱化对自己民族的认同感,给我国当代一部分大学生社会主义核心价值观的形成和确立蒙上了阴影。

第三节 新媒体对思想政治教育工作者的影响

如同新媒体对高校大学生的学习、生活、心理等带来影响一样，新媒体对高校思想政治教育工作者的影响也是客观存在的，主要反映在以下几个方面。

一、工作影响

（一）新媒体对高校思想政治教育工作者的积极影响

1.为高校思想政治教育工作搭建了新平台

教育主客体之间相互联系沟通，是思想政治教育工作者实现育人目标的首要前提。在传统思想政治教育环境中，教育主体对客体的思想状况的把握，主要是通过座谈会、个别谈话、班级骨干汇报等途径来完成的，受各种条件和因素的制约，往往情况不太真实或者把握不住问题的关键点，因而难以达到思想政治教育的效果。新媒体在为大学生提供学习和交流的新工具和新平台的同时，也为思想政治教育工作者开通了更多的了解学生思想状况的渠道。在虚拟世界里，大学生可以无拘无束、敞开心扉地表达自己的喜怒哀乐。高校思想政治教育工作者可以根据大学生的各种心理需求，及时地进行先进思想文化的传播引导和正确的世界观、人生观、价值观教育。可以说，新媒体为高校思想政治教育工作者搭建了更加广阔的思想政治教育平台。

2.为高校思想政治教育工作增强了时效性

传统思想政治教育主要是通过思政课、传统媒体等形式来实现的，信息传播的范围、速度都是有限的。新媒体凭借全天候、全时空、全方位的优势，不仅传播速度快，且具有极强的时效性。在新媒体时代，人们足不出户，通过新媒体便可以了解世界上的政治、经济、文化、科技、体育等各种信息，同时也可以把自己制作的信息发布到世界上的每个角落，因而新媒体深受大学生的偏爱，成为他们了解世界、关注时事的主要渠道和来源。新媒体技术提供的信息丰富、及时和迅速，作为高校思想政治教育的一种新型载体，新媒体对思想政治教育工作者来说，无疑也提高了他们工作的时效性，使他们能够更加便利地获取丰富的教学资源，能够突破传统教学时间的限制和其他烦琐程序的制约，更加便利地传播思想文化，更加及时地进行思想政治引导和教育。

3.为增强高校思想政治教育工作的实效性提供了机遇

所谓思想政治教育的实效性，是指实际的功效或实践的效果，思想政治教育预期目标与结果之间的张力关系。具体来说，大学生思想政治教育的实效性表现在两个方面：一是思想政治教育的内在效果，就是要求思想政治教育能够顺利地内化为大学生个体的思想道德素质，具体针对的是大学生个体的发展和人格的完善；二是思想政治教育的外在效果，就是要求通过思想政治教育能够提升大学生的思想道德素质，以良好的行为举止影响社会，营造良好的社会氛围，推动社会全面进步，具体针对的是社会的整体效果。思想政治教育的内在效果和外在效果是相辅相成的，但要取得最佳效果，内化最为关键。从新媒体信息容量大、资源丰富、传播迅速、交互性强、覆盖面广、形式多元等优势来看，新媒体为促进思想政治教育实现内在效果提供了机遇。这种机遇主要反映在：新媒体丰富的共享资源为高校思想政治教育工作者开展工作提供了充足的资源；新媒体的快捷性为高校思想教育工作者大规模地、主动地、快速地传播正确的思想、理论和政策提供了方便，避免了信息传递过程中的衰减和失真；新媒体主体的平等性促进大学生主动参与对话交流，实现了教育者与学生双方的随时互动交流，使教育者和学生之间的互动更广泛、更深入；新媒体传输的超媒体性扩大了思想政治教育的覆盖面，将思想政治教育的课堂延伸到学生学习、生活的各个场所，促进了思想政治教育的社会化，使思想政治教育的实效性得到了大大增强。

4.为高校思想政治教育工作强化了渗透性

隐性教育是相对于显性教育而言的。所谓隐性教育是指在宏观主导下通过隐目的、无计划、间接、内隐的社会活动使受教育者不知不觉地受到影响的教育过程。高校思想政治教育工作者在实践中常常感到，公开的、显性的思想政治教育往往难以达到预期的效果；而采用隐性教育，通过"潜移默化""润物无声"的方式，更能够对受教育者的思想、观念、价值、道德、态度、情感等产生影响。由于新媒体具有隐秘性、虚拟化的特征，因此其为高校思想政治教育工作者开展渗透隐性教育提供了可能。高校思想政治教育工作者可以借助于新媒体技术，利用博客、微博、网络论坛、网络聊天等形式，渗透教育过程于休闲逸致间，潜移默化地对大学生进行思想教育，以达到思想政治教育的实际效果。

（二）新媒体对高校思想政治教育工作者的消极影响

1.新媒体传播的"无屏障性"增添了高校思想政治教育工作引导的难度

新媒体给高校思想政治教育工作带来了空前的复杂性：首先是海量信息所承载的鱼目混珠的"资讯轰炸"快速地进入大学生的视野，对于涉世不深、阅历较浅而又对网络具有极大依赖性的大学生而言，他们很容易黑白不分、自我迷失。要帮助大学生分清是非、走出迷茫，非一日之功所能奏效的，无形中增加了思想政治教育工作者的工作难度。其次，新媒体传播的"无屏障性"，增加了高校对校园网络控制的难度。现在网上经常出现假新闻，随意散布各种谣言，人肉个人隐私等屡禁不止。虽然监管部门也采取各种手段加以制止，但碎片化的有害信息仍旧数不胜数。这些不良网络信息对大学生极具诱惑力，他们自觉或不自觉地充当起"传声筒"和"扩音器"，对不良信息蔓延起到了推波助澜的作用。最后，新媒体传播方式的隐秘性为引发各种病态人格和网络犯罪提供了温床。一些大学生在虚拟空间为所欲为，宣泄不满，随意攻击社会、学校乃至身边的人和事，从而催生"网络愤青""网络暴力"，加大了高校思想政治教育工作者的工作引导难度。

2.新媒体技术的"易更新性"凸显了高校思想政治教育工作创新性的难度

新媒体是高科技，技术更新迅速，尤其是新的应用方式层出不穷，对高校思想政治教育工作者提出了工作的创新性要求。由于高校思想政治教育工作者比较熟练传统的思想政治教育方式方法，对新媒体的运行机制不了解，对新媒体的话语表达不适应，对新媒体的运用不熟练等，在这种情况下，他们的工作主导性缺失、教育效果不太理想也是难免的，要求他们的工作在短期内富有创新性也是不太可能的。但高校思想政治教育工作已进入新媒体时代，积极应对新媒体的新挑战，充分发挥思想政治教育网络传播的吸引力和导向性，加强高校思想政治教育工作的创新性，是大势所趋、时代所需，作为教育者，唯有及时调整心态、创新方法理念，才能做到与时俱进，更好地利用新媒体开展大学生思想政治教育工作。

3.新媒体的"匿名性"加大了高校思想政治教育工作针对性的难度

新媒体的"匿名性"，既有利于大学生在网上敞开心扉、吐露真情，为高校思想政治教育工作者把握大学生的思想脉搏提供便利；同时，又由于是匿名表达思想、宣泄情绪，思想政治教育工作者无法锁定特定对象，加大了高校思想政治教育工作针对性的难度。因此，如何使高校思想政治教育从内容到方式都具有更强的针对性，以适应新媒体时代发展的要求，已成为高校思想政治教育工作者亟待解决的新课题。

4.新媒体的"无序性"增加了高校思想政治教育工作管理的难度

新媒体突出了公民个体在传播中的主体地位。新媒体时代，新媒体用户不再是单向地接收信息，而是可以自主生产传播内容并传递信息的"自媒体"。2010年5月，美国皮尤中心发布的一项调查表明：有3296名的美国青少年曾经有过被人在网络散布谣言、未经允许公布私人电子邮件、收到威胁性信息、未经允许上载令人难堪的照片等被欺凌和骚扰的经历。新媒体传播在一定程度上的"无序性"，大大增加了现代社会的风险性，已成为社会风险因素的重要来源。新媒体带来的"无序性"，引发一些学生在虚拟网络中的不道德行为泛滥，对他们的身心健康造成了很大的负面影响。由于新媒体技术背景下的社会是一个难以用规范制约的社会，这种无序性不仅给高校思想教育的管理工作增加了难度，同时也给高校思想政治教育工作的有效开展带来了困难。

二、主导地位影响

(一) 新媒体对高校思想政治教育工作者主导地位的积极影响

1.有利于高校思想政治教育工作者掌握工作的主导权

在传统的高校思想政治教育环境中,从表面上看,高校思想政治教育工作者始终是掌握着工作主导权的,但实际上由于无法真实把握大学生的思想动态和真情实感,加上思想政治教育的形式又比较单一,思想政治教育是很难收到较好效果的。新媒体时代,新媒体为高校思想政治教育工作者掌握工作的主导权增添了助力:一是新媒体的交互性使思想政治教育工作者能够掌握到大学生的思想动态,及时了解到他们关注的热点,这为思想政治教育工作者更好地发挥主导性创造了条件。尤其是对大学生中出现的倾向性问题,能够及时有效地加以引导、处理,使问题在萌芽状态得到解决。二是新媒体信息资源丰富,许多新潮语言和案例层出不穷,它们经过思想政治教育工作者的加工处理,能够很快丰富和转化为思想政治教育教材,成为思想政治教育工作者掌握话语权的重要资源。三是新媒体形态多样,有助于思想政治教育工作者发挥创造性,将立体的文化传播形态集翔实的文字材料、悦耳的音乐旋律和精良的图形图像于一体,引入大学生思想政治教育中,使大学生们更乐于接受。

2.有利于高校思想政治教育工作者增强工作的互动性

思想政治教育能成为一个互动的系统,做到主客体之间的互动与交流,这是思想政治教育取得实效的关键。总结高校思想政治教育工作的经验与教训,教育主体与客体之间不平等,两者之间存在对立与隔阂,不能做到互动与交流,应当是其中一个重要教训。新媒体时代,网络的虚拟性和匿名性使得思想政治教育工作者居高临下的姿态不再,他们以平等的姿态与大学生互动交流,建立起了一种新型的主客体关系。这种新型关系的建立,有利于创建教育者与教育对象之间的和谐环境,有利于他们和谐相处、相互尊重、互动交流,有利于尊重和维护高校思想政治教育工作者的主导地位,也有利于在比较宽松的新媒体环境中对大学生进行潜移默化的教育,从而增强了高校思想政治教育的渗透性和实效性。

3.有利于高校思想政治教育工作者实现工作的高效性

长期以来,高校思想政治教育主要是通过课堂教学并辅以座谈、讨论、谈心、社会实践等形式来开展的。这种传统的思想政治教育形式在社会日益快速发展的今天,越来越显得效率低下,不能适应新媒体时代高校思想政治教育的需要了。而在新媒体时代,新媒体所展现的快捷、灵活的优势,有助于改善高校思想政治教育效率低下的现状。高校思想政治教育工作者运用新媒体能够使正面的声音摆脱时空限制迅速传播；能够及时了解社会热点新闻，及时掌握教育对象的最新思想动态，进而发现问题、解决问题；能够更为方便和快捷地发布更具个性化的信息，在最短的时间里把教育内容迅速传递给受教育者，使思想教育更直接、更深入。通过新媒体，大学生改变了在规定的时间到规定的场所接受教育的方式，他们可以在任何一个地方、任何时间获取所需的知识和教育，从而达到了高校思想政治教育工作者实现工作高效性的目的。

（二）新媒体对高校思想政治教育工作者主导地位的消极影响

新媒体在有利于高校思想政治教育工作者掌握工作的主导权、增强工作的互动性、实现工作的高效性的同时，相应地也对高校思想政治教育工作者的主导地位具有一定的消极影响，主要是：

1.高校思想政治教育工作者主导地位的权威性受到一定消解

新媒体时代，新媒体为高校思想政治教育主客体之间的平等相处搭建了平台，但同时也产生了两种情况：一方面，教育主体由于受到自身新媒体素质、行政事务和工作时间等的限制，在教育过程中陷入了这样一个尴尬的境地：面对海量信息，他们所看到的信息，大学生也会看到，他们没有来得及看到的，可能大学生已经知道了，他们信息的获取速度往往落后于教育客体。由此，高校思想政治教育工作者深感固有的主导地位的权威性受到一定消解；另一方面，由于受教育客体的信息接触面日益广泛，在新媒体所传播的各种不同观点的影响下，他们对信息的理解更加多维和主动，而不像以往那样被动地接受教育者的灌输和安排，他们更乐于根据自身的是非观念和判断能力，选择自己认为正确的东西。在这种情况下，传统的思想政治教育过程中教育者的信息优势正在逐步减弱，特别是当前有些处在一线的思想政治教育工作者并没有深刻理解新媒体技术条件下思想政治教育呈现出的新特征和规律，因而很难有效地利用新媒体来开展思想政治教育，使得教育者在大学生思想成长过程中的主导地位的权威性受到了强烈的冲击。

2.高校思想政治教育工作者主导教育的思想性受到一定损害

当前，高校思想政治教育工作者中出现了这样两种情况：一种是有些思想政治教育工作者由于思想保守、观念陈旧，抵触新媒体，他们的教育方式和教育内容越来越不被大学生接受，有的甚至被大学生评为"不受欢迎的教师"。另一种是有些思想政治教育工作者由于对新媒体不适应转而一味迎合大学生的思想观点，更有甚者动摇社会主义信念，对网上宣扬的西方资本主义的价值观念津津乐道。这两种情况都是有害的，对新媒体时代高校思想政治教育的顺利开展构成了前所未有的冲击。它不仅降低了思想政治教育工作者在大学生心目中的权威性，导致他们对思想政治教育冷嘲热讽甚至阳奉阴违，而且也严重损害了高校思想政治教育工作者主导教育的思想性。

3.高校思想政治教育主导方式的有效性受到一定弱化

传统的高校思想政治教育主导方式主要以课堂教学为主,辅以专题讲座或报告、个别谈话、座谈会、小组讨论、社会实践、参观访问等面对面的交流。这种形式亲切、自然的主导方式,使教育者能够在现场及时感觉到受教育者的情绪、思想等真实变化,充分体现思想政治教育的"在场有效性"。新媒体的出现弱化了这种"在场有效性",在一定程度上改变了大学生的认知方式和自我表达方式。新媒体技术的开放性和交互性使社会对个人思想行为的制约机制发生了显著变化,增加了教育制约的难度,加上我们的管理经验不足,各种合法或不合法、健康或不健康的信息快捷方便地进入大学生的视野,不少信息直接对大学生精神世界带来消极负面的影响。新媒体快速侵入、立竿见影的特点对传统的主要靠长期坚持、反复灌输、潜移默化发挥作用的教育,无疑是一个冲击,它不仅弱化了高校思想政治教育主导方式的"在场有效性",而且给高校思想政治教育的效果带来许多不确定性。

三、教育模式影响

(一)新媒体对高校思想政治教育工作者教育模式的积极影响

1.拓展了高校思想政治教育工作者的教育内容

与新媒体时代相比,传统思想政治教育时期,由于受到主客观条件的限制,思想政治教育的信息知识储备量、教育覆盖面等相对较小,影响了高校思想政治教育的效果。新媒体时代,高校思想政治教育工作者的教育内容得到了极大拓展。这种拓展主要反映在四个方面:一是新媒体技术超大信息量的特点,使思想政治教育的内容变得更加丰富而全面,同时也使思想政治教育工作者在实施教育时更加具有可选择性和客观性;二是新媒体的广泛运用使得全球性信息资源共享成为可能,它使改变传统思想政治教育的信息知识储备量小、教育覆盖面窄等现状成为可能;三是新媒体信息的速度更迭有助于高校思想政治教育者在短时间内完成思想政治教育内容的收集、筛选工作,选择那些时代性强、教育意义强的思想政治教育内容,从而大大提高思想政治教育工作的时效性,体现思想政治教育工作的时代要求;四是新媒体技术的多样性使原本比较呆板的教育内容开始走向立体化、动态化、超时空化,思想政治教育工作者将原本抽象、难以把握的思想政治教育内容,通过集声、色、光、画等为一体的新媒体技术演绎出来,使抽象变得形象,呆板变得活泼,大大增强了思想政治教育的吸引力和实际效果。

2.更新了高校思想政治教育工作者的教育方式

新媒体的广泛运用，极大地改变了传统思想政治教育工作的教育方式，它带来了"四个转向"：一是转向开放式教育。由于新媒体技术的广泛使用改变了以往的封闭式教育方式，大学生接受教育的渠道变得更多元、更直接、更具体，因而趋向开放式教育成为可能。二是转向启发式教育。新媒体时代，高校思想政治的教育方式已经不适合采用灌输式教育方式了，这种教育方式已更新为以学生为主体、教师为客体，以启发诱导的方式来引导大学生的思想进步。三是转向双向互动式教育。新媒体时代，由于新媒体使得教育主客体之间真正实现了双向互动交流，教育者在授课的同时，自己也在接受着教育，因而从单向被动式教育向双向互动式教育转变成为可能。四是转向服务式教育。新媒体技术的运用使得传统的以"老师说，学生做"为主的教育方式失去了优势。由于思想政治教育工作者在思想政治教育中所起到的作用更多的只是一种引导和指引，即通过引导和指引将强制性的信息灌输变为信息的选择利用，从而大大提高了思想"灌输"的实效性。

3.丰富了高校思想政治教育工作者的教育手段

高校思想政治教育工作者在实践中深深感到，与新媒体技术相比，传统思想政治教育的手段比较单一，效果难以彰显，越来越不适应时代发展的需要。而新媒体丰富了高校思想政治教育工作者的教育手段。如手机微信、短信、博客、网络论坛、微博、QQ、MSN、手机等工具运用在高校思想政治教育工作者的手中，都可以拓宽大学生思想政治教育的途径，成为新媒体时代开展思想政治教育的新手段。比如，充分利用现在校园流行的"微信""QQ群"，高校思想政治教育工作者可以将思想教育的内容渗透到班级"微信""QQ群"中，使班级在网络中也能成为交互性信息活动场所；又如通过运用"网络论坛"新手段，高校思想政治教育工作者可以打破课堂教学的时间限制，借助网络论坛来传递信息、交流思想、聊天谈心，从而卓有成效地推动大学生思想政治教育。

（二）新媒体对高校思想政治教育工作者教育模式的消极影响

1.新媒体的发展使高校现有的思想政治教育模式受到冷遇

新媒体技术的迅速发展，把人们由现实世界带入虚拟世界，在这个虚拟世界中，实体的现实与创造的现实已经融合在一起，人们的认知方式也随之发生了根本性的变化。处在这个大背景下，高校思想政治教育的现有模式面临着全新的挑战：一方面，由于这种认知方式容易使大学生受到虚拟世界的左右，自觉或不自觉地受"虚拟时空"这一存在形式的强制性影响，从而使高校思想政治教育的现行模式受到冷遇和排斥；另一方面，对高校思想政治教育工作者来说，他们所依赖的原有教育制度环境已严重滞后，尤其是在教育理念、教育政策、教育目的等方面缺乏前瞻性的理论与实践的研究，远远跟不上新媒体技术的发展步伐。如何创造一种全新的教育模式来承载新媒体时代高校思想政治教育的任务，这对思想政治教育工作者来说是个新考验。因此，改革现有的思想政治教育模式，以适应新媒体时代高校思想政治教育的发展需要，已成为思想政治教育工作者义不容辞的职责。

2.新媒体的发展使高校现有的思想政治教育引导功能受到阻碍

在传统社会里，一直是由政府主导的新闻媒体承担并发挥着主导作用的。但是，随着新媒体的崛起，这种独家统霸天下的局面被打破了：新媒体逐步成了现代社会价值传播的重要渠道。但是，由于新媒体具有开放性、匿名性、虚拟性的特点，新媒体自身传播的价值也是多元的，既传播先进的、正确的价值观，同时也夹杂着很多黑白颠倒的、有害传统道德价值观的东西，这不仅导致了大学生价值观的异变，而且也无形中加大了高校思想政治教育引导的难度。随着高校思想政治教育现有模式的日渐弱化，新媒体已在某种程度上抑制和阻碍了高校现有的思想政治教育引导功能的发挥，这将成为高校思想政治教育改革的过渡时期迫切需要解决的问题。

3.新媒体的发展使高校现有的思想政治教育内容受到反叛

高校思想政治教育的主体内容是思想政治教育工作者按照教育部的培养要求制定的，通过"灌输式"和"诱导式"的方式使受教育者"被教育"。高校思想政治教育的内容，不仅体现思想政治教育的性质，而且是实现思想政治教育目标与任务的重要保证。这种模式所形成的教育内容的最大长处是能够与教育目标始终保持一致性与趋同性，其短处是容易导致教育内容的相对静态化和平面化，尤其是忽视了学生的个性及内在需求。进入新媒体时代，大学生的信息接收途径更加广泛，主流文化与非主流文化都能够从新媒体上快速获取；由于受到多元文化的影响，他们对那种自由言说的方式和无拘束性的言论表示出莫大的欣慰，个体最原初的心理和精神得到释放，开始对被动接受既定道德规范和合乎规范性的教育内容出现反叛。由此可见，随着传统媒介"把关人"理论的颠覆，新媒体以其传播快捷性、表达交互性、内容随意性、言论自由性，对当前高校思想政治教育的主体内容提出了新挑战。如何既能利用新媒体技术对高校思想政治教育内容进行创新，又能保持思想政治教育内容符合教育部制定的培养要求，是我们必须着力研究的一个新课题。

4.新媒体的发展使高校现有的思想政治教育方式方法受到排斥

所谓思想政治教育方法，是指进行思想政治教育时，在马克思主义世界观的指导下，在塑造人们灵魂、丰富人们精神生活和调动人们积极性、实现培养目标的过程中所应用的各种手段、办法和程序的总和。传统的思想政治教育主张教育者对受教育者的言传身教，是一种单向教育模式，学生处于被动接受的地位，缺乏互动性。这种思想政治教育方法的最大长处是针对性强、反馈及时，有利于大学生接受正面思想，实现思想政治教育的预定目标。新媒体的应用，排斥了现有的思想政治教育方式方法，使原有传播方式从单向传输变为双向互动交流，它虽然受到大学生的欢迎，但难以实现思想政治教育的预定目标，也难以收到思想政治教育的预期效果。因此，对高校思想政治教育工作者来说，应主动学习并运用新媒体技术，既将传统的思想教育方法现代化，同时又能实现教育部制定的培养要求，这对高校现有的思想政治教育方式方法提出了新的挑战。

四、自身素质影响

（一）新媒体对高校思想政治教育工作者自身素质的积极影响

1.拓展了高校思想政治教育工作者的视野

网络技术作为20世纪最具革命性的科学技术之一，必然会推动人们的思想大解放。随着新媒体技术的广泛运用，新媒体使信息的全球化流动与传播变得更加便捷，在开阔眼界、活跃思想、创新精神、提高效率、共享信息等方面已被人们广泛认同，这就为新媒体时代高校思想政治教育工作奠定了良好的思想基础。

对于高校思想政治工作者来说，新媒体带来的"三大弱化"，拓宽了高校思想政治教育工作者的视野：一是弱化了课堂内外的界限，它引导思想政治教育工作者所要重视的不再只是课堂的"两课"教学，还要更加重视利用课堂外的时间与学生进行网上沟通与交流。二是弱化了校园内外的界限，它引导思想政治教育工作者走出校园，分析和把握住社会上各种热点问题出现在受教育者身上的根源，寻找对症措施，及时地予以解决。三是弱化了国与国之间的界限，它引导思想政治教育工作者不仅要注重国内的信息，还要善于利用新媒体技术突破地域限制，放眼全球，关注海外，及时了解和掌握国外的信息，以做到未雨绸缪，只有这样才能把握好高校思想政治教育的主动权。

2.催生了高校思想政治教育工作者现代观念的确立

所谓现代观念，是指与现代社会相适应，并能随着时代的发展不断与时俱进、丰富完善的思想观念。当前，高校思想政治教育工作者的现代观念应当包括时空观念、科学观念、素质观念、平等观念和效率观念等。新媒体发展速度快，更新周期短，开放程度高，是现代科技的结晶，也是信息社会的时代精神的集中体现。新媒体的这些特征，有利于推动思想政治教育工作者形成新的思想观念，如新媒体的显著特点是运行的快捷性，这将有利于培养思想政治教育工作者的效率观念。新媒体增加了思想政治教育工作者接触外界的机会，这种便利为思想政治教育工作者进行知识更新和调整自身的知识结构创造了不可忽视的客观条件，有利于培养思想政治教育工作者的素质观念。新媒体技术使思想政治教育工作者在获取信息方面将不再受到空间阻碍和时间限制，因为地球在网络上缩小了，从而导致思想政治教育工作者形成新的时空观，使思想政治教育工作者和思想政治教育对象之间的交流和沟通更加紧密。新媒体技术为思想政治教育工作者构建了一个异质的"人造世界"——虚拟现实。社会被缩影在这个人为的虚拟世界中，思想政治教育工作者在个人作为主体的这个世界中运动，与各种事物发生联系，而这些联系实际上都是靠信息运动来实现的，这会极大地丰富思想政治教育工作者对事物运动本质的认识，形成新的科学观念。

3.推动了高校思想政治教育工作者个人综合素质和能力的提升

新媒体在改革高校思想政治教育方式方法的同时，也对高校思想政治教育工作者的业务水平提出了更高要求。面对新形势、新挑战，高校思想政治教育工作者应利用新媒体加强学习，不断提高自己做好大学生思想政治教育工作的能力。他们既要注意在不断提高政治素质和思想道德素质的同时，确保大学生思想政治教育工作的正确方向；同时又要注意通过网络等新媒体，随时随地关注和吸收全球最前沿的知识研究，增加自身的知识储备，完善自身的知识体系，更好地胜任新媒体时代的思想政治工作，完成在新环境中的角色定位。如在"两课"教学中，应根据教学工作的需要，积极发掘网络资源，随时更新教育素材，并善于利用图片、动画等形式，使思想政治教育的内容更充实、形式更生动。在日常管理中，要注重利用新媒体开展相关调研和测评，了解和掌握大学生的思想动态、心理状况、精神需求，使思想政治教育更贴近大学生的学习生活实际，以取得更好效果。

（二）新媒体对高校思想政治教育工作者自身素质的消极影响

1.个别思想政治教育工作者的理想信念和价值观有所淡化

新媒体在为高校思想政治教育工作者增添新的工作渠道和现代化手段的同时，也产生了一些消极影响。在诸多影响中，最重要的是对高校思想政治教育工作者的思想观念的影响。在现代社会，新媒体虽然是"无疆界""超国家""超民族"的空间，但作为一种便捷的信息传播方式，其已经成了意识形态的传播工具和斗争阵地。如同高校大学生群体一样，高校思想政治教育工作者也不是生活在社会真空环境之中的，他们也会受到来自西方国家意识形态的种种影响，尤其是西方发达国家所宣扬的政治观、利益观、思维模式、生活方式等，对一些年轻的思想政治教育工作者影响较大。一些思想政治素质薄弱的教育工作者对马克思主义、社会主义、共产主义的理想信念和集体主义价值观有所淡化，他们或在课堂上或在网络里盲目追捧和随意宣扬西方发达国家的思想观念，虽然传播这种负面思想和情绪的人不多，但久而久之，不仅会对涉世未深的大学生产生负面影响，也会影响到高校思想政治教育的有效开展。

2.部分高校思想政治教育工作者的业务能力不强

高校思想政治教育工作者对新媒体技术的掌握、熟悉和运用及其创新能力与想象能力的发挥影响着他们在思想政治教育过程中对于新媒体的认识、使用和发展。但从现状来看，大部分思想政治工作者表现出网络技术素质的贫乏性。2010年北京理工大学课题组对北京思想政治理论课任教老师的调查结果显示，虽然大部分教师已经能较为熟练地使用网络资源，但很少使用网络资源的教师仍占总比例的10%；在获取信息能力的自我评价方面，4%的老师表示很吃力，无法找到所需资源，不会使用辅助工具，28%的教师只知道百度、谷歌等一些简单的资源获取方法，而且资源获取花费时间较长，仅28%的教师表示基本掌握多种查询方法，能熟练获取所需资源。目前，思想政治教育工作者的知识结构普遍比较单一。思想政治工作与政治学、哲学、伦理学、心理学乃至文学艺术等许多学科都有密切联系。然而，由于历史的原因，许多高校思想政治工作者所学专业主要是政治学、哲学、伦理学等学科，对当今流行的网络文化、文学艺术新思潮、新现象知之甚少，这也是在所难免的。面对学习使用新媒体的压力，传统的思想政治教育工作者对学生的信息控制和行为指导显得力不从心，尤其是一些老教师感觉束手无策，进而怨天尤人，甚至产生自卑心理。

3.一部分高校思想政治教育工作者的整体素质弱化

目前，在一部分高校思想政治教育工作者中，普遍存在整体素质弱化的现象，概括起来主要是"五个不强"：一是网络语言表达能力不强，一些思政工作者不善于运用新媒体技术，以网络语言、网络文字、网络形象等形式表达自己的思想，更有甚者对网络语言知之甚少或者根本听不懂。二是观察能力不强，他们不善于利用新媒体及时发现和捕捉到大学生的思想动态，也不善于对网络现象进行分析和综合，以准确掌握受教育对象的特点，有针对性地开展思想政治教育工作。三是调查研究能力不强，他们不善于借助新媒体平台，有目的地开展一定规模的网络调研和网络信息收集，以做好综合分析，预测大学生思想发展的趋势，及时发现问题、研究问题和解决问题。四是组织协调能力不强，面对思想层次各异的大学生，他们习惯于单打独斗，不善于动员校内外力量，通过在线活动引导网上舆论，共同做好疏导工作，也不善于协调好各网站的力量，既各负其责，又形成合力。五是调控能力不强，他们不善于根据不同时期网络社会的热点、难点、焦点问题，不断地调整自己的知识结构，及时规划工作方向，引导社会舆论，以增强新媒体时代高校思想政治教育工作的时代性和时效性。

第四节 自媒体时代下大学生思想政治教育创新探索

一、自媒体时代给大学生思想政治教育带来的机遇和挑战

(一) 自媒体及自媒体时代

1.自媒体的含义及特点

(1) 自媒体的含义

自媒体的概念最早出现在2001年的美国丹·吉尔默对其"新闻媒体3.0"概念的定义当中，web1.0指的是旧媒体或传统媒体，web2.0指的是新媒体，web3.0指的是自媒体。美国新闻学会于2003年7月出版了由谢因·波曼和克里斯·威廉合作的"WeMedia"研究报告，报告提出了自媒体定义："WeMedia"是普通大众经由数字科技强化、与全球知识体系相连之后，一种开始理解普通大众如何提供与分享他们本身的事实、他们本身的新闻的途径。简单来说就是人们发布个人所见、所闻、所思、所想的载体由传统的书信、电话等形式转为更为方便快捷的途径，如微博、微信、开心网、人人网、QQ空间、MSN等。

(2) 自媒体的特点

第一，平民化。自媒体最大限度地突出了平民的力量，能让更多的人倾听老百姓的声音。同时，它使每个人都可以从"旁观者"变成"当事人"，人们可以自由地在自己的"媒体"上发表见解，即使是"草根"，也可以利用自媒体表达自己最真实的想法。

第二，交互性。传统媒体尽管也有打电话、写信等信息互动方式，但主要还是单向传播。它集中表现为在特定的时间内由信息发布者向受众传播信息，信息传播中受众被动接受，缺乏信息交流反馈，使得静态的信息传播方式不具流通性。自媒体的传播方式是双向的，具有很强的交互性。交互性是自媒体区别于以往媒体的最突出优势之一，主要体现在：信息的参与者在传授信息和接收信息的过程中享有选择权，且交流是双向交流的过程，即受众不再是被动地接受，而是可以通过发送手机短信、发表微博、发起网络群聊等方式随时发表自己的观点，传播者也可以根据受众的反馈，及时调整自己的言行，真正实现在"任何时候，任何地点，与任何人"进行互动。

第三，即时性。传统媒体的信息从发出到反馈需要一个较长的制作周期，并定期、定时发行传播，而基于数字技术的互联网、移动通信等自媒体接收和发布信息不受时间和空间的限制，可以在任何时候、任何地点接收或发布信息，具有

即时性的特征。自媒体信息的传播突破了地域、时间的限制，用户随时随地都可以通过手机、手提电脑等设备接收和发送信息。

第四，操作简单。传统媒体的建立和运转需要有一个庞杂的机构去维持，但在自媒体的平台上，用户只要会打字或发短信就可以实现互联网即时的音乐、图片、视频等互动，只需进行一个便捷的注册申请即可获得服务。操作简单和进入门槛低也是自媒体发展迅速且受欢迎的原因之一。

第五，开放性。传统媒体的信息表达，需要经过"把关人"的审核，受众要获得信息必须依赖"信息采编中心"。尤其是国家出于文化管控的政治需要，会对境外媒体的传播进行限制，因此传统的媒体所传播的信息都被限制在部分国家和地区范围内，并未真正做到信息的全球化传播。但是自媒体利用通信卫星和互联网等高科技技术，打破了时空界限，实现全球互通互联，只要设备允许，你可以实现在任何时间与任何人的即时沟通。自媒体的开放性还体现在它的"草根性"方面，在自媒体中每个人都可以建立自己的空间，发布个人的观点。

第六，个性化。传统媒体的信息传播是"点对面"的方式，不可能为个体单独制作、出版和播放。而自媒体则提供了"点对点"的信息传播服务。在自媒体环境下，传播者可以用一种"信息推送技术"，根据不同受众的需求为其提供个性化服务。信息接收终端在网络中有一个虚拟的地址，比如，微信号、QQ号、手机号、电子邮箱等，传播者可以向这些地址中的一个或几个发布信息。除此之外，使用者还可以利用各种检索工具在各类数据库中"各取所需"；还可以自由地选择信息的接收时间、地点以及媒介的表现形式。因此，用户可以根据自己的个性爱好和专业要求制定个性化服务。

2.自媒体时代思想政治教育的特点

（1）自媒体时代

自媒体时代主要是个人媒体时代，每个人都有麦克风，人人都是记者，人人都是新闻传播者。在此基础上，加上它作为互动媒体的自主的特性，新闻自由得到显著改善，媒体生态发生前所未有的变化。

（2）自媒体时代大学生思想政治教育的特点

第一，师生关系的民主化。

现代教育实践中，教师与学生之间的交流主要是通过网络聊天工具来实现的，师生一般处于一种"分离"状态，面对面的交流愈来愈少。教师不再是高高在上的思想权威灌输者，而演变成思想和信息的传播者。这些新时代的教育工作者不仅拥有较高的思想品质，而且拥有广博的科学文化知识，他们与受教育者不是上下级的关系，而是平等互动的关系。教育的方式也从"说服"受教育者演变为"选择"和"引导"受教育者。可以说自媒体时代的思想政治教育更具人情味和亲和力，当然也能收到更好的教育成效。

第二，教育内容和形式突破时空限制。

由于受到各种教学设备、技术的限制，传统的大学生思想政治教育受制于时空界限，教师统一教学，学生集中听课，教育方式和内容单一。自媒体时代的到来引发教育模式发生了改变，它的出现为高校思想政治教育的改革提供了有效的途径，它不但改变了高校思想政治教育的内容，还深刻改变了高校思想政治教育的形式，打破了传统的时空界限。原本相对陈旧滞后的思想政治教育内容变得更加有针对性和前瞻性，原本相对狭窄的教育空间也变得更加开放。师生之间、同学之间可以在网上迅速查找和共享信息，也可以即时进行思想上的交流。

第三，受教育者学习自主化。

高校学生可以利用互联网进行自学或个性化的学习是新时代学习方式的最大特点之一，他们可以根据自己的兴趣爱好选择适合自己的学习内容，极大增强学习的自主性和活力，学习效率的提高为个人不断充实和完善自己、更好地提高自身的综合素质做出了极大贡献。同时，在自媒体环境下，学生可以采取非实名制，他们的身份带有隐蔽性，所以交流的内容更真实。因此，大学生能够更加主动地利用自媒体接受教育，从而达到提高思想政治教育效果的目的。

（二）自媒体时代为大学生思想政治教育创新带来的新机遇

1.自媒体的开放性特征促进教育资源的共享

自媒体充实了思想政治教育的内容，为教育工作者提供了更多的选择。同时，自媒体的即时性弥补了传统媒体信息传递时效性比较差的缺点，使大学生能够在第一时间看到教育工作者通过专门的网站、网页、电子邮件等传递到网络中的信息资源，大大缩短了传递知识的时间，从而提高了学生的学习效率。

自媒体的不断发展，使得思想政治教育的形式从静态变为动态，从平面走向立体，从现实走向网络。大学生可以通过面对面的形式，也可以利用手机媒体、电脑网络与思想政治教育工作者进行即时的沟通交流。大家都处在一个虚拟的世界中，彼此既"熟悉"又"陌生"，无论是发言者还是回复者，大家都是平等的，彼此可以建立联系并相互索取、传播信息。大学生思想政治教育弥补了传统教育中的空洞乏味的缺点，使其朝着形式多样、生动活泼的方向发展。

2.自媒体的灵活性特征创新了大学生思想政治教育的工作手段

传统教育主要建立在课堂、书本上，教师充当教育者的角色，教育手段较多，采用摆事实、讲道理的方式，更多地局限于"照本宣科"的讲授方式，教育主体与受教育客体之间只是一种传输与被动接受的关系，自媒体改变了传统思想政治教育空间狭窄的尴尬局面。思想政治教育的理念与内容呈现在自媒体上，改变了传统教育模式中受教育者只能是被动地、单一地接受教育的现象。

相较于传统的大学生思想政治教育，引入自媒体作为载体的新型的大学生思想政治教育在知识的传授手段、价值塑造形式等方面显得更加灵活、多样。自媒体运用多媒体方式，将文字、声音、图像等多种形式结合为一体，为教育接受者带来了全新的视听感受。自媒体所独有的感官刺激功能使受教育者能够在愉悦身心的同时接受教育内容，体味思想政治教育的理念，使得受教育者的学习效果更加明显，同时网络自媒体的多种展现方式能够更好地激发受教育者的想象力和求知欲，调动了受教育者的积极性和自主性，从而使得思想政治教育理念能够更好地渗透到受教育者的内心，通过内化的方式实现受教育者思想的质的转化和飞跃。

3.自媒体的交互性特征有利于改进大学生思想政治教育的工作方式

传统的思想政治教育多采用"填鸭式"的灌输法作为教育的主要手段，通过教师的教授将社会所要求的或所期待的价值观念、道德要求、行为规范硬加给受教育者，而不考虑受教育者不同的需要和学习能力，一股脑强加给受教育者，无法做到因材施教、因需施教，使得受教育者的才能无法得到施展，从而打击了受教育者的学习积极性和主动性。

自媒体形式下的教育工作主体间平等友好的关系，让教育互动更为便利。这种平等互动交流的方式为大学生创设了接受思想政治教育更宽松、更自由、更愉快的学习交流环境，使大学生可以自由地选择自己所要学习的内容或自己想要获取的信息，并且可以即时方便地参与信息的反馈与再创造，使自己教育自己成为常态和可能。在日常的学习和生活中，大学生可能接触不同的价值理念和价值形式，当面临无法排解的困惑时，不必因不方便求教于人而独自纠结，可以通过论坛交流、辩论等多种方式展开积极主动的思想交流，在思想交流中实现自我意识的转变，从而形成更加符合社会发展要求的思想观念，在多种思想的碰撞当中树立正确的价值理念，从而能够极大地增强思想政治教育的效果。再者，自媒体以其形式多样、图文并茂、音视一体等特点，使思想政治教育更具直观性和形象性，能让人有身临其境之感，从而激发学生的学习兴趣，最大限度地调动学生的主动性。

4.自媒体的虚拟性增强了思想政治教育的可接受性

传统思想政治教育关系中，教师总是处于"我讲你听，我打你通"的居高临下的位置，这就使大学生往往不愿意向老师讲真话，师生之间缺乏有效沟通与良性互动，导致大学生思想政治教育低效。

自媒体作为一种现代化的交流平台，从根本上改变了人们的交往方式。角色的虚拟化特征使交往者保持着相对平等的心态，平等地利用论坛、QQ群等工具，自由地畅谈自己的理想、观点，对自己感兴趣的话题发表真实的建议和看法，赞成什么、反对什么，都可以在网络中表达，畅所欲言。因此，在思想感情传达上，交往者可以直抒胸臆，容易达到交往的较深层次。自媒体条件下教育者与受教育者的交流也是如此。借助手机短信、博客、论坛等自媒体，大学生能够减少思想顾虑和心理负担，敞开心扉说实话，自由发表意见、观点。同时，教育各方在地位上趋于平等，更加利于形成融洽的学习氛围，消除师生关系在身份地位上的差别，增强信任、消除隔阂，促进教育取得良好效果。另外，在自媒体教育背景下角色还可以互换。在网络中选择和吸收各种思想政治教育信息时，参与者的身份为受教育者，但是当参与者参与到信息完善和信息发布的过程中时，他们的身份又成为教育者，这非常有利于教育者从中更好地了解当前大学生们的真实想法，更加利于制定教学方案，提高教学成效。

5.自媒体技术增强了高校思想政治教育的实效性

教育目的的实现程度是检验思想政治教育工作的成效的主要依据。要想取得思想政治教育的最佳效果，关键在于内化。自媒体技术的综合运用为其提供了新的契机。首先，网络丰富的信息资源为开展思想政治教育提供了内容支撑。其次，快速、隐匿性交换网络传输，有助于受教育者形成关注社会热点问题的思想和情感，大大提高了高校思想政治教育的针对性。再次，教育地位的平等和交流方式的互动使受教育者的主体地位得到提高，将他人教育转变为自我教育，增强思想政治教育的实效性。最后，网络的超时空的特性使思想政治教育能够在社会范围内进行，教育对象的范围也在不断扩大。

（三）自媒体时代大学生思想政治教育面临新挑战

唯物辩证法告诉我们，凡是事物都具有两面性，自媒体的发展为大学生思想政治教育带来诸多发展机遇的同时，也带来许多挑战。在自媒体环境下，必然存在着信息的自由传播、传播途径虚拟化、传播对象大众化、信息海量传播以及不良信息充斥等缺陷，这些问题会严重破坏受教育者的信息接收和发布，从而引发自媒体时代的网络行为缺失。如不及时解决这些问题，不但会给高校思想政治教育工作造成诸多负面影响，而且还会给大学生的成长造成很多不利的影响。

自媒体时代的信息传播也具有"三无状态"的特点，即"资讯无屏障""时间无屏障""空间无屏障"。在互联网上，每个人既是信息的发出者，也是信息的接收者。正是由于网络传播存在的这种交互性，网络上的信息真假难辨，充斥着谎言，浩如烟海的网络信息给大学生道德认知和思想观念带来深刻影响。自媒体所具有的负面影响，增加了大学生思政教育的难度，削弱了传统思政教育的功能和效果。

1.大学生思想政治教育的主旋律受到冲击

自媒体时代的思想政治教育在极大拓宽了大学生知识学习、知识选择空间与渠道的同时，也对大学生思想政治工作的主旋律发起了冲击，需要引起思想政治教育工作者的警觉。

以往的思想政治教育共有的一个特点是可控性，他们利用宣讲、交流、谈话等方式，一定程度上结合广播、报纸、电视等大众媒体，教育者可以根据教学目标选择教育材料向被教育者讲授特定的内容，促进被教育者思想的转变、行为的落实，促成教育目标的最终实现。在自媒体时代下，信息的传播途径日益增多，在网络中人们可以随时随地地上传信息、发表看法，自媒体使用起来简单，传播速度快。不同地区、不同意识形态、不同年龄、不同职业、不同阅历的人可以同时在线匿名交流，这就使网上的交往环境变得相当复杂。一些消极、腐朽的思想泛滥，如一些反马克思主义、反社会主义的论调也利用自媒体的途径大肆传播。尤其以美国为首的西方国家，通过话语霸权和网络技术优势，传播所谓的"人权""自由"等资产阶级的思想观念，对我国的政治制度和党的路线方针政策进行攻击，恶意歪曲、夸大、炒作一些负面事件，破坏我国安定团结的局面。而在现阶段针对自媒体信息的控制和过滤技术又相对滞后，相关的法律法规尚未健全，对自媒体中信息传播内容进行控制的难度很大，导致不同思想观念、政治观点、价值观广泛流行。这对于正处于世界观、人生观和价值观形成的重要阶段的大学生来说，他们还不能完全有效地对大量网络信息进行甄别处理，容易不同程度地受到西方发达国家资产阶级意识形态、价值观念和生活方式的影响，有些大学生对于我们一直坚持的共产主义的理想、社会主义的信仰、民族的道德理念质疑，出现了动摇，这些都给大学生思想政治教育工作者敲响了警钟。

2.违反社会道德的信息泛滥

自媒体的开放性使其所包含的信息鱼目混珠，其中健康的、积极的、向上的正面信息很多，而低俗、恶俗、媚俗等方面的不良信息也很多。毫无疑问，这些垃圾信息形成的负面影响极不利于青年大学生的健康成长。苏格兰一家软件公司对互联网所做的调查显示，全球每天新增色情网站两万多个。互联网上非学术性信息中，有47%的内容与色情有关。自媒体环境下低俗文化的传播严重影响着大学生的身心健康。

网络传播的门槛较低，每个人都可以成为信息的发布者，因此信息的质量参差不齐，存在大量虚假信息，让人难辨真伪。网络信息的庞大令审查困难重重，一些网站为了获得高点击率而成为非法信息的传播者。垃圾信息成为伴随自媒体产生的一种营销手段，广告商未经许可发送的大量垃圾邮件、垃圾信息，干扰了用户的正常生活。自媒体传播速度快、范围广的特征，给诈骗者以可乘之机，他们利用互联网络实施诈骗的行为屡见不鲜。诈骗者利用网络技术和多媒体技术制作电子信息进行诈骗，无须投入大量资金、人力、物力。

2020年9月29日，中国互联网络信息中心（CNNIC）发布第46次《中国互联网络发展状况统计报告》显示，截至2020年6月，我国网民规模达9.40亿人，较2020年3月增长3625万人，互联网普及率达67.0%，较2020年3月提升2.5个百分点。2020年8月，不法分子与圆通快递多位"内鬼"勾结，通过有偿租用圆通员工系统账号盗取公民个人信息，再层层倒卖，导致40万条公民个人信息被泄露。网络安全问题制约着中国网民对网络的应用发展。

自媒体中的大量腐朽落后、低俗、夸大事实、颠覆我们主流价值观的内容及对奢华享受的生活方式过分鼓吹等负面宣传，严重干扰了大学生的价值判断，使自身辨别力不强，世界观、价值观尚未完全成熟又缺乏生活阅历的青年大学生陷入选择的困境，表现为理想信念的迷失，社会道德意识的缺失，法律意识的淡漠，看重金钱利益，忽视个人诚信，而且庞杂的信息内容也使通过思想政治教育传达给学生的主流价值观要想在学生头脑中扎根生长变得困难，降低了高校思想政治教育的效果，不利于高校思想政治教育目标的顺利实现。

3.西方社会意识形态的渗透

"对于任何一个社会或国家来说，成功的意识形态不仅能够起到让人们认同现行制度的作用，起到维护社会发展与国家稳定的作用，还能够树立一种准则，帮助人们在现实社会生活中做出相应的价值判断。西方社会深谙此道，当不能在政治制度等方面对我国做出直接性的强制和控制的时候，他们往往从意识形态领域进行渗透。"当前，自媒体已成为某些西方国家对我国进行意识形态渗透的重要媒介。有关个人主义、享乐主义、拜金主义等各种腐朽的生活方式和价值观信息随着自媒体的发展不断地涌入我国，像毒药一般侵害腐蚀着青年人的头脑。生活成长在这种复杂的文化环境中，涉世尚浅、政治辨别力不强的大学生很容易受到这些不良思潮的影响。个别大学生非常崇尚西方资产阶级那种奢侈浮华的生活方式，过于看重追求个人利益，陷入了个人主义的泥潭，导致很多高校学生的人生观、世界观、价值观出现混乱，迷失了自我，所宣扬的优秀的道德伦理价值观受到冲击，社会责任感淡化，一些大学生把金钱的多少作为衡量自己人生是否成功的标准。这些错误价值观的传播给大学生思想政治工作带来了一定的难度，削弱了主流价值观，不利于大学生正确价值观的形成。

二、自媒体时代的信息传播特点对高校思想政治教育模式提出挑战

传统的大学生思想政治教育采取的是面对面的方式，与学生进行沟通交流，引导、启发学生加强思想道德学习，增加爱国之情，树立理想信念和社会责任感。这种教育方式情感互动性强，有针对性，交流的效果突出。自媒体改变了传统大

学生思想政治教育的环境，也让教育过程和教育方法面临新的挑战。

(一) 自媒体的发展使大学生思想政治教育环境趋于复杂

传统媒介经过政府和学校的过滤可以自觉删除各种不良信息，此时主动权掌握在思想政治工作者手中。在自媒体环境下，大学生的空间广泛、自由，而自媒体的开放性特征，使各种非主流的声音，各种政治的、社会的谣言甚至危害国家安全的信息从网上到网下到处流传，给大学生群体造成十分消极的影响。在这种情况下，高校必须充分发挥党和政府在思想政治教育方面的领导作用，站在"培养什么人、如何培养人"这一事关社会主义事业发展的根本问题的高度，充分认识争夺互联网阵地的艰巨性和重要意义，要采取有效措施，有针对性地、以足够的主流网络信息占领网络空间，最大限度地减少非主流信息，引导大学生吸收有用信息、抵制不良信息，提高抵御不良文化和思想的能力，从而保证大学生思想政治教育的实效性。

(二) 自媒体的发展对思想政治教育的过程提出新要求

大学生在遇到社会上的各种疑难问题时，急切需要得到能够令人信服的答案，解开他们思想上的种种疑问。但是，当学生运用自媒体来表达自身的思想状况、心理需求时，会给教育者的工作带来很大的难度。因为，在自媒体环境下，大多数人会用虚拟身份代替真实姓名，这就让教师们无法判断思想意见的发布者，不清楚学生正在关注什么、遇到了什么难题、思考些什么、想知道什么，因而大学生思想政治教育工作就难以做到切实地从学生的心理需求出发，有针对性地解决学生实际遇到的问题，甚至有时非但达不到理想的教育效果，还会引起学生的逆反情绪，产生负面效果。

(三) 互联网的发展使传统教育方法受到挑战

摆事实、讲道理是传统教育的主要教学形式，当然也应用在传统大学生思想政治教育工作上，教育者通过课堂宣讲、个别谈话等方式来实现教育目标，面对面地解决问题。这种方式的针对性强，反馈及时，有一定的成就感。但是，在自媒体环境中，大学生思想政治教育面临着新的情况：一方面，讲课、谈心这些方式是必须在合适的地点、时间才能采取的教育方式，在自媒体环境下，学生受教育的空间广泛，比较自由，再采用这些教育方式能否取得理想的教育效果，尚有待进一步考证；另一方面，在自媒体环境下，脱离了现场教育的环境，教育的感染力如何保证？因此，如何改革高校思想政治教育的方式方法，是教育者迫切需要解决的问题。

三、自媒体对教育工作者的权威性提出挑战

由于时代的发展和社会的进步,大学生对新事物的认同感和接受能力越来越强。这样的特性也使得自媒体能够在大学生中得到快速的认同、使用和推广。而相对来说,教育者由于对新事物的接受能力较差,自身网络技术较为匮乏,思想观念较为落后等,在信息的接受和发布过程中处于劣势地位,无法及时有效地与受教育者进行信息沟通与交流。

(一)大学生思想政治教育工作者的信息优势地位动摇

在传统教育中,思想政治教育工作者具有理论上的优势,同时也具有丰富的历史人文知识,加上对传统媒介的熟悉和对知识的积累,占据着绝对的主体地位。在这种环境下,大学生思想政治教育的教育内容和实施过程都在较易控制的范围内。在整个的教育过程中教育者可以及时把所掌握、所了解的社会经济、政治、文化知识和信息与思想政治教育相结合,从而使教育的形式和内容更加丰富。然而,在自媒体时代,这种格局已经逐渐被打破。大学生作为使用自媒体的主力军,对社会现象非常好奇,也很敏感,他们运用自媒体自己动手,可以方便快捷地寻找到自己需要的各种信息,长此以往,大学生思政教育工作者的教育主体与教育主导者的地位也随之动摇。

(二)对大学生思想政治教育工作者的知识结构的挑战

自媒体技术的出现,打破了知识单向传输的传统,信息的多样性为大学生提供了很多的空间,学生的自主学习能力得到增强,有时候会出现教育者的知识储备量少于被教育者的现象。在自媒体搭建的这种交互性平台上,大学生获取信息的渠道更宽,接触不同知识的途径更多,大学生不再像以前那样被动地接受教育者的灌输和安排。他们运用自己的能力去判断什么是对的、什么是错的,他们不仅可以主动获取知识,还能与教育者进行平等的对话。所以,这不仅反映出教育的进步,而且也对教育者对于知识的掌握提出了更高要求。大学生思想政治教育工作者要科学评估,并且研究互联网尤其是自媒体的普及对大学生思想政治教育工作所产生的影响,不断加强网络技能和知识的学习,进一步提高运用网络新媒体与学生交流的能力,这样才能更好地成为大学生全面健康成长的指导者和引路人。

(三)对大学生思想政治教育工作者的素质提出了更多的要求

大学生思想政治教育工作者的素质应该包括多方面的内容,其在思想、政治和文化素质方面必须具有较高的修养。不断提高思想政治教育工作者的素质,可以更加有效地增强他们的人格魅力,以及对受教育者的吸引力。随着网络技术的

迅猛发展，在自媒体条件下，高校思想政治教育的很多内容借助自媒体展现出不同的形式，极大地吸引了大学生的注意力。大学生更喜欢通过网络来了解自己想要获取的知识，相比传统思想政治教育工作的灌输方式，大学生思想政治教育工作者想要通过网络引导的方式来指导大学生，不仅要具备政治、文化等基本素质，还应有基本的网络知识和信息筛选的能力。因此，自媒体时代的到来对高校思想政治教育工作者的素质和能力提出了更高的要求。

四、自媒体时代大学生思想政治教育创新的途径

谢海光在《互联网与思想政治工作概论》中指出，网络思想政治工作是指"以认清网络本质和影响为前提，利用网络促使网民具备思想政治品德和信息素养的网上双向互动的虚拟实践活动"。网络时代的思想政治工作和思想政治教育，已日益成为一种普遍的思想政治教育实践方式。但是据有的研究者分析，互联网的作用才只开发了1%，那么其他99%开发出来将会带给我们一个怎样的世界？社会在发展，时代在进步，自媒体的影响力巨大而深远，大学生思想政治工作应紧跟时代的步伐，化被动为主动，积极应对，提出自媒体时代下大学生思想政治教育创新的途径。

（一）创新教育理念，不断推进自媒体时代大学生思想政治教育工作

无论高校是否正视自媒体的发展，自媒体已日益影响着大学生思想政治工作这一趋势是不会改变的，当前已经有很多高校开通了自己高校的微博、微信账号，利用QQ群、飞信、主题网站和学校论坛等多种自媒体方式实现与学生的沟通。在自媒体时代，高校要高度重视自媒体背景下的思想政治教育工作，深刻认识自媒体给大学生思想政治工作带来的机遇和挑战，加大专业投入，整合师资队伍，让科技和人文充分融合，变封闭性、静态性思维为开放性、动态性思维，不断适应网络传播的新方式，抢占网上宣传教育的制高点，宣传社会主义核心价值观，弘扬时代主旋律。应该掌握自媒体技术的多种使用方法，积极主动地树立自媒体与思想政治教育工作有机结合的教育理念，更新教育的观念。在传统观念里教师与学生是主客体的关系，学生只是作为被动的一方接受教育者给予的知识，与教师之间的交流具有不平等性，而且传统的这种观念完全忽略了学生真正需要什么，大大影响了大学生的创造性和能动性。而当前和今后的思想政治教育，教育者和受教育者的关系是自由、平等、和谐的，我们称之为"主体间性"。"主体间性"思想政治教育可以更好地发挥大学生的参与性、自主性和创造性。新时代的高校教育工作者要充分利用自媒体与大学生进行沟通，及时地通过多种媒介、多种手

段，随时随地地进行思想政治教育，鼓励和帮助大学生能够充分自由地表达出自己最真实的想法，调动学生的积极性，促进双方平等地交流，遇到分歧时应该彼此理解、沟通，最后达成共识，把传统的师生关系进一步发展成"朋友关系"。此外，高校思想政治教育工作者要特别注意大学生自主性的发挥，利用好自媒体的相关特点，更好地帮助大学生提高自身的素养和自我教育、自我服务的能力。

（二）提高大学生思想政治教育工作者的媒介素养

自媒体已成为我们日常生活中不可分离的有机组成部分。作为社会主体的每一个人都在参与其中，社会的和谐发展也离不开每个人，所以每一位参与者的素养都关系到整个社会环境的状态。高校教育工作者是大学生成长的导师和引路人，所以对每一位高校教师的要求就更高，他们不能埋头于传统的学术研究，而是要更接地气地学习好、利用好新媒介，把人文思想融入自媒体中，顺利达到教育目标。这就要求高校教育工作者一方面积极学习自媒体，并且要精通，这样才能进一步担负起自媒体信息的建构工作；另一方面，如何利用自媒体来融入教育教学目标理念，让学生乐于接受、乐于学习也是教育工作者面临的重要任务。

媒介素养最早产生于20世纪30年代的英国，1933年，英国学者F.R.利维斯和他的学生丹尼斯·桑普森在其出版的文化批评论著《文化与环境：培养批判的意识》中，首次阐述了"媒介素养"思想。媒介素养指的是一种能力，是一种认识媒介产品并能正确地运用独立的、批判的眼光看待传播媒介的内容和建设性地利用大众传播资源的能力。

1.提高大学生的媒介素养，增强高校思想政治教育工作的实效性

大学生媒介素养对思想政治教育工作以及自媒体具有重要影响。因此，在自媒体时代，要大力提高大学生的自媒体素养。很多高校通过自媒体这一平台普及媒介知识，大力提高大学生的媒介素养，达到提高学生辨别甄选信息和抵制不良信息的诱惑等能力的要求。而且，还能使广大的大学生利用自媒体增长知识，更好地促进人际关系的和谐及提高自身的生活品质和能力。在课程设置方面，高校可以将自媒体融入课堂当中，通过开展知识讲座、学术报告、社会实践等活动帮助大学生更好地普及自媒体知识，树立正确的自媒体观念，培养学生的媒介批评能力，使其遵守法律规范，合法利用自媒体，自觉做好大学生应尽的义务。政府等有关部门也应鼓励、支持自媒体的发展，对自媒体服务的经营者、提供者加以规范，明确其具体责任。要尽快出台自媒体相关的管理办法，对于散播违法信息的个人和团体做到严惩不贷。此外，要加强对自媒体相关法律法规的宣传，增强每一个参与者的法律意识。

2.提高教育工作者的媒介素养

第一，构建思想政治教育工作者的媒介素养培育理论。媒介素养理论应该是融合了新闻学、传播学、社会学和教育学等众多学科理论知识，体现出一种新的教育理念和模式的理论。在构建大学生思想政治教育工作者的媒介素养培育理念的过程中，要坚持"以人为本"的思想，紧紧围绕高校思想政治教育工作的实际状况，将理论研究和实践工作相结合，落实好教育人、鼓舞人、引导人的目标。自媒体时代，高校思想政治教育工作者在借鉴传播学媒介素养培育理论的基础上，要开放思路、拓宽视野，广泛研究经济学、政治学、社会学等理论，结合自媒体的特点，结合本专业的实际情况，不断探索大学生和教育工作者之间媒介素养培育的最佳模式，从而建立适合我国教育工作者媒介素养培育要求的、吸收相关理论精华的媒介素养培育理论体系，进而更好地指导实践。

第二，各级地方政府教育部门或者高校研究所等机构应该成立思想政治教育工作者媒介培养研究中心，有针对性地对思想政治教育工作者的媒介培养进行理论和实践研究，积极开展高校思想政治教育工作者媒介素养培育实践活动。可以通过几种方式开展研究工作。首先，召集高校从事新闻传媒和思想政治教育的工作者，共同探讨提高教育工作者自身媒介素养的方案。其次，聘请社会相关领域的专家学者指导高校思想政治教育工作者媒介素养的相关培养工作。再次，按照性别、年龄、学科等指数选取差别样本，对本校思想政治教育工作者媒介素养进行跟踪调查和研究，掌握当前学校媒介素养的现状。最后，开展思想政治教育校园媒体实践活动。当前，各个高校都有广播、校报、电话、校园新闻网等一整套校园媒体，校园媒体可以为高校思政工作者提供有利的平台。通过定期参与校园媒体节目的制作和传播，提升自己的媒介素养。此外，高校可以根据校园媒体的自身情况，制作个性化媒介产品，开展课题研究等，更好地将理论研究和实践操作相结合。

第三，多方参与共同提高高校教育工作者的媒介素养水平。政府部门应当根据我国的具体国情，以及高校思想政治教育工作者媒介素养培育的现状，发挥立法和政策导向的功能，制定出一系列旨在提升高校思想政治教育工作者媒介素养的法律和政策。一是通过立法的形式保障高校思想政治教育工作者自身媒介素养提高与工作绩效挂钩，加强高校的重视程度；二是将高校思想政治教育工作者媒介素养的培养纳入学习型社会建设的范畴，为高校思想政治教育工作者媒介素养的培养提供财政保障，为其开展提供物质保障；三是国家教育部门出台相应的鼓励高校思想政治教育工作者媒介素养培养的文件和政策。此外，还可以借助媒介机构的力量，如与专业的媒介机构进行合作，可以为其提供短期参观、访问，乃至学习的机会；媒介机构资深制作人可以定期到高校参观、访问、开座谈会等，为高校思想政治教育工作者解说媒体信息制作过程，通过传授媒介知识、讲解媒介使用技巧，使高校思想政治教育工作者的第一手信息资料来自具体的教育实践活动，更加直观地了解媒体发展的状况，加强对媒介的总体把握，加深高校思想政治教育工作者对媒介本质的认知。还可以调动民间社会组织的力量，对相关的社会组织进行了解，进而合作。由这些社会组织为高校提供免费的人力支持，为高校教育工作者提供实践的机会。还可以在高校组织义务教学活动，不仅教授教师，还可以带动学生参加，从而提升高校教育工作者自媒体媒介素养的理论和实践水平。

（三）不断创新自媒体时代大学生思想政治教育路径

1. 拓宽理论教育的渠道

思想政治理论课作为大学必修课，目的是帮助年轻的大学生树立正确的世界观、人生观和价值观。自媒体背景下，各高校要积极主动利用网络等载体对高校思想政治教育工作进行研究，提出适合学生接受的教育方式和教育内容，增强新时期思想政治理论课的教育实效性。

首先，实现思想政治理论课的课堂互动。高等学校应广泛采用多媒体技术，丰富高校思想政治理论课的教学形式。多媒体课堂应具备实现多媒体课件的直播、广播和点播功能的环境，以便更好地实现高校思想政治理论课的双向交流。充分利用自媒体技术，将文字、图像、视频、音频等与超文本技术进行融合，将其巧妙地应用在高校思想政治理论课的教学过程中，不断增强高校思想政治理论课的感染力和吸引力。

其次，努力实现思想政治理论课的课下互动。现代高校思政理论课的教学应该视频化，通过网络和论坛，以及其他方式，让学生可以实现课上课下、随时随地地自由观看学习，努力实现课程学习的自由化，这样一方面可以不断增大教学内容的辐射面和覆盖面；另一方面也能增强教学效果的吸引力和影响力。

2. 巩固大学生思想政治教育新阵地——校园BBS

当下，在校园BBS上发布信息、看法已经成为大学生日常生活的一部分。在这些论坛中，大学生可以随心所欲地表达自己的看法，因此校园BBS是了解大学生真实情感的有效途径。高校应该充分利用自身资源对本校大学生的思想行为进行引导和规范。

首先，依托本校校园论坛等建立网络舆情疏导机制。大学生思想政治教育者通过疏堵结合、交流沟通等方式，把主要的工作阵地转移到网络上来，积极参与学生的话题讨论，适时进行引导和规范。通过校园BBS还能够快速关注到学校日常管理工作中出现的各种问题，为问题做出及时的处理打下基础。通过问题的反馈和及时解决，充分互动和交流，避免误会和冲突，用正确健康的思想文化帮助大学生树立正确的人生信仰和理念。

其次，依托校园论坛建立一支网络专业队伍。各大高校要积极建立一支高效专业的网络管理队伍。如由主管学生工作的教师、辅导员、校园BBS版主、学生中的党员、学校的网络管理员、学生骨干等成员组成专业队伍，将成员分布在网络论坛的各个板块，及时清理和回应一些违反国家法律法规、政策的信息，以及一些违反学校规章、制度的信息。

3.探索思想政治教育的有效途径

各高校要尽快适应自媒体时代下大学生所常用的交流工具，如QQ群、微信、博客群、微博等信息沟通平台，努力探索大学生思想政治教育的有效途径。

首先，班级微信群、QQ群建设。作为最为一线的大学生思想政治教育工作者，班级辅导员应及时建立班级微信群、QQ群，将班级所有成员加入其中，自己也积极参与其中，不仅作为一名老师，还应该成为其中的一员，成为所有学生的好朋友，积极主动地将思想政治引导渗透其中，使班级成员的关系在网络中也能够得到进一步的维护，这样就突破了传统教学时空方面的限制。通过及时聊天、交流思想等方式推动教育工作。此外，辅导员对于出现的问题要及时进行处理和回应，应在平时注重对班级微信群、QQ群进行管理，给所有班级成员树立一个负责的形象，更好地为以后服务奠定基础。

其次，打造班级的博客群。班级博客，顾名思义主要是以班级为单位的博客，是一个学生资源共享、交流思想、互相帮助的平台。利用思想政治教育课的博客可以对传统的思想政治教育进行补充，起到润物细无声的效果。思想政治教育工作者不仅应具有一流的专业知识、较强的教学能力，还要有较强的组织能力，充分发挥学生干部的班级带头作用，通过提升学生干部的思想觉悟来发挥思想政治教育者在班级博客中的作用，并指导学生在相互交流的过程中，自觉接受正确的观点，摒弃错误的观点，提高辨别的能力。此外，大学也应该积极创建辅导员博客群和辅导员工作博客群。在博客群中辅导员可以相互交流双方的经验和感受，也可以写一篇关于学生教学、思想、生活中关注的问题的博客文章，引导大学生形成正确的、积极的看法和意见，同时也展示了不同于工作时的个人魅力，继续缩短和学生的距离，树立辅导员丰满和友好的形象，从而进一步推动思想政治教育更深发展。

最后，创建班级QQ群、微信群、飞信群等。在今天的大学校园里随处可见低头紧盯着屏幕的学生，大学生成为短信、微信最活跃、最积极的参与者。高校思想政治教育工作者应该充分利用手机短信、飞信，还有微信传播信息的功效，对消息进行及时的处理，加强与学生的情感联系，及时了解学生的学习、生活和思想动态。在日常生活中，思想政治教育工作者也可以使用手机短信、飞信，或是微信写一些励志的生活小感悟、心理辅导小感触、生日小祝福等,并发送至特定学生,这是一个很好的贴近学生的途径,建立了良好的师生关系,使学生能感受到学校的人文关怀,在潜移默化中对学生开展思想政治教育工作。

4.做好校园网络舆情工作

自媒体时代,高等院校不仅要进行自媒体文化建设,将其纳入校园文化建设体系之中,而且也要积极开展高校校园网络舆情工作,不断增强大学生思想政治教育工作的前瞻性、主动性,这样才能真正地做到防患于未然。大学生思想政治教育工作者要及时收集舆情信息,可以从以下几个方面展开:第一,关注学生经常使用的微博、QQ、贴吧、微信等网络媒体平台;第二,加强对网络媒体的管理和监控,学校应组建专门的机构对学校的教育网站进行管理和监控,增加对网络舆情的控制力;第三,构建健康的校园自媒体环境,通过颁布学校院系的学生管理规定来营造显性的自媒体环境,运用引导、交流等隐性方式建构良好环境;第四,建设专业的网络监管队伍,这支队伍由教师、学生、辅导员等共同组成,通过他们的调研、走访、观察,及时了解网络上的思想状态,对垃圾信息和不良信息进行及时处理,对不正确的信息和观点进行解释。

(四)提升多种自媒体载体的合力,更好地开展大学生思想政治教育工作

1.善于整合两种媒体功能,实现传播效果的最大化

通过关注学生自媒体,可以对学生的生活、学习、思想有进一步的了解。学生自媒体不仅可以让思政工作者及时了解学生的不足,从而有针对性地帮助学生解决问题,还可以为思政教育提供丰富的素材。目前,社会中存在着自媒体和传统媒体,信息的传播呈现新规律,即一个网络事件要想成为公共事件必须经过三个阶段:第一个阶段是网络宣传,第二个阶段是传统媒体的宣传,第三个阶段是重新回归网络宣传。只有这样才能吸引大众的目光。这主要是由自媒体的随意性特点会导致信息传播准确度较低、情绪性较强、权威性不够等而造成的。与自媒体相比,传统媒体可以通过记者现实的深入采访核实信息,有效保证信息充足、事实准确,去除非理性因素,也因此具有权威性。因此,高校思想政治教育工作必须在传统媒体的基础上结合自媒体,将二者有机地结合到一起,才能取得思想政治教育工作的实际效果。

2.善于整合资源,实现大学生从意识到行为的转变

实践是检验大学生思想政治教育成果的最终标准。通过自媒体与传统媒体的循环互动,能够实现大学生的意识和认知的转变。不仅入心入脑,更重要的是要改变大学生的日常行为,使其养成好的行为习惯。但从意识到行为,是大学生思

想政治教育完成质变的过程。为了实现这个转变，不但要借助自媒体对学生进行自我教育，还要对高校的有利资源进行有效的整合，从而促使学生实现从思想到行为的转化。组织有效的社会实践活动促使大学生思想转化为行为，成为当前高校思想政治教育的重中之重。高校组织有效的社会实践活动，可以从以下几个方面着手：一是课堂教学的示范作用，即通过课堂教学进行引导、示范；二是学校社团活动的强化，鼓励学生参加社团活动，使其在社团中得到提升；三是媒体的正面报道和鼓励，对于那些成功转化的并有示范作用的予以鼓励，使其起到榜样的作用。综合这些方式，将其融会贯通，从而达到学生转化的目的。虽然将学生的思想转化为行为很困难，但是并非不可能，只要采用正确的方法、合理的引导就能够取得一定的效果。

（五）不断创新自媒体时代大学生思想政治教育的管理机制

大学生思想政治教育工作的内容涉及学校工作的方方面面，在自媒体时代，高校思想政治教育工作者面临着一项重要的任务，就是最大限度地发挥自媒体的功能来促进大学生的思想政治教育。中央16号文件中指出，要"全面加强校园网的建设，要运用技术、行政、法律手段加强校园网的管理，为了确保大学生思想政治教育这项复杂的工作能够正常地运转，则需要建立合理、科学、高效、稳定的机制作为它的保障，对思想政治教育网络传播过程进行调控、维护和监管"。

1.加强常态管理机制

任何机构都需要一套管理机制，大到国家小到企业都需要管理机制才能实现有条不紊地运转。思想政治教育工作也是一样的，它的管理机制的建立需要联合学校各部门，如学生工作部、信息中心、党委宣传部等，每个部门都要严格履行本部门的职责，将部门的职责落实到每个人。新闻中心需要做好对全校网络的建设、维护，以及及时对校内外的重要新闻进行报道，让学生了解校内外的重大事件。学校团委应该尽可能多地组织一些活动，如专题讲座、报告会、主题演讲等，开展有关的自媒体活动，提高大学生对自媒体的认识，大力提高学生的媒介素养。同时，鼓励辅导员、团干等开通微博、博客等，正确使用微信、QQ群等平台开展工作，团支部、党支部运用自媒体，对学生的动态予以了解，发现网络不良信息及时对学生加以引导。通过各方的努力都能够为大学生网络思想政治教育提供一个好的环境。

2.创新社会化合作机制

《关于进一步加强和改进大学生思想政治教育的意见》文件强调："要建立健全党委统一领导、党政群齐抓共管、有关部门各负其责、全社会大力支持的领导体制和工作机制，形成全党全社会共同关心支持大学生思想政治教育的强大合力。

思想政治教育要形成面向全社会的开放体系，要与社会发展趋势保持一致，与社会诸多主体共同促进社会的发展。"抓好高校大学生思想政治教育，构建社会化的合作机制，应该要整合社会、学校、家庭的资源和力量，更好地对大学生进行系统、全面的教育。随着社会的发展，社区成为人们交流、活动的重要场所。高校思想政治教育也应该重视社区在提升大学生思想政治教育中的作用。高校通过与社区合作，组织学生去社区参加自愿性的活动，例如，社区老人服务、社区知识讲座等。通过这些活动可以让大学生更好地了解社区、了解社会，同时也可以提高他们的实践能力，增强他们的道德情感，高校要不断加强学生的媒介素养、理想信念教育，相关的主管部门也要加强对自媒体的监控，一定要确保从源头上净化信息。

大学生思想政治教育的重要组成部分之一的家庭教育是能够做好高校思想政治教育的依靠力量。在自媒体时代，作为学生的家长，其也应具备一些自媒体知识、技能，如利用QQ、微信等平台多和子女交流。此外，学校可以定期组织以下活动，如家长见面会、电话交流、家访等，这样才能更好地使家庭和学校共同为大学生思想政治教育的进步做出贡献。

3.创新网络监管机制

在学生的信息传播与交流过程中，自媒体起到了非常重要的作用，尤其是互联网。但是由于自媒体的信息量大、信息没有筛选，从而使得很多的信息不真实。因此，需要采取相应的措施来保障信息的准确，规范学生的网络行为。

第一，建立网络领导体系。任何机制的良好运行都需要有一个良好的领导班子。高校应该加强对自媒体的重视和关注，重视其对高校思政工作的影响，只有从思想上重视了，才会采取相应的行动。其中，构建网络的领导体系成为重中之重，领导体系的建立需要考虑人才的配备、责任的分配、负责的区域等，不仅校领导要构建网络体系，还要重视院系网络领导体系的建立，分工到各个院系。

第二，努力构建校园网络监管体系，加强对校园网络信息的管理。首先，需要高校按照要求严格遵守自媒体的法规；其次，各高校应该制定适合本校的校园网络信息制度，以便更好地管理网络信息。例如，学校相关部门可以通过网络这个平台更多地了解学生的生活和思想，若发现问题，可以及时处理。此外，学校相关部门应该把好信息传播的源头，确保网络信息的安全。

第三，加强网络管理队伍建设。首先，我们必须学会处理网络舆论，完善网络信息的反馈。信息处理技术包括信息整理、分类、内容加工、提炼等。同时，通过对信息的定性和定量分析为领导决策提供参考依据。此外，将信息分类存放，便于将来参考查询。其次，及时反馈网络上的负面情绪，并进行有效的疏导。网络上信息的及时反馈是积极占领社会主义意识形态的网络位置的第一步。特别是要加强网络舆情反馈,可以有效缓解大学生的不良情绪,消除疑虑和困惑。然而,网络反馈依靠悉心研究和准确的定位信息来实现。因此,需要学校各部门共同努力,做好汇集民意和反馈的工作。在此基础上,还分类别、分对象,按优先次序进行组织,制定工作信息反馈制度,特别是要积极疏导负面情绪,以防止个别群体的情感情绪发展。最后,建立高水平的教师队伍,做好信息及时的反馈。《中共中央国务院关于进一步加强和改进大学生思想政治教育的意见》明确指出,要"加强思想政治教育队伍建设,形成思想政治教育系统的网络,牢牢把握思想政治教育的主动权"。一个高层次的网络教育团队,包括思想政治教育活动的策划者、执行者、监管者、组织者,团队的水平直接关系到思想政治教育的实现水平。因此,我们必须努力建立一个拥有坚实的理论基础、良好的实践经验、并熟悉网络技术的团队。它是用社会主义核心价值体系教育和引导广大青年的重要基础之一。

参考文献

[1] 林蕾，杨桂宏著.高校思想政治理论课教学研究［M］.北京：中华工商联合出版社，2022.01.

[2] 高华，张艳亮著.高校大学生思想政治教育的多维探索［M］.长春：吉林大学出版社，2022.05.

[3] 孙苓，孙天罡，金明兰著.高校思想政治理论课实践教学创新研究［M］.北京：北京工业大学出版社，2023.04.

[4] 王旭东著.新时代高校思想政治理论课教学研究［M］.哈尔滨：哈尔滨工程大学出版社，2023.03.

[5] 林蕾，杨桂宏著.高校思想政治理论课教学研究［M］.北京：中华工商联合出版社，2022.01.

[6] 孙武安著.高校思想政治理论课教学质量提升研究［M］.杭州：浙江工商大学出版社，2022.06.

[7] 徐玉钦作.新媒体时代高校思想政治教学模式研究［M］.长春：北方妇女儿童出版社，2021.08.

[8] 陈丽萍.新时代高校思想政治理论课教学改革研究［M］.湘潭：湘潭大学出版社，2022.01.

[9] 随新民著.高校思想政治理论课教学创新研究［M］.郑州：河南人民出版社，2021.09.

[10] 沈大光，张高臣著.高校思想政治理论课"三循环"教学改革研究［M］.北京：中国政法大学出版社，2021.12.

[11] 韦世艺著.高校思想政治理论课教学过程论［M］.天津：南开大学出版社，2020.09.

[12] 王东，陈先.新时期高校思想政治教育理论与实践［M］.北京：九州出

版社，2019.05.

[13] 顾永新，刘萍丽.高校思想政治理论课实践教学案例研究［M］.西安：西北工业大学出版社，2019.05.

[14] 史凤萍；边和平，刘薇.高校思想政治理论课教学课程论［M］.徐州：中国矿业大学出版社，2019.04.

[15] 陈胜国.新时代高校思想政治教育创新发展研究［M］.北京：印刷工业出版社，2019.01.

[16] 肖国香.新媒体时代高校思想政治教育十论［M］.长春：吉林文史出版社，2019.05.

[17] 李芳.高校思想政治理论课教学方法科学化研究［M］.北京：中央编译出版社，2019.03.

[18] 徐原，陆颖，韩晓欧."互联网＋"时代高校思想政治教育创新研究［M］.北京：燕山大学出版社，2019.07.

[19] 代黎明.高校思想政治教育实效性研究［M］.北京：北京理工大学出版社，2018.07.

[20] 奚冬梅，胡飒.高校思想政治教育教学与实践研究［M］.北京：光明日报出版社，2018.01.

[21] 徐茂华.高校思想政治教育的时代主题［M］.长春：东北师范大学出版社，2018.02.

[22] 岳云强.高校思想政治教育理论专题研究［M］.北京：九州出版社，2018.10.

[23] 何孟飞.新时代高校思想政治理论教学研究［M］.厦门：厦门大学出版社，2018.12.

[24] 魏榛.高校思想政治与心理教育研究［M］.西安：世界图书出版西安有限公司，2017.06.

[25] 胡飒，奚冬梅.高校思想政治教育教学与实践研究［M］.北京：光明日报出版社，2017.12.

[26] 陈虹，孟梦，李艺炜.新媒体视角下的高校思想政治教育创新研究［M］.天津：天津社会科学院出版社，2017.07.

[27] 余勇编.高校思想政治理论课实践教学 实践与创新［M］.成都：电子科技大学出版社，2017.11.

[28] 汤雪峰.高校思想政治教育多元化发展［M］.长春：吉林大学出版社，2016.04.